नमामि
ग्रामम्

भूमिका

किसानों का देश मेरा देश है, बाहरवाला और भीतरवाला, जीवन से जुड़ा और सृजन से संपृक्त। यह मेरा प्रणम्य देवता है। इसकी प्रमुख संज्ञा गाँव मेरे भीतर एक सजीव भावात्मक सत्ता बनकर प्रतिष्ठित है। इसका भोलाभाला, हँसता-खिलता और चित्ताकर्षक चेहरा एक युग से हमें अनुप्राणित करता आ रहा है।

यही चेहरा आज देखता हूँ कि मुरझाया हुआ है। गाँव बहुत आहत है, उदास है और अपनी 'समृद्धि' की मार से उजड़ता-उखड़ता जा रहा है। उसका दुखड़ा कोई सुननेवाला नहीं है। वह घोर 'अपेक्षापूर्वक' घनघोर उपेक्षा का शिकार है। लोग उससे भाग रहे हैं, उससे कतरा रहे हैं और जहाँ तक बन पड़ता है, उसके प्रति छल कर उसका अनेक स्तरीय दोहन-शोषण कर रहे हैं। वह अपनी नई नियति पर रो रहा है।

अत्यधिक आत्मीयता और अभिन्नता होने के कारण गाँव मेरे सामने सदेह रूप में प्रकट होता है और पीड़ा प्रकट करता है। उसका नकारात्मक दृष्टिकोण, उसकी उलझनें और उसके क्षोभ-भरे तर्क और वक्तव्य मुझे चौंकानेवाले होते हैं। गाँव के आदेश से ही उसके वक्तव्य लिखकर मैं अपने पाठकों तक पहुँचाना चाहता हूँ। इस भूमिका को और स्पष्ट करने के लिए इस पुस्तक के कुछ अंशों को मैं आगे प्रस्तुत कर रहा हूँ।

□

'तुम हिंदी के लेखक हो न?'

उस बूढ़े ने अपने थके-झुके, आहत-से शरीर को सीधा करने का प्रयास करते हुए बहुत गंभीरता के साथ पूछा। उस बूढ़े को वैसी मलिन वेशभूषा में और

वैसे सूखे झाड़-झंखाड़ जैसे रूप-रंग में देखते हुए प्रश्न बहुत अटपटा लगा। मैंने जवाब दिया—

'हाँ, तो?'

'तो क्या, बेकार कलम घिसते हो और मुझे पकड़ने की कोशिश करते हो।'

'तुम कौन हो?' मैंने पूछा।

'मैं गाँव हूँ।' उसने बहुत गंभीरता से कहा।

'तुम हो गाँव?···एकदम गाँव? यही नाम है कि कोई और बात है?···ऐसा नाम तो किसीका नहीं होता है!'

'हाँ, किसीका नहीं होता; क्योंकि मेरे समान और कोई नहीं होता। यह मेरा नाम नहीं, मैं यह हूँ, गाँव हूँ।···संदेह मत करो।···मैं जो कहता हूँ, सुनो।'

'तो क्या तुमको कुछ कहना है?'

'हाँ, बहुत कुछ कहना है और तुम्हींसे कहना है। बहुत खोज थी तुम्हारी, आज मिल गए। अब सुनो, मैं क्या कहता हूँ।···मैं कहता हूँ कि तुम भी प्रचार में फँस गए। गाँव के आमूलचूल परिवर्तन की बात करने लगे।'

'तो क्या यह झूठ है?'

'नहीं, झूठा सच है।'

□

रोज की तरह आज शाम को डीह बाबावाले स्थान पर गाँव से मुलाकात हुई। कई महीनों से यह सिलसिला चल रहा है। अपने को गाँव कहनेवाला यह नंगा व्यक्ति बनाम गाँव, आहत-जर्जर, झुका-झुका, उदास-मुखवाला बूढ़ा अब मेरा परम आत्मीय हो गया है। इससे मैं कुछ सीख रहा हूँ और जो कुछ दिखाई पड़ रहा है, उससे परे नए ग्राम-सत्य को आत्मसात् करने का प्रयत्न कर रहा हूँ। यह जो कुछ भी कहता है, मुझे लगता है कि नए ग्राम-विकास से बहुत दूर किसी पुराने गाँव के बारे में कहता है; परंतु क्षण-भर बाद उसके विचारों की सचाई मुझे झकझोरने लगती है। पुरानी कहावत याद आती है; देखी हुई चीज गलत है, सुनी हुई चीज गलत है, इस मन से सोची हुई चीज गलत है तथा सत्य कहीं और है। तो क्या है आज का ग्राम-सत्य?

□

'तुम्हें याद है न कि मैं गाँव नामधारी व्यक्ति अपनी कैसी बस्तियों और वहाँ के रहनेवाले अपने कैसे बेटों का पक्षधर बनकर तुमसे बहस करता हूँ?' आज

मुलाकात हुई तो गाँव ने कहा।

'हाँ, याद है। आप अंतिम तरह के छोटे पिछड़े गाँवों और वहाँ के गरीब अदेख किसान नामधारी व्यक्तियों की वकालत करते हैं और कहते हैं कि इस हमारे बेटों की दुनिया को देखते समूचा भारतीय योजना-विकास एक इंद्रजाल है!' मैंने कहा।

'बेशक, यही बात है! तो अब यह बताओ कि हमारी बस्तियों में स्वराज्य-सुख के रूप में सबसे भयंकर विकास किस क्षेत्र में हुआ है?'

'भयंकर विकास? मैं समझ नहीं पा रहा हूँ।' मैंने कहा।

'हाँ, भयंकर विकास। उस तरह के विकास के लिए इससे बढ़िया शब्द कोश में नहीं मिलेगा।'

'तो इस दुधारी अर्थव्यवस्थावाले शब्द को गुण रूप में लें कि दोष रूप में?'

'दोनों ही रूप एक सिक्के के दो पहलू की तरह खप जाएँ और जिसमें एक असली मूल्यवाला पहलू हो और दूसरा शासन छाप!'

'तब यह विकास-पहेली मेरी समझ के बाहर है। आप ही कृपाकर बताइए।'

'तो सुनो, वह क्षेत्र है मेरी बस्ती की शिक्षा का क्षेत्र! हुआ है न यहाँ शिक्षा का भयंकर विकास?'

□

'ओह, गाँव बाबा, अब बंद करें अपनी दास्तान। सुनते-सुनते मेरे कान पक गए। आपके बेटों की बस्ती में सबकुछ बीमार है तो आप कैसे स्वस्थ हो सकते हैं! तो, अब मैं बीमार के मुँह से बीमारियों की दास्तान सुनकर बीमार नहीं होना चाहता हूँ। मुझे कुछ स्वास्थ्यवर्द्धक चीजें दीजिए।' मैंने कहा।

मेरा कथन सुनकर बूढ़ा खामोश हो गया। थोड़ी देर के बाद अत्यंत ही निरीह जैसी मुखमुद्रा बनाकर बोला—

'अच्छा, तुम उत्साहवर्द्धक बातें सुनना चाहते हो? आशाप्रद शब्दावलियों के लिए मुझसे याचना करते हो? अच्छा तो छोड़ो इसको। यह हमारी-तुम्हारी अंतिम भेंट है। तुम ऊब गए हो, आगे कुछ कहना बेकार है।'

'अरे नहीं, ऐसा मत कीजिए। आपका सत्संग मुझे बहुत प्रिय है।'

'झूठ! हे लेखक, मैं एक भयानक झूठा सच हूँ। मेरा संग सत्संग कहाँ? मुझे कुसंग मान तुम भी तो नगरों की ओर भागते हो!'

‘लेकिन घूम-फिरकर आता तो यहीं हूँ। मेरो मन अनत कहाँ सुख पावै!’

□

इस भूमिका से पुस्तक की विश्लेषण-भूमि और पुनः पुस्तक पढ़कर गाँव की संवेदन-भूमि से पाठकगण जुड़ सकें तो मेरा श्रम सार्थक होगा।

—विवेकी राय

डॉ. विवेकी राय मार्ग
बड़ी बाग, गाजीपुर, उ. प्र.—२३३००१

अनुक्रम

एक

मैं गाँव हूँ

'तुम हिंदी के एक लेखक हो न?'

उस बूढ़े ने अपने थके-झुके, आहत-से शरीर को सीधा करने का प्रयास करते हुए बहुत गंभीरता के साथ पूछा। उस बूढ़े को वैसी मलिन वेशभूषा में और वैसे सूखे झाड़-झंखाड़ जैसे रूप-रंग में देखते हुए प्रश्न बहुत अटपटा लगा। मैंने जवाब दिया—

'हाँ, तो?'

'तो क्या, बेकार कलम घिसते हो और मुझे पकड़ने की कोशिश करते हो।'

'तुम कौन हो?' मैंने पूछा।

'मैं गाँव हूँ।' उसने बहुत गंभीरता से कहा।

'तुम हो गाँव?...एकदम गाँव? यही नाम है कि कोई और बात है? ...ऐसा नाम तो किसीका नहीं होता है!'

'हाँ, किसीका नहीं होता; क्योंकि मेरे समान और कोई नहीं होता। यह मेरा नाम नहीं, मैं यह हूँ, गाँव हूँ।...संदेह मत करो।...मैं जो कहता हूँ, सुनो।'

'तो क्या तुमको कुछ कहना है?'

'हाँ, बहुत कुछ कहना है और तुम्हींसे कहना है। बहुत खोज थी तुम्हारी, आज मिल गए। अब सुनो, मैं क्या कहता हूँ।...मैं कहता हूँ कि तुम भी प्रचार में फँस गए। गाँव के आमूलचूल परिवर्तन की बात करने लगे।'

'तो क्या यह झूठ है?'

'नहीं, झूठा सच है।'

'पहेली मत बुझाओ। मुझे जल्दी है। क्या कहना है तुमको?'

'मुझे जो कहना है, कह रहा हूँ। बैठकर आराम से सुनो, बीच में मत

टोकना। मैं स्वयं विराम लेकर तुम्हारी शंकाओं का समाधान करूँगा।'

और वह बूढ़ा बीच रास्ते पर बैठकर एक साँस में जो कुछ कह गया, उसे मैं अब लिख रहा हूँ।

मेरा नाम गाँव है। मैं बहुत दुखी हूँ। यह दुःख वैसा ही है जैसाकि तुलसीदास ने लिखा—

'डासत ही गई बीति निसा, हरि!
कबहुँ न सेज नींद भरि सोयो।'

मेरा जीवन भी क्या सचमुच ऐसा ही दुःखमय नहीं हो गया है? मेरे बेटों की संपूर्ण आयु किसी अनागत भविष्य की सुख-सुविधा की तैयारी में खो गई। एक दिन भी सुख का उपलब्ध नहीं हुआ। जीवन-भर वे हाय-हाय करते हैं, एड़ी का पसीना चोटी करते हैं, मरते समय भी काम के अंबार से मुक्ति नहीं। यही नहीं, उनके छोड़े अधूरे कार्य को संतानें भी पूर्ण करती-करती वैसे ही अधूरा छोड़कर इहलीला समाप्त करती हैं। संसार-सुख की यह अनवरत चलनेवाली, कभी पूर्ण न होनेवाली तैयारी का महादुःखदायी स्वरूप मेरे लिए तुलसीदास की 'विनयपत्रिका' की उक्त पंक्ति बना हुआ है। बिछौना बिछाते ही रात बीत गई। सुख नींद सोए कहाँ? हाँ, पहले भी, आज भी। आज गाँव की नई खेती और नया विकास तो और मायाजाल साबित हो रहा है!

वैशाख-जेठ का महीना आता है। फसल कट जाती है। घर में अन्न के दाने दिखाई पड़ने लगते हैं। मेरा बेटा किसान उस समय अपने आवास की ओर, खोंते की ओर ध्यान देता है। उसकी गिरी-पड़ी दशा को सुधारना चाहता है। द्वार के सामने वह मिट्टी डालता है। चिलचिलाती दोपहरी में वह खेत से, गढ़े से और नदी से खोद-खोदकर मिट्टी लाता है और स्थान को ऊँचा बनाता है। कल्पना करता है, बरसात आने वाली है। जिस रात को बादल चले जाएँगे, इसी ऊँची भूमि पर चारपाई डालकर पुरवाई की लहर लूटेगा। चाँद और चाँदनी तथा बादल और बिजली तक मेरे बेटे किसान की कल्पना कम जाती है। वह तो कल्पना भी उस सीमा तक करता है, जहाँ तक काम का संबंध है।

बरसात में मच्छर बहुत लगते हैं। और लोगों की तरह ये किसान की भी नींद हराम कर देते हैं। बात यहाँ औसत किसान की की जा रही है, जो बावजूद बहुत प्रचार के पक्की कोठी, बिजली और बिजली के पंखे से बहुत दूर है। यहाँ तक कि मसहरी का मूल्य भी ऐसे किसान की समझ में इतना ऊँचा होता है कि वह

स्वभावतः अपने को उसके प्रयोग से वंचित समझ लेता है। अतएव मच्छरों की टोली के आक्रमण से त्राण प्राप्ति का एकमात्र साधन हवा ही होती है, जिसके झोंकों में ये उड़ जाते हैं। इसीलिए किसान कल्पना करता है कि इस ऊँचाई पर बरसात में बहुत आनंद आएगा। मिट्टी वह इसलिए डालता है कि नीची जगह में पानी जमा हो जाता है और फिर ऊँची जगह ऊँची ही है। मिट्टी के एक-एक ढेले में किसान के अरमान होते हैं। स्थान की एक-एक इंच भूमि पर किसान के सपने होते हैं। बड़े प्रेम से वह अपने वासस्थान को सँवारता है।

शनैः-शनैः सरकती हुई बरसात आती है और उसकी मूसलाधार वर्षा में पिघल-पिघलकर किसान के अरमान बह चलते हैं। आश्चर्य तो यह है कि उसे उस ओर ध्यान देने का भी अवकाश नहीं! उसकी एक ओरी खिसकी ही रहती है। कोई-न-कोई सुख-सुविधा का अंग भंग ही रहता है। कच्चे मन की भाँति कच्चे घर हैं, अतः वासना जैसी बरसात में उनका देर तक टिका रहना संभव नहीं होता। वे जिस क्षण उठते हैं, उसी क्षण गिरने की तैयारी करने लग जाते हैं। बरसात प्रारंभ होते ही पानी के उपद्रव एवं उपयोग के चक्कर में इस प्रकार मेरा बेटा किसान कस जाता है कि मरने तक की फुरसत नहीं होती। पुरवा का आनंद और ऊँची जगह चारपाई डालकर निर्विघ्न नींद की गोद में विश्राम की बात बहुत दूर छूट जाती है।

कहीं किसी घर का बल्ला टूट गया है। वह गिरना ही चाहता है। कहीं बी छत से ही धारा उमड़ पड़ी है और घर के भीतर पनाला बन गया है। बंदरों ने स्वतंत्रतापूर्वक आवागमन के लिए घर खपरैलों से बने अपने निजी राजमार्ग सदुपयोग किया, अपना क्रीड़ा-स्थल बनाया, उसका परिणाम हुआ कि एक बूँद पानी बाहर नहीं जा रहा है। ये सर्वथा बेकार बंदर, बालकों के मनोरंजन, बूढ़ों सिरदर्द और घरों के लिए, खेती-बारी के लिए लंका के हनुमान बने गाँवों की छा पर आसन जमाए बैठे हैं। टोका तो, इनकी बंदर घुड़की बहुत मशहूर है। जिस पर इनकी शनि दृष्टि पड़ जाएगी, उसमें रहनेवालों की जिंदगी जवाल हो जाएगी।

गाँव के किसी पाजी लड़के ने किसी घर की छत पर चावल फेंक दिए। अब ये महावीरजी एक-एक दाने को बीन लेने के लिए सारी खपरैल को उधेड़ डालेंगे। एक बार भगा दो तो दूसरी बार, तीसरी बार फिर आएँगे। ये सब उपद्रव हैं जो किसान की उस वैशाख-जेठवाली कल्पना को सरकार नहीं होने देते। उसके घर के काम ऐसे मोटे, बेडौल और अस्तव्यस्त हैं कि वह सदा उलझनों के जाल में छटपटाता रहता है। ऐसे भी भाग्यवान् मेरे भीतर रहते हैं जिनके पास सुख-सुविधा के साधन विद्यमान हैं, किंतु गाँव की जीवन-प्रणाली का अज्ञानांधकार इतना घना है

कि वे उनका उपयोग नहीं कर सकते हैं। हैं भी ऐसे लोग कम। साधारणत: किसान ऐसे ही हैं जिनकी परिश्रम द्वारा एकत्रित माटी ढेलों के रूप में बरसात के पानी के साथ बह जाती है और दूसरे वर्ष के लिए रिक्त स्थान को पुन: मिट्टी डालने और सुख की कल्पना के लिए खाली छोड़ जाती है। यह जीवन का चक्र सदा चलता रहता है। किसान जीवन-भर अपने कच्चे घर को सँवारता रहता है। इतने पर भी वह नहीं सँवरता। अपने इस अभाव और दु:ख से किसान समझौता कर लेता है। दु:ख भी उसे सुख जैसा हो जाता है।

पारिवारिक जीवन की चर्चा अभी छोड़ दें। वह तो इस नए दौर में सर्वथा छिन्न-भिन्न हो चुका है ही। मेरे बेटों का व्यक्तिगत जीवन बड़ा दु:खदायी है। मेरे निवासी किसान अभाग्यवश ऐसे गरीब हैं जो धनी कहे जाते हैं। इनके अतिरिक्त व्यापार करनेवाले बनिए, सेवक, मजदूर तथा अन्य पेशोंवाले लोग रहते हैं। साधारणत: लोग यह लोकोक्ति दुहराते जीते हैं कि भगवान् ने मुँह चीर दिया है तो आहार देगा ही। ये सभी घनघोर तंगी के मकड़जाल में छटपटा रहे हैं। सभी अभाव के एक निचले स्तर पर हैं। पता नहीं कैसे सरकार ने गरीबी हटाई कि वह घटकर भी जमी हुई है। सभी अपने जीवन से असंतुष्ट और खिन्न हैं, सबको भरपेट भोजन नसीब नहीं होता। सबके पास तन की लज्जा निवारण तथा गरमी, शीत से रक्षा के लिए भरपूर वस्त्र नहीं। अभंग और मानव के रहने योग्य निवास-स्थान तो भाग्यवानों के ही पास हैं।

महँगाई के चलते पैसा बढ़ा है और ईंटों के पक्के मकान गाँवों में बढ़े हैं तो उसी अनुपात में लोग भी बढ़े हैं कि एक गाँव में अभागों के कई-कई गाँव हो गए हैं। सद्गृहिणी का अभाव अभागों के जीवन को जाल बना रहा है। मेरे कान कलह-कलाप से जैसे पूर्ण परिपक्व हो गए हैं। ग्रामीण अपनी कल्पनाओं को नित्य धराशायी होते देखता है। कोई अपने द्वार पर खिली हुई पशुओं की जोड़ी की जगह पर ट्रैक्टर देखकर प्रसन्न होता है, फूला न समाता है और सिर ऊँचा करता है। दूसरे ही क्षण ऋण का बढ़ता बोझ, गृहकलह, अशांति और मुकदमों का दमतोड़ दलदल उसके पेट में बमगोले के तूफान की तरह घूम जाता है और हर्ष की कलियों को मसलकर सुख के सपने चकनाचूर कर देता है।

कोई धरती की छाती पर लहलहाते अपने खेतों को देखकर आनंद के समुद्र में गोते लगाने लगता है कि बाजार भाव का खयाल उसे पीड़ा के कीचड़ में डाल देता है। जिनके पास घर नहीं है, जिनके पास खेत नहीं है, आज के बाद कल खाने का जिनके पास कोई ठीक-ठिकाने का साधन नहीं है, जिनके पास अन्न का दाना

नहीं, पर सालाना एक-एक करके बढ़ती हुई बाल-बच्चों की एक विशाल सेना है, जिनके घरों में बीमारी ने पैर तोड़कर आसन जमा लिया है, जिनका रोजगार चौपट हो गया है और जो कौड़ी-कौड़ी के मुहताज हैं, जो माँगकर ही पेट भरते हैं, जिनके पास ऊँची इज्जत है, परंतु निम्न कोटि का जीवन बिताने-भर का साधन नहीं है, उन सफेदपोश देहातियों का फिर क्या कहना है?

दुर्भाग्यवश आज का मेरा गाँव ऐसे ही लोगों का भार लिये कराह रहा है। प्रत्येक व्यक्ति जैसे दुःख का एक इतिहास है; जिसका भूत, वर्तमान ही नहीं, भविष्य भी दुःखमय है। बाहर हँसी है, भीतर रुदन है। अंतर्वेदना, टीस और शूल से व्यथित, जर्जर और आहत है; परंतु बाहर वही पुश्तैनी हँसी है। विवाह-शादी जैसे मौकों पर यह हँसी कुछ और बढ़ानी पड़ती है। अच्छा होता है कि ये मौके आते रहते हैं; पर क्या वास्तव में ये मौके सुदिन के सूचक होते हैं? नहीं।

बुरे दिन आते हैं तो दरिद्रता आसन जमाकर बैठ जाती है और सबकुछ विपरीत हो जाता है। अच्छी बातें भी बुरी हो जाती हैं। विवाह एक सामाजिक उत्तरदायित्व है। यह जीवन का वह मोड़ है जहाँ से व्यक्ति अकेले नहीं, अपनी जीवन-संगिनी के साथ यात्रा के लिए आगे बढ़ता है। वह पथ में सरलता, सुरक्षा और आनंद का अभिलाषी होता है। आज स्थिति कुछ और है। विवाह के साथ ही मेरे भीतर अधिकांश लोगों के दुःखमय जीवन का श्रीगणेश हो जाता है। अब भी कुछ ऐसी कुप्रथाएँ हैं और ऐसी सामाजिक रूढ़ियाँ हैं जो यहाँ जीवन की जड़ में घुन की तरह लगी हैं।

बड़े घरों की स्त्रियाँ विवाह के पश्चात् बंदी बना दी जाती हैं। बंदी जीवन में बंदी को हँसने-बोलने और अपने स्थान के पूर्ण उपयोग की सुविधा होती है, परंतु हमारी इन बेचारी ग्रामीण कुलवधुओं को इतनी स्वतंत्रता नहीं रहती। शुद्ध हवा मिलने का उनका नैसर्गिक अधिकार छिन जाता है। उनकी दुनिया घर की चहारदीवारी के भीतर सीमित कर दी जाती है। ग्रामीण जीवन का एक अंग दुनिया से दूर अंधकार में सड़ा करता है। गाँव की लड़कियों में भी शिक्षा-प्रचार हुआ; पर विवाह के बाद गाँव में रहना पड़ा तो फिर उनकी वही अँधेरी दुनिया!

यह वह अँधेरी दुनिया है जहाँ अब भी बाल-विवाह है, अनमेल विवाह है और है वृद्ध-विवाह। अतिरिक्त इसके, अशिक्षित माताएँ 'हमारा-तुम्हारा' का कुछ ऐसा कुरोग कन्याओं में भर देती हैं कि ससुराल में वह महारोग राजरोग बनकर फूटता है और कुल-संहार का कभी-कभी कारण बन जाता है। सम्मिलित कुटुंब का प्रेम और सहयोग-सूत्र टूट जाता है तो वह पूरा कलह-कार्यालय हो जाता है।

आएदिन गाँवों में इस प्रकार के गृहयुद्ध के नमूने अधिकांश परिवारों में मिल रहे हैं इस प्रकार वैवाहिक जीवन को कराहते हुए देख रहे हैं। व्यक्तित्व का वह विकास, जिसकी आशा मेरे यहाँ की जाती है, पूर्णत: दबता जाता है। सौभाग्य से जहाँ जीवन सौंदर्य प्रकृति के स्वस्थ सहयोग से फूट निकलना चाहिए, वहीं दुर्भाग्यवश युवकों का वैवाहिक जीवन ऐसा असफल होता है कि गरीबी में वे मनोव्याधियाँ मोल ले बैठते हैं। यही नहीं, सत्तर प्रतिशत स्त्रियाँ डाक्टर-वैद्यों और सोखा-देवा के यहाँ मासिक धर्म की अनियमितता के फेर में चक्कर काटा करती हैं। हमारी इस स्वस्थ दुनिया में ये महा-महारोग आज तेजी से प्रवेश कर गए हैं।

इस पतन के पश्चात् भी स्वस्थ जीवन के आदर्श का हमारे यहाँ सर्वथा अभाव नहीं हो गया है। हाँ, ऐसी शिक्षा नहीं जो उस आदर्श को विकसित करने की प्रेरणा दे। यहाँ आज भी कहीं-कहीं अखाड़े की धूल पर थिरकती सुनहरी जवानी देखने को मिल जाती है। बल-वीर्य की कांति से दमकते चेहरे आज भी मेरे भीतर गलियों में खिले दृष्टिगोचर हो जाते हैं। पुरुष के साथ मिलकर गृहस्थी का कार्य करने, घर के घेरे के बाहर प्रकृति के मुक्त क्षेत्र में विचरने एवं पूर्ण श्रम, पक्व स्वास्थ्य के साथ-साथ उत्तम शारीरिक विकास की स्थिति में मीठी गहरी नींद का आनंद लेने का आदर्श भी नारी जगत् में मिलेगा। अवश्य ही यह श्रम की सीमा नीची जाति के लोगों में सीमित है। प्राय: उच्च वर्ग अपनी प्राचीन रूढ़ियों के कारण कुसंस्कारों में जकड़ा है। उनकी झूठी इज्जत है, झूठी शान है और हैं ढेर-ढेर-सी अंध परंपराएँ। यद्यपि ऊँच-नीच की खोखली मर्यादा के दुर्ग आज ढह रहे हैं, तथापि शिक्षा के अभाव में मेरी इस किसानों की दुनिया में प्राय: पुराना ही स्वप्न देख रहे हैं।

दो

कहानी अभिशप्तों की

बूढ़ा कहते-कहते चुप हो गया तो मैंने कहा—

'ये तो बहुत गुजरे जमाने की जैसी बातें लगती हैं। ऐसे गाँव पचास-साठ वर्ष पहले हुआ करते थे; परंतु स्वराज्य के बाद लोकतंत्र के बढ़ते कदमों ने उसकी तकदीर को बदल दिया है। कहाँ है आज गाँवों में वैसी गरीबी-बेहाली? तुम नए ग्राम विकास को पूरी तरह किस आधार पर अस्वीकार कर रहे हो?'

'अब आज इतना ही। तुमको विलंब हो रहा है। कल यहीं फिर मिलेंगे। तब

मैं फिर अपना रूप दिखाऊँगा। अच्छा, जय रामजी की।'

मैं उच्चाटित-सा बैठा रहा और मुझे एक झटका तब लगा जब वह थोड़ी दूर जाकर गायब हो गया।

अरे, यह क्या? क्या सचमुच? नहीं, इस वैज्ञानिक बुद्धिवाद की इस बीसवीं शताब्दी में इस प्रकार की चीजों पर विश्वास नहीं किया जा सकता है। कोई और बात होगी। मेरा अवधान एक क्षण के लिए हटा होगा और इतने में ही वह किसी ओर खिसक गया होगा।

लेकिन, यह कहता है, मैं गाँव हूँ! और कितना रहस्यमय लगता है! उसे यह कैसे ज्ञात हुआ कि मुझे विलंब हो रहा है?

हाँ, सचमुच मुझे विलंब हो रहा था।'मुझे एक व्यक्ति से मिलने पास के गाँव में जाना था और फिर लौटना था।

वास्तव में इस घटना ने मुझे भरपूर रूप से उलझा लिया था। रात-भर रह-रहकर उसकी याद आती। दूसरे दिन भी बराबर वह बूढ़ा मन पर छाया रहा। शाम को जादू से खिंचे जैसे मैं वहाँ पहुँच गया। ठीक उसी तरह वह मिला और शुरू हो गया—

'बस, एक दिन और मुझे कह लेने दो। शंका समाधान कल। बस, एक दिन और, आज-भर बिना टोक-टाक किए। बस, सुनते चलो—'

मेरा नाम गाँव, कितना अभिशप्त! मेरे बेटे खाने-पीने की सभी वस्तुएँ उत्पन्न करके भी भूखे-अधभूखे रह जाते हैं। कुछ युग का प्रभाव है, जो शोषण कर लेता है, कुछ निजी अज्ञानता है, जो किसान को जकड़े रहती है। आर्थिक उन्नति और नई खेती के आयामों के विकास के साथ भोजन-सुधार की जैसी आशा की जाती है, वैसी वास्तव में किसान की अज्ञानतावश व्यवहार में उतरती नहीं दीख रही है। एक किसान के पास भैंस है। वह काफी दूध देती है। उस किसान से आशा की जाएगी कि वह मजे से दूध-घी खाएगा एवं वह तथा उसका परिवार सुखी और स्वस्थ होगा। विपरीत इसके, होता यह है कि किसान उस दूध-घी को रुपए की शक्ल दे देता है। स्वयं मठा पीकर संतोष करता है। वह रूखा-सूखा खाता है। विटामिन का महत्त्व वह क्या जाने? ऐसे ही एक परिवार का मालिक अपने सदस्यों को सब्जी इसलिए नहीं देता कि वे अधिक भोजन कर जाएँगे। वे एक प्रकार से निर्वाह करते हैं अथवा विनोबा के शब्दों में, 'जी इसलिए रहे हैं कि मर नहीं जाते'। उनका काम जहाँ तक भोजन बिना चल सकता है, चलाते हैं। यथाशक्य भोजन में कृपणता करते हैं। यह एक अजीब-सी बात है। यह सत्य है कि मेरा बेटा किसान

गरीब है; पर यह भी असत्य नहीं कि वे इतने भोले हैं कि खाने का हुनर पास नहीं! उनके पास खेत हैं, बेकार जमीन है। वे सब्जी उगा सकते हैं। पर ऐसा नहीं करते। भोजन में सब्जी के महत्त्व को समझते ही नहीं हैं। वे मुख्य भोजन में चावल या रोटी को रखते हैं और अमुख्य में कुछ सब्जी या दाल। कभी-कभी नमक-मिर्च भी काम चलाने के लिए काफी होता है। कितने लोग चना-चबेना पर ही दिन काट देते हैं। कितने रस पीकर रह जाते हैं। कितने ही काम में अपने को भुलाए-भुलाए भोजन को भी भुला देते हैं। यह है उनके भोजन का रूप।

अनाज पैदा करके भी वे भूखे क्यों रह जाते हैं, इसे मैं बाद में बताऊँगा। यहाँ तो सिर्फ यह बताना अभीष्ट है कि आहारशास्त्रियों ने मनुष्य के लिए भोजन का जो परिमाण निश्चित किया है, उसका दशमांश भी हमारे लोगों को नहीं मिलता। अचरज की बात है कि वे जीते हैं और काम करते हैं। यह उनके स्वच्छंद जीवन और स्वस्थ वायुमंडल का प्रभाव होता है। शनैः-शनैः उनके स्वास्थ्य का स्तर गिरता जा रहा है। पुराने लोगों की भुजाओं के बराबर आज के लोगों की जानु रह गई हैं। यह भोजन का कुप्रभाव है। बिना दूध-घी और पौष्टिक खाना खाए इनसान जी रहा है, यही बहुत है। गाय-भैंसवाले अर्थचक्र में पड़े रहते हैं।

रुपया बनानेवाला निन्यानवे का फेर बड़ा प्रबल है। भोजन के रूप में भी ह्रास दृष्टिगोचर हो रहा है। महीन खाने का प्रचार दिनोदिन बढ़ रहा है। कितने गाँवों में यह बड़प्पन की निशानी माना जाने लगा है। पुराने रोटी-लिट्टी खानेवालों का उपहास किया जाता है। चावल खानेवाले चिकने तो हुए, पर ये चिकने ग्रामीण कृषि-प्रधान भारतवर्ष के लिए किस काम के सिद्ध होंगे?

दुनिया का प्रमुख धन अन्न मेरा बेटा किसान उत्पन्न करता है, अतः यह दिन की तरह स्पष्ट है कि दुनिया के प्रमुख धनकुबेरों में किसानों का नाम प्रथम होना चाहिए। पर ऐसा नहीं है। वे लूट लिये जाते हैं। उनकी सिधाई का नाजायज फायदा उठाकर कुछ पेशेवर तिकड़मी जनों ने ऐसा जाल बिछाया कि वे फँसे ही जाते हैं। फिर एक बार फँसने पर तो छुटकारा मिलना कठिन ही है। मेरे बेटे के अन्न से ही दुनिया का काम चलता है। किंतु किसान सीधे जरूरतमंदों को बेच नहीं पाता। यही उसका दुर्भाग्य है। व्यापारी हैं, सेठ हैं, ये किसानों का जीवन-रस मोल ले लेते हैं। फलतः समस्त रस उनके पेट में जाता है। मेरा बेटा सीठी मात्र का अधिकारी रह जाता है। वह संगठित होकर अपना अन्न रोक भी नहीं सकता। उसे बेचना अनिवार्य हो जाता है। बेचने के लिए व्यापारियों के पास जाना ही पड़ेगा।

व्यापारी मनमाना लूटते हैं। अब धर्माधर्म और न्यायान्याय का कौन ध्यान रखता है?

जब तक अन्न के आदान-प्रदान द्वारा किसान का काम चलता था, सुखी था। आज बाजार में जाकर वह बुरी तरह लुट गया। शोषण का निर्मम शिकार बन गया। देवकुरी गए दुःख दूना हो गया। सबसे बड़ा दुर्भाग्य यह है कि वह आज स्वावलंबी नहीं रह गया। उसे जीवनयापन की अधिकांश वस्तुएँ क्रय करनी पड़ती हैं। खरीदने के लिए मुद्रा चाहिए। अब यह मुद्रा-चक्र व्यापारियों के जाल में उसे उठाकर फेंक देता है। वहाँ शोषण-जाल सामने, पीछे, बगल में, नीचे और ऊपर चारों ओर तना है। कठिनाई यह है कि स्वयं उसका जीवन भी तो आज सादा नहीं रह गया है! वस्त्र, आभूषण, साज-सामान, औजार, तेल, जूता और अन्यान्य सुख के सामान देख-देखकर वह कब तक धीरज रखे? शहर का संपर्क, अखबार, विज्ञापन, रेडियो, दूरदर्शन, फैशन की दौड़, चमक-दमक के चतुर्दिक् प्रदर्शन सबकुछ उसे आकर्षित कर आकुल कर रहे हैं। उसके जीवन के पूरे ठाटबाट का संरक्षक 'दाम' है; पर बेचारा किसान परिस्थिति की इस घुड़दौड़ में पिछड़कर अपने अन्न का दाम चढ़ाने से रह गया और बुरी तरह पिस गया!

बड़े-बड़े शोषकों और किसानों के बीच मेरी बस्ती के बनिए एक छोटे शोषक के रूप में हैं। मेरे गाँववालों का सीधा संपर्क इन्हींसे होता है। इन्हींके माध्यम से वह अन्न मंडियों में भेजता है। मुनाफे का कुछ भाग इन्हें भी मिल जाता है। छोटे-छोटे सौदे के लिए इन्हींकी दूकान में किसान अपना अन्न लेकर जाता है। एक प्रकार से ये ग्रामीण जीवन के आवश्यक अंग हो गए हैं। इनके बिना उनका काम नहीं चल सकता। दुर्भाग्यवश ये बनिए किसानों की स्त्रियों और उनके बच्चों को एक तरफ चोर बनाते हैं तो दूसरी तरफ उन्हें बाजार में ले जाकर बुरी तरह लुटवा देते हैं। यद्यपि ये स्वयं भी इसी लूटचक्र के शिकार होते हैं। प्रायः देखने में आता है कि अनाज के ग्रामीण व्यापारी दो-चार वर्ष के बाद पैसे-पैसे के मुहताज हो जाते हैं। इनके पास पूँजी तो है ही नहीं। वे मंडी में बड़े-बड़े व्यापारियों की कृपा पर चलते हैं। वहाँ भाव का ऐसा उतार-चढ़ावमय मैजिक होता है कि ये फँस जाते हैं और लाभ के लोभ में मूल की नौका भी बैठ जाती है। अनाज जब गोलों में पहुँचता है तो बड़े-बड़े दाँत सूई की तरह चुभकर उसका रस खींच लेते हैं। 'धर्म खाता है', 'पनखउकी' (पान खाने का टेक्स), 'मोटिहाई', कंटा कराई', 'गर्दा' और तरह-तरह की संस्थाओं का चंदा है। विचित्र जाल है। यह सारा भार पड़ता है किसान पर। उसका सोना अंत में उसे मिट्टी बनकर मिलता है।

मेरे भीतर बसे बनियों को देखकर कभी-कभी किसान सोचता है कि ये कैसे सुखी हैं! खेती न बारी; परंतु मौज से रहते हैं। मुकदमे भी नहीं लड़ते। मार-झगड़ा भी किसीसे नहीं करते। खेती जैसी आकाशी वृत्ति भी उनकी नहीं है। इज्जत-आबरू का लिफाफा भी नहीं है। चिकना अन्न खाते हैं। पर यह किसान नहीं जानता कि अपनी जीविका के लिए ये दिन-रात कितना परिश्रम करते हैं। धूल फाँकते और पसीना बहाते हैं। एक दिन भी हाथ पर हाथ रखे बैठ जाएँ तो घर का चूल्हा ठंडा पड़ जाए। दुनिया के सारे आमोद-प्रमोद छोड़कर चौबीस घंटे उन्हें अपने उस छोटे से व्यापार का चिंतन करना पड़ता है। एक-एक पाई जोड़कर वे जीवन-संघर्ष में टिकते हैं। इसपर भी कभी साहस करते हैं और व्यापारिक भाव के उतार-चढ़ाव में पाँव फिसल जाता है तब ये कहीं के नहीं रह जाते। पेट पर पत्थर बाँधे ये समय के झोंके को चुपचाप सहते हैं। साधारणत: लोग कहते सुने जाते हैं कि 'आज ही बनिया कल ही सेठ'। 'सेठ' का अर्थ धनी व्यापारी और 'बनिया' का अर्थ गरीब व्यापारी। तात्पर्य यह है कि हमारा गाँव का व्यापारी बेटा कभी सेठ हो जाता है, कभी बनिया। किसान की भाँति वह अधिक दिनों तक एक ही स्थिति में नहीं चलता।

हमारे भीतर का वह वर्ग, जो न खेतिहर है और न व्यापार ही करता है, वह इन दोनों को ईर्ष्या की दृष्टि से देखता है। कारण यह कि उसे मजदूरी के लिए किसान के पास आना पड़ता है और सौदे के लिए बनिए के पास। उसे ऐसा भान होता है कि किसान और बनिया दोनों चैन की वंशी बजा रहे हैं। हम सारे दिन हाय-हाय करते हैं, तब भी पेट की आग बनी रहती है। किसान बैठे-बैठे हुकुम चलाता है अथवा थोड़ा हाथ-पैर हिला देता है और ये बनिए बैठे-बैठे माल मारते हैं। इस प्रकार प्रत्येक अपने जीवन से संतुष्ट नहीं है और दूसरे से ईर्ष्या करते हैं। प्रत्येक की दृष्टि में दूसरा सुखी है और दु:ख का भाग केवल उन्हींके मत्थे पड़ा है। हाँ, एक नया वर्ग है जो अपने को दुखी नहीं मान रहा है और अमरबेल की तरह सबपर छाया है। वह वर्ग है नेताओं, कार्यकर्ताओं और उनके चमचों का वर्ग!

शेष गाँव के रहनेवाले चाहे वे किसान हों, चाहे मजदूर, चाहे व्यापारी और चाहे 'पवनी' (सेवक), सभी दुखी और विपन्न हैं। जीविका के लिए सभी कठिन श्रम करते हैं, तब भी सभी के हृदय में सुख के लिए हाहाकार बाकी रह जाता है। वह सुख भी क्या मरीचिका है! ज्यों-ज्यों उसके पीछे चलते हैं, दूर होता जाता है। भोगों की तैयारी में जीवन व्यतीत हो जाता है। मरते दम तक असंतोष रह जाता है। मेरे बेटों का जीवन ही कुछ ऐसा हो गया है। यहाँ सबकुछ

ऊटपटाँग, बेडौल और अधूरा होता है। आश्चर्य है कि मेरे बेटे इससे ऊबते नहीं हैं। ऊब जाते तो नए रास्ते निकालने की छटपटाहट होती। वे छटपटाते नहीं, हिलते-डुलते हैं, जागते नहीं और उलट-पलट के लिए फुफकारते नहीं, यही इस बात का प्रमाण है कि वे अपनी इस दु:खद परिस्थिति के इतने अभ्यस्त हो गए हैं कि अभाव में जीवन बिताना उन्हें तनिक भी नहीं खटकता। अपने को उन्होंने चारों ओर से ठोक-पीटकर, अपने मन को मार-मारकर ऐसा बना लिया है। उनका दु:ख ही सुख हो गया है।

मेरे बेटे किसान के सिर पर सगरे संसार का बोझ है। जीवन की मूल वस्तु भोज्य-सामग्री का वह उत्पादक है। उसे लेने के लिए अन्य लोग तरह-तरह का स्वाँग बनाकर, तरह-तरह की तड़क-भड़क और तिकड़म लेकर उसके पास जाते हैं। कोई कानून का ज्ञाता है। कोई विद्या-दान का व्यवसाय करता है। कोई नेता है तो कोई किसी संस्था का संचालक। कोई मिलों के भीतर जीवनोपयोगी वस्तुओं का निर्माता है। कोई शासन-तंत्र के विविध पुरजों के रूप में सेवा करता है और कोई किसान तथा उक्त सेवकों के बीच अन्नादि के आदान-प्रदान का माध्यम व्यवसायी है। समस्त क्रिया-व्यापार के बीच किसान हैं। अखिल जीवन के मूल में किसान है। यह किसान गाँवों में रहनेवाला है। इसीलिए मेरे गाँवों को देश का हृदय भाग कहा जाता है। यहाँ से समस्त शरीर में प्राणवाहिनी शिराएँ धवल रक्त लेकर संचरण करती हैं। दैवदुर्विपाक से आज किसान और उसके गाँव की दशा अत्यंत शोचनीय हो गई है। देश का हृदय भाग ही रोगी हो गया है। इस सर्वस्वग्रासी क्षय में देश दम तोड़ रहा है। इसकी ओषधि ऊपर-ऊपर से व्यर्थ होगी। लोकतंत्र तो और मारक सिद्ध हो रहा है।

सर्वप्रथम तो अभी गाँव और ग्रामीणों को मानवता के सामान्य स्तर पर लाना होगा। शिक्षा-दीक्षा की आज बड़ी धूम है। अब तो नई शिक्षा की अमरबेल और प्रौढ़ शिक्षा के इंद्रजाल की भी धूमधाम मची है। परंतु शिक्षा किसे? नर को या वानर को? जीवनोपयोगी वस्तुओं के अभाव में, शोषण के अनवरत चक्र में पिसकर और सदियों की उपेक्षा के फलस्वरूप गाँव आज कैसे हो गए हैं? उनकी प्रशंसा में गीत चाहे जैसे-जैसे गाए जाएँ; पर वास्तविकता तो यह है कि वे आज अपना मानवपन ही गँवा बैठे हैं। उनकी आशाएँ, उनकी अभिलाषाएँ पग-पग पर धराशायी होती हैं। उन्हींके सामने धरती पर पड़ी छटपटाया करती हैं। वे विवश होकर कलेजे पर पत्थर रखकर देखा करते हैं। नई खेती की आर्थिक उन्नति के बावजूद गाँव उजड़ रहे हैं।

तीन ⇚

वह अब भी गरीब है

तीसरे दिन सायंकाल मैं कुछ पहले पहुँच गया। जाकर इधर-उधर निरीक्षण किया। कहाँ से बूढ़ा प्रकट हो जाता है, कहाँ लुप्त हो जाता है? वहाँ पर कोई खोह-कंदरा है नहीं, और न ही कहीं सघन झाड़-झंखाड़ हैं। जो है, खुला है। लगभग एक बीघे की एक परती है। बीचोबीच नीम का एक पेड़ है। पेड़ के चारों ओर एक पक्का चबूतरा है। पक्का इसी अर्थ में है कि ईंट का है। उसपर पलस्तर या सफाई नहीं है। कुछ घास-पात जमकर उसे भी प्राकृतिक रूप मिल गया है। उस चबूतरे पर पूरब ओर डीह बाबा बाँधे गए हैं। इसीलिए इस पूरे स्थान का नाम ही डीह बाबा की परती या स्थान है।

डीह बाबा कुछ वर्ष पहले बाँधे गए थे। तीन-चार दिनों तक गाँव में हंगामा मचा रहा। गाँव के तमाम भूत-प्रेत, चुड़ैल और जिन वगैरह पकड़े गए। ओझा-सोखा लोगों ने बहुत श्रम किया था। गाँव के देवता भी बुलाए गए। सबकी पूजा हुई और गाँव को निर्विघ्न बनाने के लिए भूतों को 'बैठा' दिया गया। इस प्रकार यह गाँव का एक महत्त्वपूर्ण स्थान हो गया।

मैं तब अत्यंत चौकन्ने होकर परती में टहल रहा था और आँखें रास्ते पर लगी थीं। रास्ता उत्तर-दक्षिण का था और शेष चारों ओर खेत थे। बगल में अरहर लगी थी। आने का समय निकट पहुँच गया तो मेरे भीतर प्रश्नों की बाढ़ आ गई। आज सारे प्रश्न पूछकर ही तो आगे बढ़ेंगे, और कुछ सुनेंगे।

मगर, आज भी मेरे प्रश्न, मेरी जिज्ञासाएँ ज्यों-की-त्यों धरी रह गईं। उसके सम्मोहन में मैं असहाय हो गया। नीम की आड़ से आकर उसने मेरी पीठ पर हाथ रख बैठा दिया और गज-भर दूर बैठ कहने लगा—

तुम्हारे सारे प्रश्न मुझे ज्ञात हैं। मैं एक-एक का समाधान कर रहा हूँ। घबराओगे नहीं, बात जरा गहराई से उठ-उठ जाती है। तो सुनो—

भूले नहीं होगे कि मैं युग-युग से उपेक्षित गाँव हूँ। मेरे ही बेटे किसान कहलाते हैं। माघ के महीने में अपने गदराए खेतों को देख वे किसान फूले नहीं समाते हैं। उनकी छाती गज-भर हो जाती है। वे सिर ऊँचा कर मेंड़ पर बिरहा की तान छेड़ते चलते हैं। परंतु वैशाख आते-आते उनकी सारी आशाओं पर पानी फिर जाता है। उनकी अभिलाषाओं की झोंपड़ी में आग लग जाती है। उस समय यह फैसला हो जाता है कि उनके भाग्य का कितना है? किसान खेतों में हँसता है; परंतु

खलिहानों में रोता है। जैसे-तैसे खलिहान उठकर घर आता है। घर आते ही अन्न देवता के पर जम जाते हैं। अपने मालिक को छोड़कर वे उड़ जाते हैं। बेचारे हाथ मलते, पछताते रह जाते हैं। मेरे बेटे साल प्रारंभ होते ही ऋण लेने की योजना बनाने लगते हैं। गाँव के कुछ नमक चाटकर धनी बन जानेवाले लोगों की पाँचों अंगुलियों के लिए वह अनायास ही घी बन जाता है। लाइसेंसशुदा महाजन के अतिरिक्त अब तक बैंक और कोऑपरेटिव सोसाइटियाँ भी ऋण देने लगी हैं। ऋण-चक्र से मुक्ति किसान की नहीं। उसके सर्वस्वापहरण का यह कुचक्र निरंतर चलता रहता है। अच्छे दिन आ रहे हैं, इस आशा में वह जीवन-सागर को हेलता, मचलता, एड़ी का पसीना चोटी करता चलता है; किंतु भाग्य के निष्ठुर हाथ उसे कभी वरदान या सहायता नहीं देते।

कहा जाता है कि किसान गरीबी में पैदा होता है, गरीबी में पलता है और अपनी संतानों के लिए भी गरीबी की विरासत छोड़कर संसार से यात्रा करता है। यह तथ्य आज भी सत्य है। उसके जीवन में ऐसे दिन नहीं आते जो सुखमय हों। उसको बचपन से लेकर बुढ़ापे तक कठिन अभावों की आँच में जलना पड़ता है। नित्य उसे हाय-हाय लगी रहती है। कोल्हू के बैल की भाँति आँखों पर पट्टी दिए वह एक ही केंद्र के चारों ओर चक्कर काटा करता है उस सीमित परिधि में, जिसमें अभाव और वेदना का ही प्राधान्य है, अभ्यास के अनुसार वह जीवन-भर चलता रहता है। ऐसे ही चलते-चलते अब तो इक्कीसवीं सदी आ गई।

प्रश्न यह है कि वह क्या करे? जीवन व्यतीत करने के लिए और लोग जिस प्रकार कोई-न-कोई व्यवसाय करते हैं, उसी प्रकार उसका पुश्तैनी पेशा यह खेती है। उसकी नस-नस में यह रमा हुआ है। इस पेशे की योग्यता उसे जन्मजात प्राप्त है। इसकी पवित्रता के विषय में उसकी नैसर्गिक आस्था है। इसे वह धर्म समझकर करता है। कष्ट होने पर भी करता है। धर्मकार्य में कष्ट होता ही है। वह अनजाने जानता है कि विश्व भरण-पोषण का भार उसी पर है। उसका यह पवित्र व्यवसाय न केवल पेट के लिए है बल्कि इसका उद्देश्य कुछ और है। कुछ का विश्वास है कि यह इस जन्म में भले लाभप्रद सिद्ध न हो, प्रत्यक्षतया भले नरकभोग जैसा हो, किंतु इस जीवन के पश्चात् अप्रत्यक्ष रूप से उसके लिए स्वर्ग सोपान सदृश सुख-सामग्री और आनंद प्रसाधन है। उसकी यह भावना कितनी भोली है! इस वैज्ञानिक यंत्र युग में, जिसमें प्रत्येक विचार, प्रत्येक कार्य की कीमत रुपए-पैसे में आँकी जाती है, इस भावना की कितनी उपयोगिता है, कहने की जरूरत नहीं है। उसका भोलापन प्रायः मूर्खता का द्योतक है। उसकी धर्म-भावना शोषण का हथकंडा बन

जाती है। उसका पवित्र पेशा इसी जन्म में उसे मार डालने का षड्यंत्र सिद्ध होता है। उसके चारों ओर विज्ञान युग की दोहन कला मायाजाल बिछाए ताक में रहती है और वह अनायास उस जाल में गिरता है, छटपटाता है। उठने का प्रयत्न करता है। फिर गिरता है और इसी प्रकार उसका जीवनचक्र चलता रहता है।

अब दो-एक दृश्य देखें। प्रचंड धूप का साम्राज्य है। ऊपर जलता हुआ सूरज और नीचे तपती हुई धरती। पशु-पक्षी तक आड़ पकड़कर विश्राम करते हैं। चमचमाती हुई धूप और आग बगोलों में एक किसान ही है जो विराम नहीं लेता। कुएँ पर वह नंगे बदन पानी निकाल रहा है। या नलकूप से पानी ले नाली बना रहा है। क्यारी बना रहा है एवं खेत सींच रहा है। उसका शरीर पसीने से लथपथ हो जाता है। धूप की ज्वाला जल रही है। किंतु उसके चेहरे पर शिकन नहीं आती। अपने पवित्र पेशे के नाम पर वह प्रकृति की आग से जी भरकर खेलता है।

दूसरा दृश्य है। घनघोर जाड़े की ऋतु है। सारा संसार गरम वस्त्रों में शरीर लपेटे पड़ा है। शीत के काँटे बाहर निकलने पर खाए जाते हैं। कितने इस कड़ी ठंडक में आग के सहारे ही जीते हैं। अभी कल तक देखा, ऐसे कठिन समय में अभी सूरज निकलने में दो-तीन घंटे शेष हैं, मेरा बेटा किसान शरीर पर गमछा डाले अपने बैलों के साथ कुएँ पर जाता है। पानी निकालने के अपने सैकड़ों वर्ष पुराने परंपरागत यंत्र को ठीक करता है। खेत सींचने का काम शुरू होता है। नौ दिन चले अढ़ाई कोसवाली कहावत कभी भले अत्युक्ति समझकर कही गई हो; परंतु आज तो किसान की यह सिंचाई देखकर सत्य ही जान पड़ती है। चार-पाँच जीव कड़ाके की सर्दी में पानी से खेल रहे हैं। दिन-भर खेलेंगे। और इनका कार्य तब तक समाप्त नहीं हो जाएगा जब तक दो घड़ी रात गए सभी जीव थककर चूर नहीं हो जाएँगे। श्रम के इस लंबे-चौड़े ठाटबाट से क्या निकला? एक-डेढ़ बीघे खेत की सिंचाई! मशीन-युग के एक जीव के आधे घंटे का काम मात्र! योजना-विकास और नई सिंचाई सुविधाओं से भी कुछ विशेष फर्क नहीं पड़ा। दो-दो, चार-चार महीनों तक सरकारी नलकूप खराब हैं। निजी पंपिंग सेट उजड़ने का धंधा हो गया तब याद आते ही हैं वे अपने सिंचाई के साधन।

तीसरा दृश्य है। मूसलाधार पानी बरस रहा है। ज्ञात होता है कि आकाश धरती पर टूट पड़ेगा। सारी दुनिया पानी-पानी हो गई है। हाहाकार मचा हुआ है। बिजली चमकती है। बादल गरजते हैं। धैर्य छूट जाता है। घर के भीतर सुरक्षित जगह में प्राणिमात्र रक्षा पाते हैं। कोई दुर्भाग्यवश बाहर पड़ गया तो वर्षा की बूँदों से उसकी दुर्गति हो गई। गोली की तरह लगती हैं वे। मशीनगन की तरह। फिर

पानी का वह उपद्रव अपनी वीरता की आजमाइश करने के लिए तो होता है! ऐसे भीषण समय में भी मेरे बेटे किसान को विश्राम बदा नहीं ही है। उसे अपने खेत से पानी निकलने से रोकना है। इसीमें उसका कल्याण है। यही उसकी चातुरी है। तुलसीदास ने भी तो इसीलिए कहा—

'कृषी निरावहिं चतुर किसान'।

पर दुनिया को क्या पता कि यह चतुराई करने के लिए किसान को अपने सुखों का किस प्रकार बलिदान करना पड़ता है!

गरमी, वर्षा और शीत से बचने के लिए मानव ने घर बनाए। इससे प्रकृति के भीषण उपद्रवों से उसे त्राण मिलता है। बेटे के भाग्य में उसका सुख भी बदा नहीं। वह शरीर से इस बीसवीं शताब्दी में है; परंतु अपने जीवन के कई महत्त्वपूर्ण कार्यों की दृष्टि से वह उस युग में है जिसमें घर का आविष्कार नहीं हुआ था। मनुष्य छाती खोलकर प्रकृति के सारे झोंकों को झेलता था। फिर ऐसा भाग्य कि कुआँ, बैल, पानी और मिट्टी का अहर्निश साहचर्य। अवश्य ही इस संसर्ग में 'जीवन की तरी' है और आनंद की भूमिका है; परंतु किसान को शिक्षादि की न्यूनता इस आनंदोपभोग से सहज ही वंचित कर देती है। बैल के साथ वह स्वयं भी बैल हो जाता है। उसका जीवन माटी हो जाता है। परिश्रम उसका अंधकूप हो जाता है। सुख उसका निर्गुण भगवान् हो जाता है। वह गूँगे के गुड़ की भाँति जब-तब मन में उसका अनुभव-भर कर लेता है।

प्रश्न यह उठता है कि आखिर मेरा बेटा किसान इतना परिश्रम क्यों करता है? क्या इसलिए कि उसे अच्छे-से-अच्छा, सुस्वादु, पुष्टिकर और आनंददायक भोजन मिल सके? क्या इसलिए कि वह सुंदर हवादार और स्वास्थ्यवर्द्धक गृह में निवास कर सके? क्या इसलिए कि उसके परिवार के अन्य सदस्य शांतिपूर्वक जीवन व्यतीत कर सकें? उसके बच्चे शिक्षा प्राप्त कर सकें? बंधु-बांधवों में उसका आदर-सत्कार हो अथवा कभी समाज में सिर नीचा न हो? क्या इसलिए कि देश, जाति और प्राणिमात्र उसका अर्जित अन्न ग्रहण कर जीवनलाभ कर सकेंगे? अथवा इसलिए कि साधु और भिखारी एवं अतिथि का समुचित समादर कर सके? क्या वह यह सोच-विचारकर श्रम करता है कि यह उसका कर्तव्य है? अथवा ये सब बातें उसके समक्ष उपस्थित ही नहीं होती हैं?

देखने में तो ये बातें ऐसी हैं कि सबका उत्तर स्वीकारात्मक ही होगा; परंतु यदि हम सचमुच किसी किसान से पूछें तो बड़े अचरज में पड़ जाएगा। वह सबसे

पहला उत्तर देगा कि 'इज्जत-आबरू है और देन-महाजन है!' शेष बातें गौण हैं। मुख्य है किसान की इज्जत और ऋण! इन्हींके लिए वह पसीना बहाता है। भूखा रह सकता है। घर-वस्त्र का कष्ट सह सकता है। अपने बच्चों की महत्त्वपूर्ण शिक्षा रोक सकता है; पर अपनी नाक नहीं कटा सकता। अपनी मिथ्या मर्यादा खो नहीं सकता। इसके लिए वह ऋण भी लेता है। मर्यादा और ऋण में अन्योन्याश्रय संबंध है। यह आगे बताएँगे। यहाँ केवल इतना बताना है कि किसान यह कठिन श्रम ऋण चुकाने के लिए करता है। मेरे बेटे किसान प्राय: ऐसे हैं जो ऋणग्रस्त हैं। ऋणचक्र से उनका पिंड नहीं छूटता। ऐसे कुछ किसान, जो बाहर से लगता है कि नई खेती के वरदान से धनी हो गए हैं, वास्तव में सरकारी ऋणों के बोझ से दबे होते हैं। भूत की तरह यह अंतिम दम तक साथ नहीं छोड़ता, यह पुश्तैनी चला करता है। यही दुःख की जड़ है। अपनी नाक न कट जाए, इस प्रयत्न में मेरा बेटा ऋण लेता है। अंततोगत्वा उसकी नाक की रक्षा हो नहीं पाती। आसमान से गिरा तो खजूर पर अटका। प्रतिवर्ष यह रक्तबीज की तरह बढ़ता चला जाता है। मान लीजिए इस वर्ष फसल अच्छी आई। कहीं गेहूँ के क्षेत्र लहर रहे हैं, कहीं चना उमड़ आया है, कहीं ईख आकाश चूम रही है। इन्हें बेटा हसरत-भरी निगाह से देखता है। उसे आशा होती है कि इस वर्ष वह ऋण चुका देगा। उसके अच्छे दिन आ गए। अगले वर्ष से न ऊधौ का लेना और न माधो का देना रह जाएगा। चैन से दिन कटेंगे।

प्रथम तो नाना प्रकार के विघ्न हैं। हवा है, पानी है और आग है। पशु हैं, पक्षी हैं और अन्य जीव हैं। चोर हैं, चाई हैं और लुटेरे हैं। सबसे बचाता-बचता यदि सारा अनाज घर पहुँचता है तो वह ऋण चुकाने-भर को तो होता ही है। सब स्वाहा! मान लीजिए कि यदि कुछ बचा तो वह दो-एक महीने में समाप्त हो गया। लगान है, भोजन है, बीज है, कोऑपरेटिव का कर्जा है। कपड़ा-लत्ता है, तमाखू हैं, कहीं शादी-ब्याह पड़ जाय तब तो हुआ वज्रपात! इस प्रकार चौथे-पाँचवें महीने में विवश हो उसी पुराने ऋणवाले पथ पर किसान को चलना पड़ता है। उसे पुन: ऋण लेना पड़ता है, यदि ऐसी बात हो कि वह जितना लेता है उतना ही देना पड़े तब भी खैरियत होती। ऋण प्रगतिशील होता है। उसकी गतिशीलता के आगे किसान का श्रम गतिशून्य हो जाता है। यह ऋण कभी-कभी तो दूना-चौगुना, यहाँ तक कि बीस गुना-तीस गुना हो जाता है। घुरहू के बाप के बाप ने कौड़ीमल से तीस रुपया लिया और आज वह तीन सौ हो गया; घुरहू के लड़के तक पहुँचकर वह पाँच सौ हो जाय तो अचरज नहीं। चुकावें न? सारे जीवन को ऋण के बादल आच्छादित करके एकदम धुआँधार कर देते हैं। इस प्रकार यह ऋणचक्र अनवरत गति से चलता

रहता है। यदि ऋण बैंक का है, सरकार का है, तब और आफत।

मेरी बस्ती में कुछ ऐसे लोग होते हैं जिन्हें वहाँ के लोग धनी कहते हैं। वे धनी होते भी हैं। बैलों का एक भरा-पूरा स्वस्थ झुंड द्वार के सम्मुख, पशुशाला के पार्श्व में दृष्टिगोचर होगा। अन्न की खत्तियाँ, बखारें भरी पड़ी हैं। कार्यव्यस्त, छाँटी काटते, बैल खिलाते, गोबर हटाते, गाय दूहते, सफाई करते या बैठकर गप करते अथवा हुक्का गुड़गुड़ाते स्वजन दिखाई पड़ते हैं। और अधिक धनी हैं तो बैल हट गए। अब दरवाजे पर ट्रैक्टर और उसके पार्ट्स दिखाई पड़ते हैं। पुरजन, परिजन एवं सेवक द्वार पर घेरे रहते हैं। इस प्रकार इन्हें धनी कहना असंगत तो नहीं है, पर है गलत। कई कारणों से ये गँवई के धनी गरीबों से भी गरीब होते हैं। ये दिखावे के धनी हैं। वास्तव में इनमें से अधिकांश श्रीहीन होते हैं। इनका श्रम अपनी उस दिखाऊ स्थिति को बनाए रखने में व्यय होता है। भीतर से लेकर बाहर तक जो कुछ भी है, सब दिखाऊपन का आदर्श है। कभी-कभी तो इनका रोआँ-रोआँ ऋण से लदा है। भूमिधर बैंक का ऋण, सहकारी सोसाइटी का ऋण और नाना प्रकार का ऋण। किस्तें चुकता हो नहीं पातीं। धन का उपयोग या तो ये करते नहीं या करना नहीं आता। रंडी-भाँड़ के नाम पर हजारों रुपए का खून कर देंगे। इसलिए कि मेरी इज्जत और नाम की रक्षा एवं वृद्धि हो; परंतु पाठशाला, पुस्तकालय के नाम पर एक पैसा नहीं देंगे। इनका खयाल होता है कि कचहरी-सेवन, मुकदमाबाजी उनकी शोभा है। अकारण भी वे लड़ते हैं। अपना बड़प्पन प्रदर्शित करने के लिए लड़ते हैं। न्याय के लिए नहीं, अन्याय का आतंक जमाने के लिए लड़ते हैं। यदि रुपया उनके पास है तो कानून को अपने पास ही समझते हैं। अपनी स्थिति की रक्षा के लिए कानून की आड़ में रुपया पानी की तरह बहाकर छोटे लोगों की गरीबी से जर्जर छाती पर घुड़दौड़ करने की हविस रखते हैं और समय-समय पर निकालते भी हैं। कहने का तात्पर्य यह कि आज गरीब अपनी गरीबी में पिस रहे हैं और अमीर अपनी अमीरी में जल रहे हैं। वे अपनी तमाम समृद्धि को उसकी रक्षा में योजित कर देते हैं।

इतिहास मेरी बस्ती के धनिकों का बड़ा विचित्र होता है। कभी-कभी ये बहुत दिनों के नहीं, हाल के होते हैं। पुश्तैनी कम, किंतु उन्हीं गरीबों में से अधिकतर होते हैं। इनके धनी होने का इतिहास मनोरंजक भी कम नहीं होता। यहाँ अधिकांश धनी सूद-ब्याज का मायाजाल फैलाकर आलसी एवं भूखे किसानों का खेत हड़प कर लेते हैं। दूसरे धनी कंजूसी से होते हैं। नमक चाटकर पैसा जोड़ना प्रसिद्ध है। कभी-कभी पैसे से पैसा खींचकर लोग धनी हो जाते हैं। कितने को

'भाग्य' ही धनी नाम से विभूषित कर देता है। किसीके घर शहर से नौकरी, व्यापार या काले धंधे आदि का धन आ रहा है। किसीकी शादी धनी बना देती है। किसीका कुटुंब समाप्त हो गया तो वह धनी हो गया। इसी प्रकार की अनेक बातें हैं। इसी सिलसिले में यह बता देना भी अप्रासंगिक न होगा कि 'जहाँ रूख न बिरिछ तहाँ रेंड़ परधान' वाले न्याय के अनुसार, हमारे भीतर में जिनके पास पचास-साठ हजार रुपए हो गए, उनकी गणना धनी लोगों में होने लगती है। जगह-जगह बैंकों के खुल जाने से और महँगाई से अब धन बाहर से फैला-फैला दिखाई पड़ने लगा है।

लेकिन यहाँ कोई धनी-गरीब क्या होगा? पैदा करेंगे, खाएँगे। खेत हैं, बारी हैं, बैल हैं और परिश्रम है। उस खेत में खाने-भर से अधिक थोड़े पैदा होता है! वहाँ मिलों या खदानों की तरह संपत्ति की वर्षा नहीं होती। नई खेती, नए बीज, खाद, सिंचाई और दवाओं आदि की सुविधा के चलते भी व्यापक रूप में खेती कहाँ गाँव में उद्योग बन पा रही है? बीच में पूँजी आड़े आ जाती है। गाँव का हर किसान पूँजीपति कहाँ है कि खेती को उद्योग बनावे? ऐसी दशा में गाँव के किसी खेतिहर को धनी कहना असंगत है। जो तिकड़म से दूसरों की जमीन हथिया लेते हैं, धनी कहलाकर शान बघारने की जिन्हें प्रबल लालसा होती है, उन्हें क्या पता कि यह युग बैलगाड़ी का नहीं, वायुयान का है; जिसकी कीमत में वे बिक जाएँगे। धनकुबेरता ने बैलगाड़ी से चलकर अंतरिक्ष यान आते-आते जो रंग दिखाया है, उससे अपरिचित ये मुट्ठी-भर गाँव के गर्वीले किसान छोटे-छोटे लोगों से घिरे रहने के अनुभव से एक प्रकार के सुख का अनुभव करते हैं। जैसाकि कहा गया है, ये धन का उपभोग करते भी नहीं। ऐसा करने लगें तब तो शायद धरातल ही खिसक जाय और औरों की भाँति ये भी 'सामान्य' किसान हो जाएँ! उनके बड़प्पन की पगड़ी वास्तविक पगड़ी नहीं होती। वह दिखाऊ होती है। उसका सारा प्रभाव उसकी रक्षा में व्यय होता है, सिर की रक्षा में नहीं। यदि उस पगड़ी को हवा में उड़ जाने दिया जाए तो गरीबों की भाँति उनका सिर भी नंगा ही होता।

चार

सत्य और प्रचार

'ठहरिए, आपने कहा कि आपके बेटों की दुनिया अर्थात् गाँवों में खेती उद्योग नहीं बन पा रही है। यह बात गलत है। आपकी इसी बात से क्या यह सिद्ध नहीं हो रहा है कि आप पुराने गाँवों की बात कह रहे हैं और नए ग्राम विकास को

एकदम अस्वीकार कर रहे हैं?' अगले दिन जब वह बूढ़ा मिला तो मैंने कहा।

उसने क्षण-भर रुककर मुसकराते हुए कहा—

'हाँ, जिस रूप में उसका प्रचार हुआ है, उसे मैं अस्वीकार कर रहा हूँ। खेती उद्योग बन सकती है और वह आरंभ में इसी दिशा में बढ़ी; मगर ऐसा होते-होते रह गया। आज वह मात्र नमूने के रूप में ही उद्योग बनी है, संपूर्ण रूप में नहीं। इसी तरह जिसे आप ग्राम विकास कहते हैं वह भी अभी नमूने का ग्राम विकास है। क्या इसे नहीं मानते हो?'

'नहीं। नमूने का कैसे है? एक-एक किसान है कि लाख-लाख रुपया आलू बोकर कमाता है। ईख, मिर्चा, लहसुन और प्याज आदि बोकर मालामाल हो रहा है।'

'ठीक कहा; लेकिन जरा यह तो बताओ कि एक गाँव में जितने किसान परिवार हैं उनमें कितने प्रतिशत वैसे किसान हैं? फिर एक जिले के किसान परिवारों को मिलाकर ऐसी व्यापारिक खेती करनेवालों का क्या प्रतिशत होगा? मुश्किल से एक प्रतिशत भी तो नहीं होंगे! कुछ थोड़े से पुराने धनी जमींदार परिवार के या साधन-संपन्न परिवार के लोगों का यह विकास प्रचार की हवा पाकर भी सबको छू कहाँ रहा है? इस इंद्रजाल को समझो। अभी तो तुम्हारी हरित क्रांति और नई खेती मुख्य रूप से चावल-गेहूँ के इर्द-गिर्द पड़ी है। भोजन का अर्द्धांग दाल के रूप में उससे दूर पड़ा है। गेहूँ भी व्यापारिक कहाँ जाता है? इतना सस्ता उसका भाव है कि खाद-बीज, सिंचाई और दवाई मिलाकर श्रम भी बेकार लगता है। यही हाल चावल का है। बची सब्जी; तो किसी खास इलाके में थोड़े से लोग या किसी गाँव में कुछ लोग उसे चमका रहे हैं। उसकी चकाचौंध में हम समझ जाते हैं, खेती सचमुच व्यापारिक हो गई। किसान धनी हो गए। दूरदर्शन-रेडियो और अखबारों के प्रचार सत्य हैं। लेकिन ये बातें सत्य से कितनी दूर हैं।—तो सुनो, सत्य क्या है? आज भी कुछ और मत पूछो। बस, सुनो। मैं अर्थात् गाँव तुम्हें अपनी असलियत बता रहा हूँ।'

सबसे पहले मैं आज अपनी बस्ती के रहनेवालों के जीवन का एक रहस्य आपको बता रहा हूँ। वे बेचारे जीवन-भर कठिन संघर्ष करने के पश्चात् जीवन के संध्याकाल में, जबकि शरीर थककर चकनाचूर हो जाता है, सारे व्यवहारों का खाता बंद होता है, गहरा असंतोष लिये मरते दिखाई पड़ते हैं। जीवन-भर 'महल' की आशा में कंकड़ चुनते हैं। 'अब अच्छे दिन आ रहे हैं' की मृगमरीचिका में संकट झेलकर, गरीबी की मार सहन कर एवं अभाव की आग में जलकर भी वे आगे

बढ़ते जाते हैं। अपनी गृहस्थी की नींव सुदृढ़ करने के लिए भोजनपान तक विस्मृत कर दमतोड़ मिहनत किए जाते हैं। इतने पर भी अंत समय अपने को जहाँ-का-तहाँ, एकदम वहीं जहाँ पहले थे, बल्कि उससे भी गई-गुजरी दशा में पाते हैं तो कलेजे पर साँप लोट जाता है। ऐसी दशा में वे क्या शांतिपूर्वक मरें? दरिद्रता का शूल मरणसेज पर टीसता रहता है। जब मौत की छाया सिर पर मँडराती है तब भी उन्हें घर की चिंता चबाए जाती है। मेरी बस्ती के रहनेवाले लोगों में से किन-किन लोगों ने जीवन की फिसलन से भरी डगर पर उन्हें धक्के दिए, यह सब याद है। वे बड़े प्रेम से अपने बेटों को उक्त लोगों से बचे रहने की शिक्षा देते हैं। जीवन-भर घर का प्रबंध किया, मन नहीं भरा। अब अंत समय में भी कुछ आगे का प्रबंध कर जाना चाहते हैं। अधिकांश अपने उत्तराधिकारियों को यह शिक्षा देते पाए जाते हैं कि हमारे क्रिया-कर्म में अधिक व्यय मत करना! कोई अपने अधूरे छोड़े काम, अधूरे मुकदमा अथवा सिर पर भार की तरह पड़े ऋण का स्मरण करते-करते प्राण विसर्जित करते हैं। मरने के पूर्व इन बूढ़ों को पागल की उपाधि तो मिल ही जाती है! वे बहुत बकबक करते हैं। बैठे-बैठे प्रबंध बाँधा करते हैं। अवश्य ही उनकी बातें जवानों को पसंद नहीं आतीं; परंतु यह इस बात का प्रमाण है कि जीवन में वे पूर्ण असफल रहे। अपनी शक्ति-भर जीवन को सँवारते रहे। थकने पर अपने वारिसों से भी वही आशा रखते हैं। उन्हें क्या पता कि यह तो एक चक्र-सा लगा है। इनमें सफल होना खेल नहीं है।

हमारे गाँव का हर प्राणी आज परिश्रम-भर करता है। उसके श्रम का सुख भोगनेवाला वह नहीं, कोई दूसरा है। वह मर-मरकर स्वर्ग बनाने-भर के लिए है। उसके लिए स्थान नरक ही है। उस नरक में दरिद्रता है, गंदगी है और है लाचारी के साथ सुख की मृगतृष्णा। वहाँ वे गरीबी की साधना करते हैं। स्वराज्य के बाद योजना विकास के प्रभाव से आर्थिक उन्नति हुई तो लगता है टूटन, घुटन, बिखराव, वैर, वैमनस्य और अराजकता की पूजा करते हैं। ऐसा ज्ञात होता है कि मृत्यु ही जाने-अनजाने उनका साध्य होती है। जीवन से तो वे ऊब गए होते हैं। वे जीते इसलिए हैं कि मर नहीं जाते। पग-पग पर मौत की कामना करते हैं। स्त्रियाँ धरती माता के फटने की कामना करती हैं। उनकी दुर्दशा देखकर वह भी द्रवित नहीं होती। बूढ़े साधारण बातचीत में भी कहते सुने जाते हैं कि 'अब कट चली है जिंदगी'। अथवा 'अब तो मौत आवे और ले चले इस दुनिया से। सारी झंझटों से छुट्टी मिले'। किसी प्रकार जीवन का छोर खींचकर, अंचल समेटकर मौत की गोद में जाने के लिए वे मचलते हैं। गरीबी और अशांति की साधना और मृत्यु की ऐसी

कामना यह आज के हमारे गाँवों की विशेषता हो गई है। कितनों पर मौत भी रूठ जाती है। जीवन का भार लिये आठ-आठ आँसू रोते हैं। कोई पानी के लिए भी पूछनेवाला नहीं और उधर विधाता के रजिस्टर का जैसे पन्ना ही उलट गया। बही भूल गई जो परवाना ही नहीं कट रही है। 'उस दरबार' से बुलाहट ही नहीं आती।

मेरी प्यारी बस्ती के सुनहरे अंचल में, जिसकी प्रशंसा में कवियों ने न जाने कितनी स्याही बहा दी, यह कैसा असंतोष का तांडव चल रहा है? मानवता के पतन की पराकाष्ठा है, जो मेरे बेटे किसान की शोषण से जर्जरित ठठरियों पर भी श्वान समूह कृपा नहीं करता है। सारी सुख-सुविधा समेटकर कब तक मुट्ठी-भर लोग इन भोलेभाले मानवों को जीने के अधिकार से वंचित किए रहेंगे?

न केवल मेरा बेटा किसान, अपितु ग्रामीण मात्र ऐसे ही असफल जीवन के भार से कराहते रहते हैं। ध्यानपूर्वक देखने से पता चलता है कि अन्य वर्ग के लोग किसान के ऊपर ही अवलंबित रहते हैं। वह जीवन का ऐसा केंद्र है जिसके चतुर्दिक् जीवन चक्कर काटा करता है। उसका उत्थान-पतन गाँव का उत्थान-पतन है। अन्य पेशेवालों को किसान से पृथक् करके नहीं देखा जा सकता। तेली का कोल्हू किसान की सरसों से चलता रहा। जिस वर्ष तेलहन की पैदावार नहीं होती, कोल्हू बंद हो जाता। गाँव के गरीब तेली के पास इतना धन नहीं कि बाजार से तेलहन खरीदकर लाए। वह किसान से तेलहन लेता। कुछ मजदूरी लेकर तेल निकालता। तेल किसान का और खली तेली की। इस प्रकार का पारस्परिक व्यवहार चलता। समय ने ऐसी लंगी लगाई, यह कोल्हू भी बंद हो गया और शुद्ध तेल स्वप्न हो गया। दरजी, नाई, चमार, पंडित, महंथ, कुम्हार और धोबी आदि अपनी सेवाओं से किसान के संबंधी हैं। आवश्यक वस्तुओं, परामर्शों एवं सेवाओं से ये मेरे बेटों की सहायता करते हैं। इनके भरण-पोषण का भार किसान के ऊपर होता है। यही सनातन व्यवस्था है। और बहुत कुछ टूटकर भी किसी-न-किसी स्तर पर यह व्यवस्था अभी बनी है। गाँव एक प्रकार से स्वावलंबी एवं अपने में पूर्ण होते रहे हैं।

आजकल यह स्वावलंबन की कड़ी, अपने पैर पर खड़ा होने की योग्यता छीजने लगी है। मेरी बस्ती का जुलाहा समाप्त हो गया। जीवन की सबसे उपयोगी वस्तु कपड़ों के लिए मेरा बेटा किसान परमुखापेक्षी हो गया। उसका अन्न बिकने लगा। उसके दोहन का द्वार खुल गया। यद्यपि जुलाहे गाँवों में अब भी हैं, पर उनके व्यापार का हाथ कट गया। उनकी कला में जंग लग गई। वे किसानों की वस्त्र संबंधी समस्त आवश्यकताओं को पूर्ण करने में सर्वथा अक्षम हैं। इस गरीब जाति के ऊपर पहले तो विदेशियों का वज्र-प्रहार प्राणांतक सिद्ध हुआ और अब इनके

लिए देशी जन ही विदेशी बन गए। मिलों में वस्त्र नहीं, भारतीय जुलाहों की हड्डियों के तार बुने जाते हैं। आज सबसे गरीब, नि:सहाय और सामूहिक शोषण से प्रत्यक्ष आक्रांत यदि कोई जाति है तो वह है जुलाहा। जिसकी हस्तकला का सिक्का कभी एशिया-योरप पर था, वही आज दाने-दाने को तरस रही है। अब ऐसे ही काल की कलम सुनार और तेली जाति पर भी घूम रही है, जिसकी चर्चा आगे करेंगे।

अंग्रेजों के आगमन के पश्चात् भारत मुरझा गया। मेरा, अर्थात् गाँव का, सर्वतोमुखी पतन हो गया। मेरे बेटे उजड़ गए। उनकी खेती मारी गई। खेती पर पलनेवाले अन्य लोग विपद्-जाल में फँसकर छटपटाने लगे। सुनने में यह बात अचरज-सी लगती है कि स्वाधीन हो जाने पर भी हमारे यहाँ दोनों जून अच्छे अन्न के दर्शन सभी को नहीं होते। भाग्यवान् हैं जो दोनों समय उत्तम भोजन पाते हैं। कितने परिवारों में उपवास का दौर वैसे ही चलता है जैसे धनकुबेरों के यहाँ शराब का। अंतर इतना ही होता है कि एक में 'हाय-हाय' की मूक वेदना होती है, और दूसरे में 'हा-हा-हा-हा' का मुखर उल्लास होता है। नशा दोनों में होता है। दोनों में बेहोशी होती है। एक में सो-सोकर जाग-जाग उठते हैं और दूसरे में जाग-जागकर सो-सो जाते हैं।

अर्द्धरात्रि में किसी गरीब का बच्चा चीख उठता है—'माँ, खाना दो।' कलेजा मुँह को आ जाता है। यह सर्वग्रासी काल की महा विभीषिका! जिस देश में शस्यश्यामला धरित्री अपना अतुल वैभव लिये सूर्य-चंद्र की किरणों से अठखेलियाँ करती है, उसी देश के अंचल की झोंपड़ियों में भग्न मानव, दाने-दाने को तरसकर मानवता का उपहास कर रहा है। मेरी यह भयानक गरीबी दुनिया की आँखों से ओझल है। यह इतनी आंतरिक है कि लोग देखकर भी नहीं देख पाते।

विशाल व्योम के नीचे मुक्त-अर्गला विश्ववैभव हमारी बस्ती के बाहर खेतों में पड़ा है। भीतर उसके स्वामी उसके उपभोग से सर्वथा वंचित कभी भाग्य को कोसते हैं, कभी दुर्दैव को। दोनों के बीच में श्रम है। वह भी जब अपने 'कर्ता' को पूर्ण प्रतिफल प्राप्त कराने में असमर्थ रह जाता है, तब कराहने लगता है और दामन सिकोड़कर एक ओर पड़ रहता है। यहीं से गाँवों का आलस्य शुरू होता है। इस आलस्य के साथ इसके कुछ अन्य सजातीय भी सरककर बढ़ आते हैं। अहम्मन्यता, बुद्धिहीनता, अंधविश्वास, असफल संतोष और गरीबी। दुर्भाग्य का पूरा कुनबा एकत्र हो जाता है। सबसे खेदजनक बात यह होती है कि आगे बढ़ने की, नवीनता ग्रहण करने की और कुछ सीखने तथा जानने की प्रवृत्ति मारी जाती है। अपने को वे पूर्ण समझने लगते हैं। यहाँ तक कि एक संकुचित घेरे में, एक

संकुचित दिनचर्यावाले महान् समझे जाने लगते हैं। हमारी अभागी बस्ती के भीतर आदमी नामधारी ऐसे जीव भी अभी विद्यमान हैं जो जीवन के पिछले पहर में पहुँचकर भी रेल नहीं देख सके। इसे संसार का आठवाँ आश्चर्य कहा जाए तो असत्य नहीं होगा। उनका सारा जीवन अपने घर के 'किले' में कैद जैसे बीत गया। उन्होंने जीवन-भर सिर्फ अपने को देखा। दूसरे कैसे हैं, यह नहीं जाना। दूसरों को देखकर जो सीखने की प्रवृत्ति होती है, उसका उनके जीवन में कोई चमत्कार उत्पन्न नहीं हुआ। बाहर निकलने पर संसार का जो अनुभव होता है, उसके सहारे व्यक्ति जो अपना तथा समाज का सुधार करता है, वह संयोग उनके जीवन में कभी संघटित न हो सका।

गुल्लर का किरौना सचमुच बंधन में होता है; पर मानव तो स्वतंत्र जन्म लेता है। वह यदि आजीवन कूपमंडूक ही बना रह गया तो यह उसका दुर्भाग्य कहा जाए या और कुछ? वह समाज का द्रोही है। वह संतानों के सामने गलत आदर्श उपस्थित करता है। संकुचित घेरे में अपने को पूर्ण समझने की महान् भूल हमारे देश ने कभी की और बाह्य विश्व के ज्ञान-विज्ञान को हेय दृष्टि से देखा, जिसका परिणाम कितना भयंकर हुआ! ज्ञान-विज्ञान की दौड़ में भारत पिछड़ गया। इस ऊँचे पैमाने की 'बड़ी बात' के पेट में गाँवों का अंधजीवन अब कराह रहा है। न जाने कब उसे नवजीवन मिलेगा। यहाँ न कोई आदर्श है, न व्यवहार। यहाँ सब यों ही अपने आप होता है। यहाँ व्यक्ति के जीवन में लक्ष्यभ्रष्ट आदर्श हैं। बाप-दादे के होते आए काम ही ध्रुवतारे हैं। फिर आज तो अधकचरा शहरीपन पहुँचकर और उपद्रव कर रहा है। सड़क, नहर, बिजली, नलकूप, कोऑपरेटिव, बीजगोदाम, विकासखंड, अस्पताल, डाकखाना और बैंक की पहुँच गाँवों में हो गई और गजब हुआ कि गाँव न नया बना और न पुराना रह गया!

मेरी बस्ती का एक आदमी है जो बड़े गर्व से घोषणा करता है कि मैं अपने काम से मतलब रखता हूँ। मैं दूसरों के फेर में नहीं पड़ता। यहाँ तक कि अपना दरवाजा छोड़कर कहीं नहीं जाता। बारात, सभा, जलसा, उत्सव, नृत्य, गान और तमाशा में आप हमें कहीं नहीं पाएँगे। दूसरी जगह मैं बहुत ही कम जाता हूँ। क्या मतलब है हमें कहीं जाने से? बस, अपना काम है। गंगास्नान करता हूँ। चार अंजलि जल ग्रहण करता हूँ। भगवान् का नाम लेता हूँ। अपना काम करता हूँ। शाम को चार दोहा रामायण कहता हूँ और सो जाता हूँ।

ऐसे व्यक्ति के बारे में क्या कहा जाए? ये जमाने से हजार वर्ष पहले हैं। स्वराज्य हो जाने पर भी जो वर्षों तक समझते रहे कि 'अँगरेज बहादुर' का राज है।

क्या आश्चर्य कि कितने अभी 'कोपनी' (ईस्ट इंडिया कंपनी) के राज्य के खयाल में हैं। ये आचार्य हैं जो कूपमांडूक्य की शिक्षा अपने विचार तथा कार्य से दिया करते हैं। गाँव की कोमल बुद्धिवाली बाल मंडली ऐसे व्यक्तियों से क्या सीखेगी? उनपर क्या प्रभाव पड़ेगा? इसी विघातक सिधाई और सरलता ने दूसरों को अवसर दिया कि उन्हें लूटें। इसी संकुचितता ने उन्हें दुनिया के वैभव से हीन कर दिया। इसी पार्थक्य ने उन्हें 'बैल' बना दिया। इसी साधुता के चोले में कसी पंगु नैतिकता ने उन्हें दु:ख-भोग का छत्रधारी बना दिया।

दुनिया से अलग रहने की स्थिति ने मेरे बेटों को पिछड़ा कर दिया। उनमें राष्ट्रीय उत्कर्ष की कामना का पूर्णत: तिरोभाव हो गया। अधिक-से-अधिक किसी प्रकार स्वयं धनी हो जाने की बात वे सोचते हैं। इस सोच में भी 'भुजबल' कम, पर 'दैवबल' का अधिक आश्रय होता है। नैतिक पतन की पराकाष्ठा है कि बिना हाथ-पैर हिलाए निर्लज्जतापूर्वक किसीका सर्वस्व उन्हें प्राप्त हो जाए तो स्वीकार करने में अहोभाग्य समझें। इस प्रकार की पतनशील अंतर्भावना का परिणाम यह होता है कि वे आजीवन खाली हाथ रह जाते हैं। अतृप्त इच्छाओं की प्रचंड ज्वाला में दग्ध होते रहते हैं। छोटी-मोटी वस्तुओं के लिए भी तरसते दिन जाता है। स्वच्छंदतापूर्वक हाथ-पैर पसारने-भर को पृष्ठाधार नहीं उपलब्ध होता। सारा श्रम किसी सर्वग्रासी भविष्य के चरणों में समर्पित करने के पश्चात् भी वे सुख की नींद नहीं सोते। सब कुछ जुटाकर भी खाली रह जाते हैं। उनका अभाव, उनकी वेदना तथा उनका दुर्भाग्य सदा छाया की भाँति साथ लगा रहता है। उसे वे ईश्वर की देन समझते हैं। इसीलिए कलेजे से चिपकाए रहते हैं। संतोष इस बात का रहता है कि अपने पूर्वजों को भी उन्होंने ऐसे ही फटेहाल देखा। उन्हें क्या पता कि प्रतिक्षण विश्व किस गति से आगे बढ़ता जा रहा है तथा उसी अनुपात से वे कितने पीछे सरकते जाते हैं। उनकी संतानें भी घुटनशील परिस्थिति में जीवनयापन की शिक्षा लेती हैं। उनका खयाल होता है कि ऐसी परंपरा में ही पीढ़ियाँ गल गईं। इसीमें कल्याण है। बाप-दादों की वृत्ति यही है।

एक कठिनाई यह है कि हमारे बेटे किसान दो-एक पीढ़ी से ऊपर की बात सोचते ही नहीं। इसलिए उनके सामने जीवन का कोई आदर्श नहीं होता। इतिहास की यही तो महत्ता है कि वह हमारी पतनशील जीवन-प्रणाली पर अंकुश रखता है। वह गौरवमय अतीत का चित्रफलक लिये सदा सन्मार्ग दिखाता रहता है। उन्नत जीवनादर्श का वह प्रकाशस्तंभ है। ग्रामीणों का अशिक्षाजन्य अज्ञान उन्हें इतिहास की बातों से सदा अनभिज्ञ रखता है। वे रामायण-महाभारत के किस्से जानते हैं।

उनकी कथाओं में रस लेते हैं; मगर वह तो उनकी समझ में भगवान् की लीला है। उस अयोध्या के राजवंश का हाल वे भक्ति के लिए पढ़ते हैं। इतिहास के नाम पर वे केवल अपने बाप और अधिक दादे-परदादे तक की बातें जनश्रुति की परंपरा से चली आती हुई जानते हैं। यह क्षुद्र परंपरित ज्ञान उन्हें क्या सिखाएगा? कौन-सी प्रेरणा देगा? मेरे बेटे आज से एक हजार वर्ष पहले की अपनी स्थिति पर नजर डालते तो वे अपने को देख पाते और देखते कि मेरा आशीर्वाद जीवन में कैसे सुगंध बिखेरता रहता था। आज जैसे नगरों की माया में उनका चीरहरण नहीं होता था। तब न्याय और सुशासन था। राष्ट्र की महत्त्वपूर्ण इकाई के रूप में गाँव सुगठित, ठोस, संपन्न एवं पूर्ण थे।

आज सबसे बड़ी पीड़ा तो यह है कि मैं संपन्न होकर भी सुगठित और पूर्ण नहीं रह गया हूँ। सबकुछ होते हुए भी कुल मिलाकर सर्वहारा की स्थिति हो गई है। इसीलिए मैंने शुरू में ही कहा न, मैं बहुत दुखी हूँ। आपके पास धैर्य है, मेरा दुःख देखने का? जरूर आप मेरा यह कुतूहलवर्द्धक दुःख देखना चाहेंगे।

पाँच

विकासी इंद्रजाल

'आप उस दिन गाँव की असलियत बताने चले तो आज के सारे विकास को नकारकर बोलते चले गए। आज मैं वैसा कुछ नहीं सुनूँगा। मुझे भी एक दिन बोलने का पूरा मौका दीजिए। मैं नए गाँवों के बारे में आपको बताऊँ।'

पाँचवें दिन मुलाकात हुई तो मैंने कहा।

'नए गाँव, यानी पहले नंबर पर चढ़े किसी आदर्श गाँव, विकसित गाँव की बात आप बताएँगे। आप आखिरी गाँव, छोर पर पिछड़े गाँव की बात क्यों नहीं करते हैं?' उसने जवाब दिया।

'अब कोई गाँव पिछड़ा नहीं रह जाएगा।'

'यह तो आप नेताओं की भाषा बोलने लगे! क्या सचमुच आपको ऐसा विश्वास है?'

'हाँ, विकास के चरण तो बढ़ ही रहे हैं। घोर देहात में वे जरा देर से पहुँचेंगे।'

'अच्छा, ठीक है। एक बात बताइए, आप शहर में रहने पर नित्य सुबह टहलने जाते हैं? जिधर जाते हैं उधर बीच में कौन-कौन से गाँव पड़ते हैं?'

‘अरे, आप यह कैसे जानते हैं कि मैं गाँवों की ओर टहलने जाता हूँ? खैर, उन गाँवों का नाम तो मैं नहीं जानता। वे छोटे-छोटे पुरवे हैं⋯।’

‘बस, जवाब आपको मिल गया होगा। शहर से मात्र तीन किलोमीटर की दूरी पर बसे कच्ची छवरवाले गाँव ये इतने हीन हैं कि आप उनका नाम नहीं जान सके। हिसाब लगाकर बताइए तो, कितने दिनों में सड़क पीच हो जाएगी और उसपर खंभे गाड़कर गाँव का नाम अंकित हो जाएगा? फिर यह बताइए कि इन चार-पाँच पुरवों में कोई नाम-मात्र का भी विकास-कार्य आपने देखा है? एक हैंडपाइप भी कहीं लगा है?—आप चुप क्यों हैं? पचास-साठ वर्ष पहले के पुरवों में और इनमें क्या फर्क है?—सभी शहर दिल्ली नहीं हैं। भारत के सभी गाँव, गाँव नहीं बन पाए हैं। बात कुछ हजार की नहीं, लाखों की कीजिए।—अखबारों के चश्मे से खराब हो गई आँखों को धो-मलकर जो दिखाता हूँ, उसे अब देखिए; और जो सुनाता हूँ, उसे सुनिए—’

मैं कि गाँव, यानी इस मुल्क की रूह, ऊपरवाले मालिक को हाजिर-नाजिर मान सच-सच बयान करता हूँ कि सिर पर से सात-सात योजनाओं के गुजर जाने पर भी मैं सुखी नहीं हुआ। मेरा दुःख विचित्र है। क्या बयान करूँ कि एक दुःख तो ऐसा ही है जैसे ‘रस्सी जल गई मगर ऐंठन नहीं गई’! मेरे बेटे विपन्न हैं; किंतु संपन्नों से भी अधिक ऐंठ में रहते हैं। कठिनाइयों ने उनके जीवन को जर्जर कर दिया; किंतु वे किसी उद्योग की शिक्षा ग्रहण करने को आज भी तैयार नहीं। उनके जीवन की सीमा रेखाएँ यद्यपि अत्यंत छोटी-छोटी हैं, तो भी उससे बाहर वे कुछ सीखते नहीं। यह उनका अज्ञान है, फिर भी इसपर उन्हें गर्व है। वे अपने को बड़ा समझते हैं। अपनी हीनता को भरसक छिपाने का प्रयत्न करते हैं। अपनी गरीबी पर परदा डालते हैं। वे अपने को वैसा दिखाने का प्रयत्न करते हैं जैसे वास्तव में वे होते नहीं! इसी प्रयत्न के फलस्वरूप वे लुट जाते हैं। गरीब की गरीबी उसका काल होती है। जो उसे बाहर-भीतर स्वीकार कर लेता है, वह सुधर जाता है। जो भीतर गरीबी से लड़ता है और बाहर लंबी-लंबी बातें करता है, वह कालांतर में उस मेढ़क की भाँति नष्ट हो जाता है जो पेट फुलाकर बैल के बराबर होने का दुस्साहस करके प्राण से हाथ धो बैठा। न केवल सामाजिक क्षेत्र में; बल्कि शिक्षा, कला, स्वास्थ्य और नैतिक क्षेत्र में भी मेरे पुत्रों की दशा शोचनीय है। वे अपने क्षुद्र विश्व में इतने चिपटे हैं कि नए युग के किसी संदेश से प्रभावित नहीं होते। उन्हें सुख है, यह कोई दावे के साथ नहीं कह सकता। पग-पग पर अड़चनें और उलझनें हैं, रुकावटें हैं। उनके स्वास्थ्य का स्तर गिर गया है। वे कीचड़ और गंदगी के केंद्र हो

गए हैं। निर्धनता ने उन्हें मानव भी नहीं रहने दिया। बुरे संस्कारों ने उन्हें अभागा तो कर दिया, पर इसे वे स्वीकार नहीं करेंगे। उनका खयाल है कि वे बड़े अच्छे हैं। येनकेन प्रकारेण दो सूखी रोटियाँ और गज-भर वस्त्र उन्हें मिलना चाहिए; फिर वे अपनी झोंपड़ी में चैन की वंशी बजा लेंगे। उन्हें क्या पता कि आज चैन की वंशी ऐसे नहीं बजती।

आज जब वह शिक्षा न रही, वे संस्कार न रहे और मनस्तुष्टि का वह स्तर ही नहीं रह गया, जब मानव झोंपड़ी में भी महल से अधिक आनंद का अनुभव कर लेता था। तब त्याग था, तपस्या थी और आज भोग है, लिप्सा है। अंगूर को खट्टा कहकर छोड़ देना और बात है, और प्राप्त कर छोड़ देना और बात। मेरी बस्तीवालों के पैसे से शहरों में महल तैयार हो गए। यह जानते हुए भी कब तक वे संतोष के साथ कलेजे पर पत्थर रखकर अपने आपसे समझौता करते चलेंगे? इस प्रवंचना की आग उनके दिल में जलती रहेगी। जिन थोड़े से जीवों ने उन्हें जीने से लाचार कर दिया, देर-सबेर वे उन्हें जान ही जाएँगे। जब मेरे बेटे अपनी सीमित परिधि, अपने मिथ्या दंभ, अहम्मन्यताजन्य संकुचितता और कूपमंडूकता से बाहर निकलेंगे तो वे देखेंगे कि उनके जानने योग्य बहुत-सी बातें हैं; जिनके अज्ञान ने उन्हें कीड़े-मकोड़े की तरह घिनौना बना दिया। वे सबसे महान् हो सकते थे; पर न बन सके। वे सबके मालिक हो सकते थे; परंतु वैसा भाग्य न हो सका। अक्षय संपत्ति के भंडार के स्वामी होकर भी टुकड़े-टुकड़े के मंगन हो गए। उनकी कुछ दुर्बलताएँ ही उन्हें इस हीनावस्था में लाकर पटक देती हैं। उनके जीवन का प्रवाह अवरुद्ध हो गया है। स्वराज्य के बाद लगा कि मेरे बेटों का भाग्य जगा और उनके जीवन का अवरुद्ध प्रवाह मुक्त हो जाएगा; परंतु सपना साकार नहीं हुआ। समाज को नष्ट कर केवल आर्थिक उन्नति आई। नए प्रकार के अवरोधों में घिरकर मैं टुकड़े-टुकड़े हो गया। जीवन फिर बँध गया।

बद्ध-जीवन की सड़ाँध सारे सामाजिक जीवन को रोगग्रस्त कर रही है। समाज में छल-कपट और हिंसा का वातावरण उत्पन्न हो जाने पर सबका चैन चिता पर चढ़ गया है। शोषित तो नरक में हैं, जहाँ से उत्थान की कुछ संभावना है; पर शोषक तो उस ज्वालामुखी पर हैं, जिनके फूटने पर सर्वनाश निश्चित है। इन सब बातों को किसान समझे और अपनी शेखी, शान तथा झूठ-मूठ की ऐंठ का परित्याग कर दे। यह उनके उत्थान का प्रथम मार्ग है। लेकिन सत्यानासी राजनीति की काली छाया ने इस मार्ग को अंधकाराच्छन्न कर दिया है।

हमारे सामने दो परिवारों का उदाहरण है। एक परिवार में एक पिता, एक

उसका पुत्र तथा पुत्रवधू—ये कुल तीन प्राणी हैं। पच्चीस बीघा जमीन है। दो बैल हैं। अब ये लोग शायद बैल बेच दें और भाड़े के ट्रैक्टर से जुताई-बोआई करावें। खैर, किसी प्रकार काम चल रहा है। खाने को दो रोटियाँ मिल जाती हैं। पिता परिश्रमी है; परंतु वृद्ध हो गया है। पुत्र को उसने लाड़-चाव से पाला-पोसा है। वह जवानी की उमंग में पिता को कुछ नहीं समझता। ग्रामीण जीवन ठहरा। कहाँ ऐश-आराम से रहना नसीब में बदा है? लेकिन वह बड़े आदमियों जैसे दिन-भर बैठा रहता है। पैंट-बुशर्ट झाड़ दिन-भर घूमता है और ताश बड़े प्रेम से फेंकता है। कपड़े, शरीर और बाल के बनाने-सँवारने में विशेष समय देता है। कॉलेज में यही सीखा है। फेल होकर घर बैठ गया। उसके बैलों को ठीक समय पर चारा नहीं मिलता। वे कातिक में टाँग पसारकर हराई पर पड़ रहे हैं। पिता से जब-तब दो-दो चोंचें हुआ करती हैं। ज्यों-ज्यों उसकी अवारागर्दी बढ़ती जाती है, उसके कपड़े चमकीले होते हैं। किसानी में तो बड़ा धूल-धक्कड़ है, गोली मारो ऐसे पेशे को! खाओ-पिओ मौज करो। इन सबका नतीजा क्या होगा? खेत पैदावार नहीं देते। उनमें पसीना तो गिरता नहीं, मोती उगें कैसे? चैत में ऋण का प्रथम अध्याय प्रारंभ हो जाता है। साल-भर 'ऋणंकृत्वा घृतं पिवेत' की उक्ति चरितार्थ होती है। दो-तीन वर्ष में सारी जमीन रेहन-पट्टे में चली जाती है। पिता सिर धुनता है। स्त्री भाग्य को रोती है। पुत्र के कान पर जूँ नहीं रेंगती। कुछ नहीं है तो क्या? जमींदार का लड़का है! मेहनत-मजूरी कौन करे? नौकरी मिलती नहीं। भाग्य में यही बदा है। श्रम का सहारा और आत्मीयता का सहलाव न पाकर घर भी ढहकर जवाब दे देते हैं। वह कोई मजदूर थोड़े है जो घर बनावे! पैसे के अभाव में कोई मजदूर कहाँ है? फिर वही संगी-साथी। आश्चर्य यह कि ऐसों के संगी-साथी भी होते हैं। वे भी उसे इस बरबादी से नहीं रोकते।

मेरे भीतर का वातावरण कुछ ऐसा है कि यहाँ एक बार पाँव फिसला तो पुनः सँभलना मुश्किल है। यहाँ शरीर-श्रम का महत्त्व है। यहाँ बैठे-बैठे खानेवाले और आराम की जिंदगी बिताने की लालसा रखनेवाले टिक नहीं सकते। यहाँ कोई बरबादी की ओर जा रहा है तो उसे समझानेवाले भी नहीं हैं। उसे और आग में ढकेलनेवाले, अपना उल्लू सीधा करनेवाले अवश्य हैं। खेती का व्यवसाय भी ऐसा है कि उसमें सतत श्रम अपेक्षित है। तनिक भी असावधानी सर्वनाश का कारण बन जाती है।

खेत हैं, जो गाँव से दूर होते हैं। वहाँ जाकर उसे घूमना, देखना, सींचना, मेंड़ बनाना, मवेशियों की रखवाली करना, उसे काटना, ले आना, अनाज तैयार

करना, आदि से अंत तक मरने तक की फुरसत नहीं। ऐसे ही घर पर बैल हैं; उन्हें चारा देना, चारा ले आना, उसे काटना, उनकी सफाई करना, गोबर हटाना, उन्हें पानी देना, सब पूरे काम हैं। पुन: घर हैं, जो कच्चे होते हैं। प्रत्येक वर्ष गिरे ही रहते हैं। उन्हें बनाना भी सरल नहीं। महँगी आई तो अन्न बेचकर मेरी बस्ती के भीतर पक्के मकान बने; मगर कितनों के? सामान्य लोग तो उसी तरह फूँस की झोंपड़ियों में, कच्चे मकानों में गुजारा करते हैं! तो, इस घर का चलाना क्या खेल है? घर का प्रबंध कठिन है। आमदनी नित्य होती नहीं। साल में एक-दो बार होती है। साल-भर का काम उसीमें चलाना होता है। उसका ठीक-ठीक हिसाब बैठाना, ठीक-ठीक प्रबंध योजित करना, ये सब काम हैं जो अवश्य ही बड़ी समझ की अपेक्षा के साथ पूरे तूल-तवाल के हैं। ऐसा भी नहीं कि बैठे-बैठे सब हो जाए। सब काम बड़े हैं। किसानी दूकानदारी या मुनीमी नहीं जो घर की चहारदीवारी के भीतर कर ली जाती है। इसमें घबरानेवाले, जी चुरानेवाले और बड़े आदमियों जैसे हाथ-पैर चिकना रखनेवाले खेल जाते हैं, मिट जाते हैं और जीवन को भार बना डालते हैं। इस बात को गाँव के नेतानुमा खद्दरी जवान और दादा-गिरोही लोग भी जानते हैं। पर जमाने की हवा को क्या कहें कि उसमें वे बहते जाते हैं।

एक दूसरे भरे-पूरे परिवार का चालीस-पचास वर्ष पहले का उदाहरण हमारे सामने है। सैकड़ों बीघे की जमींदारी है। नौकर-चाकर भरे पड़े हैं। दरवाजे पर सफेदपोशों की भीड़ लगी रहती है। दूध की नदी बहती रहती है। परिवार पर चाँदनी छाई रहती है। मालिक का चेहरा दिव्य है। वे देवता की तरह हैं। देहात में तूती बोलती है। जिस सभा में बैठ जाते हैं, रोब छा जाता है। न्याय-अन्याय के निर्णय में उनकी बात पत्थर की लकीर समझी जाती है। दूर-दूर तक शोहरत है। अच्छे-अच्छे के यहाँ शादी-ब्याह का रिश्ता है। जिस किसीके दरवाजे पर चले जाते हैं, पहले तो उसके प्राण सूख जाते हैं, फिर जब यह ज्ञात होता है कि यों ही आए हैं तो वह अपना अहोभाग्य मानता है।

अपने दिव्याश्व पर आरूढ़ होकर वायुवेग से मालिक नित्य खेतों की ओर जाते हैं। उतनी ही तेजी से नौकर-चाकर भी दौड़े हुए जाते हैं। जहाँ कहीं इच्छा होती है, वे कूद पड़ते हैं और चट सेवक घोड़े की रास पकड़कर टहलाने लगता है। प्रत्येक कार्य में बड़प्पन है। पग-पग पर प्रथम श्रेणी का प्रबंध है। त्योहार पर रुपया पानी की तरह बहाया जाता है। कहीं पिस्ता-बादाम बह रहा है। कहीं पूआ-मालपूआ कट रहा है। चतुर्दिक् के श्रेष्ठ संगीतज्ञ और नृत्यकार आते हैं। उनका

बड़ा सम्मान होता है। युवती नर्तकियों के पायल से बैठक मुखरित रहती है। एक नौकर पर जूतों की वर्षा केवल इसलिए हो जाती है कि वह हाथ से छूटकर जमीन पर गिरी मिठाई उठाकर खा गया। इतने बड़े भंडार में क्या कमी है, जो जमीन पर गिरी मिठाई खाई जाए? वह तो कुत्ते के मुँह में जानी चाहिए थी। इसी प्रकार की अनेक बातें हैं, जो उनकी महिमा बताती हैं। गाँववाले भगवान् की इस देन को कुतूहल से देखते हैं। और आज? जमींदारी टूट गई तो काहिल वंशजों ने जमीन बेच-बेचकर खाना शुरू किया, जमीन खत्म होने लगी तो पीना शुरू किया। दरवाजे पर मरघट की शांति भी ऐसे में पता नहीं कब तक रहेगी!

उक्त चित्र गाँवों के लिए अब अकल्पित है। किसीके पास वाजिदअली शाह की नवाबी नहीं रही। इतने पर भी कोई दुस्साहसी किसान वैभव की उत्ताल तरंगों पर दोलायमान होने लगे, बड़प्पन की सींगों को उत्तुंग किए समाज की देह पर दरते हुए बेहोश चलने लगता है तथा अपने सर्वस्व की आहुति देकर भी किसी प्रकार चार दिन तक शान जमाए रखने का स्वाँग करता है तो एक बार दाँतों तले उँगली दाबे जमाना उसे देखता है। बाहर का चाकचिक्य आँखों में चकाचौंध उत्पन्न कर देता है; पर भीतर का क्षय घृणा से भर देता है। फिर क्या होता है?

एक दशक बाद इस परिवार का कर्ता दर-दर का भिखारी हो जाता है। ट्रैक्टर और जमीन बिक जाती है। संगी-साथी कपूर हो जाते हैं। वैभव भोर का तारा हो जाता है। लक्ष्मी अपना डेरा उठा लेती है। जिसे वैसा देखा, उसे ऐसा भी। आज के बाद का कल परम अनिश्चित एवं अंधकारमय है। इतने पर भी तुर्रा यह कि रहेंगे बड़े आदमी जैसे ही! यद्यपि बचे-खुचे खेत जीने-खाने के लिए पर्याप्त हैं; परंतु आलस के मारे खेती नहीं होती। मोटा खाने, मोटा पहनने और खेती जैसे मोटे काम में शर्म आती है। बैठे-बैठे बातें बनाना, गाँजे का धुआँ सूँघते, हेरोइन और मारफिया की बातें करते फिरना और निर्लज्जतापूर्वक उदरपूर्ति के लिए हाथ पसारना, ये काम हैं। समाज में आलस्य के औतार, शेखी और ऐंठ की ऐसी प्रतिमाएँ गंदगी फैलाती हैं। बुराई की ओर लोग शीघ्र आकृष्ट होते हैं। ऐसे लोगों का शेखी, बड़प्पन और मिथ्या दंभ का समाज पर बहुत बुरा असर पड़ता है। ऐसे एक-दो नहीं, घनेरे अभागे मिलेंगे; जो अपनी दरिद्रता को स्वीकार नहीं करते। गाँव में बिजली, बोरिंग, नई खेती और तरह-तरह के ऐसे क्रांतिकारी करवटों को ये आलसी पूरी तरह अस्वीकार करते हैं। क्या आश्चर्य कि ऐसों का बनाया वातावरण ही मेरी दुनिया को जड़ और जीवन-विहीन बना देता है।

गँवार बनाम नागरिक

'आपका ग्राम-बोध बनाम स्व-बोध पुराना है और इसका प्रमाण मेरे पास है।'

छठवें दिन मुलाकात होने पर मैंने पूरे विश्वास के साथ आक्रामक मुद्रा में कहा।

'प्रमाण को प्रस्तुत किया जाय!' बूढ़े ने नाटकीय संवाद की मुद्रा में जवाब दिया।

'प्रमाण यह है कि आप अपनी बस्ती में गाँजे का प्रचलन होने पर खीजते हैं। अर्थात् नशे के हिसाब से आप गाँजा-युग की बात करते हैं और इधर आधुनिक युग है कि उसने हेरोइन तक छलाँग लगा ली है। आज यह नशा भी गाँवों में पहुँच गया है।' मैंने कहा।

'लेकिन तुम भूल गए कि मैं श्रीमंतों के कुछ गिने-चुने बड़े गाँवों की बात नहीं कर रहा हूँ। मैं औसत गाँव के न्यायार्थ उसीके रूप में वकील बन सार्वजनिक बहस उठा रहा हूँ। मैं गाँव में घुसे शहरी भास की नहीं, मौलिक रूप में स्थित भारत की आत्मा की बात करता हूँ। उसके लिए क्या किया गया है स्वतंत्र भारत में?'

'बहुत कुछ किया गया है…।'

'और जो किया गया है, उससे लाभ किसको पहुँचा है? क्या हमारा गाँव का औसत आदमी आज भी गँवार नहीं है?'

'नहीं, वह गँवार नहीं, देश का नागरिक है!'

इसपर बूढ़ा खूब ठठाकर हँस पड़ा।

'यह खूब मजाक रहा।…आपकी इस बात पर मेरा मूड जम गया। अब कृपा कर आज भी मेरे भाषण का योग्य श्रोता बन जाइए।'

मैं गाँव और मेरे बेटे गँवार! तो क्या अर्थ है गँवार का? मोटा-मोटा अर्थ है मूर्ख! सचमुच आज भी वे वैसे ही रह गए या रह जाने दिया गया। मेरे बेटे एक तरफ इतने गरीब हैं कि अधिकांश को भोजन तथा जीवन की आवश्यक वस्तुएँ दुर्लभ हैं। दूसरी ओर वे अपनी सामर्थ्य से अधिक अपव्यय करते दिखाई पड़ते हैं। अब आप बताइए कि मैं कौन-सा मुँह लेकर कहूँ कि मैं भारत की आत्मा गाँव हूँ? अपने खेत, गहने और चलाचल संपत्ति गिरवी रखकर अथवा बेचकर शादी-ब्याह में गुलछर्रे उड़ाते वे देखे जाते हैं। अंध परंपराएँ, लोकाचार, मर्यादाबोध और रूढ़ियाँ

उनका दिवाला निकाल देती हैं। विवाह की सभी क्रियाएँ और करमट समाप्त हो जाते हैं तो कंगन छूटता है। हमारी बस्ती की भाषा में उसे 'कक्कन छूटना' कहते हैं। स्त्रियाँ उसे गाजे-बाजे के साथ किसी जलाशय अथवा विशिष्ट स्थान पर विसर्जित करती हैं। उस दिन अंतिम भोज होता है। वह 'कक्कन छूटना' एक मुहावरा हो गया है। वास्तव में शादी-ब्याह में मेरे पुत्रों का इतना अधिक व्यय होता है कि वे दरिद्र हो जाते हैं। ऋण का सहारा लेना पड़ता है। नाकों चना चबाना पड़ता है तथा नाक बचाने के लिए नाक कटा देनी पड़ती है। यह सब देख मैं रोता हूँ। उदास हो जाता हूँ। मगर क्या करूँ? इधर से घर में नववधू का प्रवेश हुआ और उधर से उपवास और फाके मस्ती का।

उत्सव तो परंपरावश मनाया जाता है। उसमें हार्दिक उल्लास जबरदस्ती लाया जाता है। वर्तमान शादियाँ देखते हुए कई कारणों से यह कहना उत्तम है कि कहीं मातम मनाया जाता तो अच्छा होता। विवाह के पश्चात् जिस प्रकार व्यक्तिगत ज़ीवन का दु:खद अध्याय मेरी बस्ती में प्रारंभ होता है, उसी प्रकार घर का और परिवार का भी। क्यों नहीं? जी खोलकर व्यय करनेवाला, रंडी-भाँड़ों को गहरी रकम चुकानेवाला, एक-दो हजार-पाँच सौ आदमियों को हलुआ-पूड़ी खिलानेवाला यहाँ बड़ा आदमी समझा जाता है, नाकवाला समझा जाता है। भले ही दूसरे दिन उसके घर सत्तू का भी ठिकाना न रहे। चार दिन वाह-वाह होती है। फिर लोग भूल जाते हैं। समय के प्रवाह में यश अर्जन के वे हंगामे समा जाते हैं। स्थायी रूप से रह जाती है उनकी दरिद्रता, उनका ऋण और घने अंधकार से परिपूर्ण भविष्य!

कठिनाई यह है कि समझदार और आधुनिक युग की नागरिक हवा में पले हुए बुद्धिमान लोग भी, जिनकी संख्या मेरे अंदर अब कम नहीं होती है, इस समस्या का उचित समाधान करने में असफल हैं। शादी-ब्याह में शान के सामान मूर्ख लोग जिस तन्मयता से जुटाते देखे जाते हैं, उसी लगन से, बल्कि उनसे भी अधिक और बड़े पैमाने पर बुद्धिजीवी लोग सजाते हैं। माना कि यह ठाटबाट और जलसा सही है। जीवन की मनहूस अन्हरिया में चार दिन चाँदनी छा जाती है। पर पैर पसारने के पूर्व अपनी चादर को देख लेना भी तो आवश्यक है। शक्ति की सीमा का अतिक्रमण कर रुपया फूँकना, बड़े लोगों का अनुकरण करना तथा मर्यादावाला बनने के लिए घर का विनाश करना किसी भी अर्थ में बुद्धिमानी नहीं है। जिनके पास काफी रुपया है, जिन्होंने गरीबों का तथा अपना पेट काटकर, नेतागिरी करके, ठीकेदारी करके, ओवरसियर और इंजीनियर बनकर, डाक्टरी चलाकर, तिकड़म से लूटकर, कालाबाजारी करके चाँदी के टुकड़े बटोर रखे हैं, वे फूँक रहे हैं, फूँकें; गरीबों की

थैली में कुछ जाएगा ही। उनकी देखादेखी निचले छोटे भैया लोग भी 'आकाश मांडों और पाताल थुन्हीं' करने लगें तो सत्यानास का प्रथम सोपान तैयार समझना मिथ्या नहीं होता।

छोटी जातियों में यह दिखावा कम था। परंतु उन्होंने भी देखादेखी सर्वनाश की खाई खोदनी प्रारंभ कर दी है। उत्सव में अधिक व्यय करने का परामर्श वही देते हैं जिनके पास रुपया अधिक होता है और यह आशा होती है कि उनके रुपए के लिए यह ऋणी बनकर बाजार हो जाएगा। स्वार्थी लोग मर्यादा और परंपरा का वह मंत्र फूँकते हैं कि जादू सिर पर चढ़कर बोलने लगता है। कुछ लोग शुद्ध शान के लिए तो कुछ लोग इस धारणावश रुपया पानी की तरह बहा देते हैं कि यह उस जन्म का ऋण है। उसे चुकाना कर्तव्य है। कुछ भले आदमियों को मारे लाज के न चाहते हुए भी विवश होकर पैसा लुटाना पड़ जाता है। कुछ देखादेखी कुएँ में कूदते हैं। कुछ अपने भाई-पट्टीदार से 'कम' न रहने की भावना के फलस्वरूप 'एक की जगह तीन' खर्च करके मन की मुराद पूरी करते हैं। कुछ सिर्फ वाहवाही लूटने की मधुर कल्पना को साकार देखने के लिए धन-दौलत न्योछावर कर देते हैं। अपव्यय की करुण कहानी भी कम मनोरंजक नहीं है।...और मैं गाँव इस सत्यानासी मनोरंजन को देख-देखकर रोता हूँ। शहर से नौकरी कर, मजदूरी कर, रिक्शा खींचकर और पान-चाय बेचकर आदि धंधों से आया पैसा फिर शहरों की ओर चला जाता है, यह खरीदो, वह खरीदो में!

मेरे भीतर ऊँच और नीच के भेद का भयंकर रूप दृष्टिगोचर होता है। कर्म चाहे जैसा भी नीच क्यों न हो, उच्च वंश में जन्म लेने के कारण पूज्य है। नीची जातिवाले कितने भी सदाचारी क्यों न हों, अस्पृश्य हैं। उनकी परछाईं से भी बचते हैं। वैज्ञानिक युग ने यद्यपि आँखें खोल दी हैं और जन्म के हिसाब से छोटे-बड़े के अविवेकपूर्ण मापदंड की बात समाप्त होती जा रही है तथा स्वराज्य, लोकतंत्र, चुनाव, राजनीति, महँगाई, बेरोजगारी और नई हवा ने समता का बोध करा दिया है; फिर भी, हजार वर्ष पहले की हवा का असर खत्म नहीं हो रहा है। कचहरियों की कृपा से भी यह बंधन कुछ शिथिल हुआ है। बार-बार घर छोड़कर बाहर-भीतर जाने-आनेवाले सब समझ रहे हैं। फिर भी बिना खाए-पीए रह जाएँगे, केवल इसलिए कि वे छुआछूत के मामले में बहुत कट्टर हैं। जैसे उनके लिए उनके घर के बाहर सब अपवित्र हैं। पुराने जमाने का हिसाब-किताब भी कितना बेढंगा है! कौन-कौन जातियों का छुआ पानी ठाकुर नहीं पीते। किस-किस जाति का छुआ हुआ भोजन नहीं कर सकते। किस जाति का छुआ पानी पंडितजी ग्रहण कर सकते

हैं। किस जाति से शरीर छू जाए तो पुरोहितजी पुनः स्नान करेंगे। किस जाति के घर में वे अन्न-जल ग्रहण नहीं कर सकते, आदि-आदि बातों की एक विस्तृत विधान तालिका है।

विदेशियों के आक्रमण से बचने के लिए, उनके प्रभाव से अछूता रहने के लिए जिन कर्मों एवं विधियों के अभेद्य कवचों का निर्माण किया गया, वे ही बहुत दिनों तक शरीर को कसकर निर्जीव करते रहे हैं। बेशक इक्कीसवीं सदी की धमक से सबकुछ खत्म होता जा रहा है। अब पांडित्य का गर्व भी नहीं रह गया। पैसे के प्रलोभन से सब विचलित होते देखे जाते हैं। शूद्र के घर पंडितजी को अन्न-जल ग्रहण करने में संकोच नहीं, बशर्ते कि गहरी दक्षिणा मिले। इसी प्रकार छुआछूत के द्वारा उत्पन्न कठिनाइयों से बचने के लिए 'बाहर'-'भीतर' की कल्पना की गई। बाहर का अर्थ घर के बाहर और भीतर का अर्थ घर के भीतर। बाहर एक उच्च कुलोद्भव व्यक्ति नीच जाति के प्राणी के हाथ की कच्ची रसोई खा सकता है; किंतु घर पर नहीं। घर पर वही पुरानी टीमटाम है। छोटी जाति के घर खाना है तो पक्की रसोई खाएँगे, कच्ची नहीं। इस खाने-पीने के भेदभाव ने जीवन को कृत्रिम बना दिया है। बीच में एक धर्म की खाई थी, जो विश्वास को बल देती थी; परंतु अब उसके ध्वस्त अवशिष्ट गढ़ की ईंटों सहित विश्वास की नींव हिल रही है। एक पुराने सरदार एक कहानी कहा करते थे, जिसका तात्पर्य था कि जहाँ काम न चल सका, छूट दी गई। जहाँ काम चल गया, वहाँ तरह-तरह के नियम बनाए गए। यह करो, वह मत करो।

कुत्ते और मक्खी में कौन अधिक गंदा है? कुत्ता अवश्य ही मक्खी से कम गंदा है; परंतु यदि वह भोजन छू दे तो अग्राह्य हो जाएगा। विपरीत इसके मक्खियाँ दिन-रात उसी पर आसन जमाए रहती हैं, किंतु उसके अपवित्र होने की कल्पना भी नहीं की जा सकती। इसका कारण यह कि कुत्ते को रोका जा सकता है, परंतु मक्खी दुर्निवार है। इसी प्रकार और बातें हैं। सत्य से दूर छोटे-बड़े तथा स्पृश्यास्पृश्य के वर्गीकरण को कितने लोग ईश्वरीय विधान समझते हैं। कितने इन बातों को धर्म का प्रथम सोपान समझते हैं। कोई दलितजन पंडितजी के सामने चारपाई पर नहीं बैठ सकता है। पृथ्वी पर बैठेगा। वह तथा उस श्रेणी की जातियाँ काठ की चौकी पर बैठ सकती हैं, भले ही चारपाई से ऊँची क्यों न हो!

एक बात और स्पष्ट है। धीरे-धीरे छोटी-बड़ी जाति का अर्थ होता जा रहा है धनी और निर्धन! धन की छोटाई और बड़ाई। इसका परिणाम यह देखने में आने लगा है कि लक्ष्मीपात्र अकुलीन जन पंडितजी के सिरहाने बैठने लगे हैं। अवश्य ही

यह भेद समाज का कोढ़ है। आपसी प्रेम के मार्ग का एक खतरनाक रोड़ा है। दुनिया कहाँ से कहाँ चली गई। विद्या ने कितना प्रकाश दिया; परंतु गाँवों की इस तमसभूमि पर अभी तक अँधेरा है। लोकतंत्र ने भी गलत रोशनी दी।

मेरी बस्ती में कौन बड़ा है? ऊँच कौन है? पगड़ीवाला कौन है? वह, जो कुछ काम नहीं करता। दिन-भर बैठे-बैठे गप्प हाँका करता है। जो भीतर से खाली है पर बाहर भरे-पूरे का ठाट खड़ा किए हुए है। जिसकी औरतें असूर्यंपश्या हैं। बंदी जीवन व्यतीत करती हैं। ईंटों के पिंजरे में समाज से छिपी रहती हैं। जिनका सारा जीवन स्वच्छंद जीवन के आनंदानुभव की शांति से सर्वथा वंचित है। विपरीत इसके, नीच कौन हैं? वे, जो काम करते हैं। कमाते हैं। खाने का सामान उत्पन्न करते हैं। अपने पैरों पर खड़े हैं। दूसरों के चलने-फिरने के लिए 'पैर' का काम करते हैं। जिनके जीवन की पुस्तक खुली है। जो अपने परिवार के साथ खेतों में काम करते हैं। जो श्रमिक हैं और वास्तविक सुख के अधिकारी हैं।

यह छोटे-बड़े की भावना सामंतवादी विचारधारा एवं जीवन-प्रणाली का प्रतिनिधित्व करती है। जिसकी टेंट चार पैसे से गरम हो जाती है, दूसरों के सर्वस्वापहरण एवं उसे छोटा करने में गौरव समझता है। जैसे बड़ी मछली छोटी मछली को खा जाती है, उसी प्रकार गाँव के बड़े छोटों को। पुनः वे छोटे अपने से छोटों को खाने की फिक्र में रहते हैं। छोटी जातिवाले 'कमीने' कहे जाते हैं। अर्थात् कमाकर खानेवाले। यानी उनके पास पुश्तैनी जमीन, जागीर या ऐसी हैसियत नहीं है, जिसके बल पर वे बैठे-बैठे खा सकें। उनका काम है श्रम करना। मजदूरी करना। ये बड़े लोगों की जमीन में बसे होते हैं और उनकी प्रजा कहलाते हैं। स्वतंत्रता से पूर्व तो ऐसी स्थिति थी कि वे बड़े लोग अर्थात् जमींदार मालिक जब चाहें निकाल सकते हैं। ये चौबीस घंटे के, बेदाम के गुलाम हैं। जब जरूरत हुई, एक आवाज में इन कमीनों का परिवार एक पैर पर खड़ा मिलेगा। मजाल नहीं कि विलंब हो। मार-मारकर चमड़ी उधेड़ देना तो मामूली बात है। युग यद्यपि बदल गया और एक तरफ नए कानून ने और दूसरी ओर नई हवा ने इस तानाशाही को निर्जीव कर दिया, तो भी अभी किसी-न-किसी अंश में ये कुसंस्कार अवशिष्ट हैं। ऐसी बात नहीं कि कथित 'परजा' लोगों में 'बाबू' के प्रति प्रेम है और वे बनिहारी में जुटे हैं। यहाँ पर उनका रोब है, शान है, उनसे काम कराने का, मनमाना काम कराने का जन्मसिद्ध अधिकार है। 'बनिहार' नाम भी सार्थक ही है। वे 'बनि' पाते हैं। 'बनि' माने मजदूरी। यह अनाज के रूप में दी जाती है। जो सबसे रद्दी अनाज समझा जाता है, वही इन्हें मिलता है। यह 'बनि' प्रतिदिन दो सेर से लेकर तीन सेर

अनाज तक कहीं-कहीं होती है! काँइयाँ समझे जानेवाले किसान 'बनि' लूट भी लेते हैं। काम जितने ताव से कराया जाता है, उसे देखते हुए 'बनि' देने में सदा आलस्य होता है। यह उस बटखरे (बाट) से दी जाती है जो घरेलू होता है। जिसकी मान्यता पूर्ण संदिग्ध होती है। किसी-किसी परिवार में यह बाट रोटी पकाने का तवा माँजते-माँजते घिसा हुआ होता है।

काम कराकर पूरी मजदूरी न देने और उलटे रोब गालिब करने की सामंती भावना एक प्रकार का सुख देती है। यह खाज खुजलाने जैसा खोखला सुख समाज को भी खोखला करता है। इस प्रकार का उत्पीड़ित प्राण जब चेतता है तो ज्वालामुखी-सा हो जाता है। एक तो वैसे ही हमारे यहाँ शिक्षा-दीक्षा का नाम नहीं, दूसरे इस प्रकार की भावनाओं द्वारा समाज के एक बहुत बड़े भाग पर शताब्दियों से संगठित अव्यवहार और सामूहिक प्रहार होता चला आ रहा है। अब युग आ गया है कि मेरे बेटे अपनी हेठी कम करें। जमीनवाले श्रम करना सीखें। श्रमिकों को कमीना, बनिहार और कमकर मात्र न समझें। वास्तव में ये परम सहयोगी और श्रद्धेय हैं। इनसे प्रेम दर्शाएँ, दूसरे के श्रम पर चैन की वंशी बजाते वासर गीत गए। स्वयं को श्रम में जो योजित नहीं करता, उसकी रोटी और उसका बिस्तरा संदिग्ध है।

ऐसी बात नहीं कि हमारे यहाँ सभी बड़े लोग बनिहारों पर अत्याचार ही करते हैं। कहीं-कहीं तो ऐसा प्रेम-भाव पाते हैं, जैसे अपने परिवार के ही हों। खानदानी हलवाहे कितनी जगह पाए जाते हैं। कई पीढ़ियाँ बीत गईं, पर कोई खटका नहीं हुआ। नया युग आया और पुराने हल-बैल छूट गए। खेती ट्रैक्टर से होने लगी, तब भी ये हलवाहे बने हुए हैं। ये मात्र मजदूर नहीं, घर के शुभचिंतक हैं। दूसरी ओर भी यही स्थिति है। दुःख में, सुख में गृहस्थ अपने बनिहार के साथ है। वे भी बाबू का जहाँ पसीना गिरता है, अपना खून बहाने को तैयार मिलते हैं। ये परिवार समेत सेवक किसानों के जीवन को परम मधुर बना देते हैं। इनको फटी आँखों से न देखनेवाले स्वयं अंधे हैं। इन्हें पशु समझनेवाले की नरता स्वयं प्रमाणित नहीं।

सात

अंतरंग यथार्थ

'पिछले दिन आप गाँव के मजदूरों के संबंध में बहुत गलत बोल गए। अब कोई किसीको बँधुआ मजदूर नहीं बना सकता। अब रोजगार के बहुत अवसर निकल आए हैं और मजदूरी भी अच्छी मिलती है। इन गरीबों के लिए आज

योजनाओं और सुविधाओं की कमी नहीं रही। अभी-अभी जवाहर रोजगार योजना··· ।' आज मैं ही पहले बोल पड़ा।

'बस, बस करो! हाँ, यह बताओ कि और क्या गलत बोल गया?' वह बूढ़ा बोला और ऐसा लगा कि वह आज मेरी भी कुछ सुनने के मूड में है। मैंने कहा—

'बहुत कुछ गलत, और गलत इस अर्थ में कि वह लगती हैं कि पुराने गाँवों से संबंध रखनेवाली बातें हैं।'

'तो क्या आप मानते हैं कि भारत के सभी गाँव संपूर्ण रूप से नए हो गए?'

'नहीं, संपूर्ण रूप से नहीं हुए, मगर बहुत कुछ हुए हैं और हो रहे हैं। उनके पुराने पिछड़े परंपरित रूप की झिल्ली झड़ रही है।'

'अर्थात् बावजूद नए के प्रसार के पुराना रूप भी मौजूद है?'

'हाँ, कुछ है।'

'तब मैं कैसे गलत हूँ?'

'गलत इसलिए कि आप गाँव के नए विकास-मात्र को नकार रहे हैं!'

'वह विकास जो चुने हुए सड़क-सुविधावाले संपन्न गाँवों के लिए हो, वह विकास जो सरकारी प्रदर्शनी के रूप में हो और वह विकास जो गाँव के अंतरंग को और विनाश में झोंक दे, क्या वास्तव में नकारने लायक नहीं है?···सुनोगे उस अंतरंग यथार्थ को? तुम्हें सुनना ही होगा। मेरे सर्वश्रेष्ठ श्रोता, तुम्हें धन्यवाद कि मुझे सुन रहे हो। बस, आज भी सुनो।'

इसके बाद वह बूढ़ा बोलता गया—

मैं गाँव हूँ, बदला हुआ गाँव। आज अपनी कहानी कहने चला तो याद आए वे कुछ लोग, बेहद खस्ता हाल। वे लोग मेरे सेवक हैं। मेरा हुलिया बदलते-बदलते वे भी बेपहचान हो गए। अब इन मेरे स्थायी सेवकों की ओर देखें। ये 'पवनी' कहे जाते हैं। मुख्य पवनी है नाऊ (नाई), बारी, कमकर (कहार), धोबी, लोहार, दरजी, हलखोर (मेहतर) और कुम्हार। ये अन्य जातियों के हाथ-पैर हैं। इनके बिना उनका जीवन दूभर है। किसी जमाने में उच्च वर्ग की इनसे गहरी आत्मीयता रही होगी; पर आज के व्यावसायिक दृष्टिकोण ने उसे बदल दिया है। त्योहार अथवा किसी उत्सव पर आज भी भोजन तथा न्योछावर, पुरस्कारादि देने की व्यवस्था चली आ रही है। कभी भोजन और उक्त बधाइयाँ प्रेम से दी जाती रहीं और आज मजबूरियाँ ही अधिकांश में दिलवाती हैं। उनके लेन-देन की प्रामाणिकता परंपरासिद्ध है। नाऊ-बारीजन पंडित-पुरोहित के सहकारी होते हैं। कभी ये बड़ों की दुम जैसे होते थे। रोटी देखकर वह बराबर हिलती रहती थी। सेवा ही इनकी

जीविका थी। हजामत और पत्तल देने के अतिरिक्त ये और भी बहुत से काम करते रहे हैं। नाई तो अंतर्ग्रामीण समाज-नीति के संवाहक होते रहे हैं। ये आदर के पात्र भी होते रहे हैं। चतुर समझे जाते रहे हैं। निमंत्रण, ब्याह आदि उत्सव के कार्य तो पूर्णरूप से इन्हीं द्वारा संपादित होते रहे हैं। बाहर नाऊ-बारी और भीतर नाइन-बारिन हमारे ग्रामीण जीवन के महत्त्वपूर्ण पुरजे रहे हैं। कहा जाता है, ग्रामीण समाज में नाऊ एक ऐसा जीव है जो अधिक-से-अधिक लोगों के बारे में परिचय और जानकारी रखता है। वह घर-घर, गाँव-गाँव का भेद जानता है। निमंत्रण देने का तो वह एकमात्र अधिकारी है। लगन के दिनों में उसे दौड़ते बीतता है। निमंत्रण की हलदी के मंगलमय रंग से दमकती हुई चिट्ठियाँ लेकर वह गाँव-गाँव जाता है। वह किसानों के श्वशासनांतर्गत डाक विभाग के इंचार्ज से लेकर डाकिये तक के सारे काम करता है। जब से निमंत्रणों का बंडल लेकर वह गृहस्थ के घर से चलता है, बस चलता ही जाता है। तब तक जब तक कि सभी पत्र यथास्थान पहुँच नहीं जाते। तनिक भी कहीं विराम नहीं लेता। दोपहर में जहाँ पहुँचा, भोजन कर लेगा; अन्यथा सत्तू-सीधा मिलता जाएगा, गठरी बाँधता जाएगा। घर आते-आते यह गठरी बड़ी भारी हो जाती है।

इस कार्य में परस्पर सहयोग भी दिखाई पड़ता है। किसी नाऊ के जिम्मे अधिक कार्य हो तो दूसरे भी सहायता करते। कभी-कभी एक ही रास्ते पर दो नाऊ आमने-सामने से आते मिल गए। पहला दूसरे के क्षेत्र में जा रहा है और दूसरा पहले के क्षेत्र में। वह अब यहाँ से अपनी-अपनी पत्रिकाएँ बदल लेंगे। श्रम बच जाएगा। मजाल क्या कि काम में तनिक भी त्रुटि हो। कितना उत्तरदायित्व है! अब जमाना बदल गया है। लोग डाक से भी भेज देते हैं। ढेर-ढेर निमंत्रण-पत्र प्रेस में छपवा लिये जाते हैं। मगर वह रमणीयता कहाँ? शुभ मुहूर्त्त में पंडितजी आकर अनुकूल दिशा में बैठकर गंगाजी, गुरुजी, शिवजी आदि देवताओं को पहले निमंत्रण लिखेंगे। तब जाकर लड़के-लड़की के ननिहाल को, तब अन्यत्र के लिए। सबपर मांगलिक द्रव्य हलदी लगाई जाएगी। पंडितजी दक्षिणा पाएँगे। पत्र नाऊ के हवाले किए जाएँगे। वह प्रसन्न होगा। यह उसकी सनातन जीविका है। मगर अब सनातन परंपरा के नाम पर कुछ न बचा तो यह निमंत्रण का और नाई जाति का संदर्भ कैसे बचेगा? उसकी गाँववाली जीविका गई तो वह सड़क पर आ गया, खोल लिये सैलून। शायद अब मजे में है। लेकिन गाँव? यानी मैं स्वयं? मेरी बस्ती? मेरे बेटे? वे मजे में नहीं हैं। उनकी हजामत की तो हजामत बन ही गई, उनकी सारी-सारी परंपराओं के संवाहक नाई उजड़ गए तो जीवन के रस में खटास आ गई।

लोहार और कोहार भी महत्त्वपूर्ण पवनी हैं। इन्हें सालाना मजदूरी मिलती है। अब इनका व्यवसाय शनैः-शनैः स्वतंत्र होने लगा है। धोबी कपड़े धोता है। वह भी सालाना मजदूरी पाता। विवाहादि अवसरों पर इन्हें पुरस्कार मिलता। पुराने जमाने में पुरस्कार की वह रकम दो आने से लेकर दो रुपए तक होती रही है। तिलक और ब्याह में हजारों रुपए का जहाँ वारा-न्यारा हो रहा है, नाऊ-धोबी के नाम पर छोटे-छोटे सिक्के—पैसे-अधन्नी तक—निकलते हैं। कारण कि ये तो पवनी हैं। काम करने के लिए हैं। जूते की चमड़ी हैं। दमड़ी इन्हें जितनी कम दी जाए, बड़प्पन है। संयोग की ही बात है। सामाजिक जीवन की ये महत्त्वपूर्ण इकाइयाँ आर्थिक धक्के से बिखरने लगी हैं और प्रेम-श्रद्धा नहीं, सेवा नहीं, श्रम का मोल शुद्ध स्वार्थ और पारिश्रमिक की तुला पर तुलने लगा है। यही कारण है कि गाँव के किसान और पवनी वर्ग में एक प्रकार से संघर्ष की स्थिति है। किसान अपनी परंपरागत उच्चता को बनाए रखना चाहते हैं और इधर प्रजातंत्र की समतावाली लहर में इस पवनी वर्ग ने अब अभिजात के बोझ से अपने को मुक्त कर लिया है।

यद्यपि हमारे यहाँ सामान्यतः धनी-गरीब जैसे वर्ग वास्तव में हैं नहीं, परंतु कुछ बातों को ध्यान में रखते हुए दो भाग अवश्य हो गए हैं। एक में उच्च वर्ग है। उच्च वर्ग वह है जिसके पास जमीन अधिक है। जो जमीनदार है। निम्न वर्ग में छोटी जाति के लोग हैं, जिनके पास जमीन नहीं है। जिनकी जीविका का एकमात्र साधन मिहनत-मजदूरी और सेवा ही है। नई भाषा में इन्हें छोटे किसान, सीमांत किसान, कमजोर वर्ग, भूमिहीन वर्ग, सर्वहारा आदि कहते हैं। यदि कोई छोटी जाति का व्यक्ति जमीनवाला यानी जमीनदार हो जाता है तो उसकी गिनती उच्च वर्ग में होने लगती है। उच्च वर्ग की सभा में उसका महत्त्वपूर्ण स्थान हो जाता है। अपनी जातिवालों के आचार-व्यवहार वह छोड़ देता है। उसके घर की औरतों का जीवन उच्च वर्ग की औरतों की भाँति बंदी जीवन हो जाता है। इन औरतों का जीवन भी यहाँ क्या विचित्र है?

जिनके पास संपत्ति है वे औरतों को भी संपत्ति समझने लगते हैं और घरों में छिपाकर रखते हैं। जैसे हर कोई उनपर डाका डालने के लिए प्रस्तुत है। विपरीत इसके, मजदूर वर्ग की स्त्रियाँ खेतों में पुरुष के कंधे से कंधा मिलाकर प्रत्येक प्रकार का श्रम करती हैं। बड़ों की देखादेखी इनकी बधुएँ भी विवाह के पश्चात् कुछ दिन बंदी जीवन की साध बुझा लेती हैं। आश्चर्य की बात तो यह है कि इस प्रकार के बंदी जीवन का मूल्य स्त्रियों की निगाहों में बड़ा ही ऊँचा, आदरणीय एवं भाग्य-संभव समझा जाता है। स्पष्ट है कि गाँवों में ऊँच-नीच की पहचान स्त्रियों के

जीवन से हो जाती है। जाति तो बीच की एक गिरती दीवार-सी है। वास्तविक वस्तु है संपत्ति। उसीका प्रकाश स्त्रियों के जीवन में दिखाई पड़ता है। उच्च वर्ग का गरीब व्यक्ति खेत में निम्न वर्ग के व्यक्ति की भाँति मिहनत करता दिखाई पड़ सकता है। परंतु उसके घर की स्त्रियाँ संस्कारवश खेतों में मजदूरी करने नहीं जाएँगी। परदा अवश्य ही उतना तना-तना नहीं ही रह जाएगा। यह परदा भी क्या विडंबना है? दुनिया से दूर किसी कोने में सारा शरीर एक कपड़े में लपेटकर, समेटकर जिस प्रकार भारत की लक्ष्मी रूठी कहीं बैठी है, उसी प्रकार गाँवों का नारी वर्ग अपने को छिपाकर आज भी अज्ञान की बेहोशी में पड़ा है। यह परिस्थिति है जो पुरुषों को अवसर देती है कि वे अन्यान्य वस्तुओं की भाँति स्त्रियों को भी अपनी संपत्ति समझें। उनकी स्वतंत्रता का अपहरण करें एवं उनके केश को सतत अपनी वज्रमुष्ठि में रखें। स्वराज्य के बाद अवश्य ही इस स्थिति में बदलाव आया है। गाँव-गाँव में स्कूल-कॉलेज हो जाने से लड़कियाँ पढ़ने के लिए घरों से निकल गई हैं। नई पीढ़ी में परदा ढीला हुआ है, परंतु पुरानी पीढ़ी में अभी बना है।

किसानों का मिथ्या दंभ, उनकी थोथी शान और दिखाऊ पगड़ी की ऐंठ तिलक आदि उत्सवों पर इस घोर महँगाई के युग में भी प्रकट होती है। जिस परिवार के सदस्य अन्न-वस्त्र से संतुष्ट नहीं हुए, उसका कर्ता भी ऐसे मौकों पर धन फूँकता है! खूब ठाटबाट के प्रदर्शन का प्रयत्न होता है। अभाव को चंचला माया के परदे में छिपाने का प्रयास होता है। भोजनादि में जिस प्रकार विविध व्यंजनों की व्यवस्था की जाती है उसी प्रकार भाई-बिरादर को खिलाने में भी कोर-कसर नहीं रखी जाती। ऐसा लगता है कि दिन-प्रतिदिन भोजभात की टीमटाम बढ़ती ही जाती है। आज द्वेषवश टूटकर एक गाँव में कई गाँव हो गए हैं; नहीं तो पुराने हिसाब से बढ़ी हुई पूरी आबादी को खिलाना तो घोर बरबादी की चीज हो जाती। ये भाई-बिरादरी के झमेले भी क्या बरबादी के जाल हैं! किसी अच्छे युग में अपनी हविश मिटाने के लिए किसीने गाँव-भर को खिलाया। पुनः अनिवार्य हो गया कि अन्य भी खिलावें। चल गया यह क्रम पुश्तैनी। संयोग से किसीको बुरे दिन देखने पड़ गए तो भाई-बिरादरी की इस विशाल सेना को मुख-यात्रा कराते-कराते उसका कचूमर ही निकल जाता है। ये भाई लोग भी क्या बला हैं! मय परिवार के अंडे-बच्चे समेत भोज की टोह में रहते हैं। ठीक समय पर खोंखते-खँखारते पत्तल पर आ धमकते हैं। नियमित भोजन से ड्योढ़ा-दूना तो उड़ाते ही हैं।

फिर भोजन में जितना व्यय हुआ उतना ही उसकी बरबादी में। पत्तल में छोड़ना तो आम बात है। एक व्यक्ति का साधारण भोजन भी लोग बड़ी बेशर्मी से

पत्तल में छोड़ देते हैं। तर्क यह कि कुत्ते और डोम भी तो इसीके आसरे दरवाजे पर मुखरित हैं! परसने में भी एक बड़प्पन है। हाथ समेटकर देना निंदास्पद है। हाथ खोलकर देना श्लाघ्य है। अंत में दही-चीनी। चीनी यदि मुट्ठी बाँधकर दी गई तो बस! लुटिया डूब गई। शिकायत की बात हो गई। पूरे गाँव की गिनती ऐरे-गैरे में हो जाएगी। समझा जाता है कि इस छोटी-सी बात का प्रभाव यहाँ तक पड़ सकता है कि लड़कों के शादी-ब्याह रुक जाएँ! दही के ऊपर चीनी हाथ खोलकर दो। खूब दो। पत्तल में अट्टाल खड़ी कर दो। फिर वाहवाही लूट लो! खूब खिलाया! पत्तल पर चीनी का गर्दा उड़ गया!

बहुत-सी प्रथाएँ हैं, घनेरे रिवाज हैं, कदाचित् जितने गाँव हैं, उतने प्रकार के चलन हैं। किंतु एक बात सर्वत्र दृष्टिगोचर होती है। धन का अपव्यय खूब होता है। भोज से आनंद और चहल-पहल का प्रकाश तो जरूर होता है, पर आगे आनेवाले अंधकार के मुकाबले में वह महँगा पड़ता है। किसीके पास काफी पैसा है, ठाटबाट से भोज-भात में चाँदी छलकावे; पर उसकी देखादेखी अकिंचन जन क्यों बरबादी के लिए बद्ध-परिकर मिलते हैं? गाँवों में ऐसे थोड़े से लोग हैं जिनके पास फालतू रुपया है। अधिकांश तो खाते-कमाते हुए सामान्य लोग ही हैं। इनके ऊपर बिरादरी का दबाव प्रबल होता है। बिरादरी यह नहीं समझती कि उनका एक दिन का भोजन किसीकी कमर तोड़ देगा। उन्हें तो भोज चाहिए ही। ऐसे नहीं तो लड़कर लेंगे।

यह मेरे वातावरण का दोष है कि बिरादरी के दबाव एवं जाति-भाइयों के सामने गरदन नीचे न झुके, इसलिए लंबे-लंबे भोज होते हैं। कभी सुखी और संपन्न गाँव खाते तथा खिलाते थे। इसमें उन्हें आनंद मिलता था। आज दशा दूसरी है। जिन्हें दोनों जून भोजन नहीं मिलता, जिनका घर जल रहा है, वे इस हाहाकार में जशन करें, यह ऐसा ही है जैसे श्मशान में होली गाई जाए। उत्सव मनाने के और भी तरीके हो सकते हैं। हजार-दो हजार ऐसे लोगों को खिलाकर, जिन्हें खाने की कोई कमी नहीं है, कदापि न तो कोई धार्मिक कृत्य किया गया और न सामाजिक आदर्श ही प्रतिष्ठापित किया गया। यदि यह भोज उन लोगों का होता जिन्हें जीवन में शायद ही कभी उत्तम भोजन नसीब हुआ हो—ऐसे लोग प्रत्येक गाँव में टोल-के-टोल मिलेंगे—तो किसी प्रकार इसका समर्थन किया जाता और उसका एक उपयोगी नैतिक पक्ष होता। युग-युग की अतृप्त आत्माएँ जी का काँटा निकाल लेतीं। मगर इन्हें तो पूछा भी नहीं जाता! बहुत बुरा होते हुए भी इस अर्थ में यह कितना अच्छा है कि लोकतांत्रिक चुनाव और पार्टी की

राजनीति ने मारा कि गाँवों को तहस-नहस कर दिया और सामूहिक भोज-भात पर धीरे-धीरे प्रश्नचिह्न लगने लगा।

बरबादी की कोई सीमा नहीं और प्रेम बढ़ाने का यह तरीका भी जंगली है। खानेवाले का प्रेम तो जरूर बढ़ जाता है; पर खिलानेवाला? वह परंपरा के नशे में विभोर होता है। आज के स्वार्थमय वैज्ञानिक युग में वह क्यों और कैसे खिलाता है, यह तो वही जानता है। धन्य हैं बिरादरी भगवान्! उनकी महिमा अपार है। पहले जब सत्रह-सत्रह और चौदह-चौदह गाँव का भोज कोई महत्त्वाकांक्षी ग्रामीण ठान देता और लाख रुपए तक पर पानी फेरकर शाबाशी बटोर लेता तो उसकी बुद्धि अजायबघर की वस्तु हो जाती। इस युग में इस प्रकार ऐसी गहरी रकम जब धुआँ बनकर उड़ जाती है तो देखकर अचरज होता है। जब-तब अब भी ऐसे महत्त्वाकांक्षी हमारी बस्ती में उपट जाते हैं।

सरलता कही जाए या मूर्खता, परंपरा प्रभाव कहा जाए या अज्ञान तथा शिक्षादि की कमी का परिणाम, अपने घर नाते-रिश्तेदार अथवा दस संभ्रांत व्यक्तियों का आना देखकर किसान उछल पड़ता है। वह उस दिन बादशाह हो जाता है। जिस प्रकार शादी के दिन दूल्हा बादशाह हो जाता है, उसी प्रकार तिलक के दिन उसका बाप। लड़केवाले उस दिन अत्यंत नम्र बनकर रहते हैं। तिलक की प्रथा भी बड़ी बेढंगी है। खुल्लमखुल्ला लड़कों की खरीद-बिक्री होती है। निर्धारित में यदि थोड़ा भी कम है तो लड़कीवालों को जलील होना पड़ता है। अपमानित स्थिति में बैठे रहना पड़ता है। लड़केवाले की शान में चार चाँद लग जाते हैं। कभी लड़की की शादी में जिनकी ऐसी दुर्दशा हो जाती है, वे लड़के की शादी में उसकी कसर निकाल लेते हैं। समाज का यह एक भयंकर रोग है। कितने भयंकर परिणाम दहेज और तिलक के चलते आए, पर लोगों की आँखें नहीं खुलतीं। साधारण स्वार्थ में किसान बह जाते हैं। लड़के-लड़की का यह भेद कितनों के प्राण ले चुका। आज दशा यह है कि लड़की भार बन जाती है और लड़का नंबरी नोटों का बंडल समझा जाने लगता है। हजारों लड़कियाँ हर साल दहेज-लोभियों द्वारा आत्महत्या के बहाने जलाकर मार डाली जाती हैं। तब भी यह जंगली समाज है कि लड़कों का गुपचुप सौदा करता ही जाता है। पहले जमाने में नोट चौका पर चढ़ाए जाते थे। अब सब तिलक-दहेज का हिसाब पहले ही ऐंठ लिया जाता है।

किसान तिलक पाने के लिए कभी-कभी पूरा मकड़जाल बिछाते हैं। जब तक लड़का कुँआरा है, तड़क-भड़क और डीम-डाम का प्रदर्शन होता है। लड़का पढ़ने जाता है। घर-दरवाजा साफ-सुथरा रहता है। अतिथि के आते ही नाई या

कहार पानी पिलाने या सेवाकार्य के लिए आ जुटते हैं। बक-बन करनेवाले दो-चार दलाल दरवाजे पर रहते हैं, ऊँची-ऊँची बातें होती हैं। पूरा जाल फेंका जाता है कि कोई आँख का अंधा गाँठ का पूरा आकर फँस जाए। कितने परिवारों का उदाहरण सामने है जो फाँसने की चिंता में स्वयं फँसकर बरबाद हो गए। व्यावसायिक शादियाँ असफल होती ही हैं।

हमारे बेटों की यह जीवन-प्रणाली अवश्य ही मुगलों की विलासवासित सामंतवादी मनोवृत्ति से प्रभावित लक्षित होती है। बारातों में तो पूरा उन्हींका नक्शा कहीं-कहीं देखते हैं। परदे की प्रथा से लेकर समाज की समस्त बुराइयों पर उनकी छाप है। कुछ अच्छी बातें भी विकृत रूप में सामने आ गई हैं। वास्तव में इस संदर्भ में संस्कृति के नाम पर सब विकृति ही भरी हुई है।

मेरी बस्ती में ऐश-आराम कहाँ? कठिनाइयों के कारण जर्जर होकर भी एक दिन मेरा बेटा हिम्मत करके ऐसा ठाट बनाता है कि एक पंथ दो काज की कहानी चरितार्थ हो जाए। बिरादरी में नाक रह जाए और ठाटबाट तथा ऐश-आराम की अभावानुभूति की चिरकालीन जलन पर मरहम-पट्टी हो जाए। यही वह अवसर है जब किसी बात पर खटका होता है तो बिरादरीवाले पैर बजाते हैं। भोज में सम्मिलित न होकर अपनी मनुहार कराते हैं। उनकी शान रह जाती है। कितने लोग इस प्रकार के उत्सवी अवसरों पर अपने वैरी के द्वार पर न जाकर अपनी शान की रक्षा कर लेते हैं।

ऐसे अवसरों पर औरतों की बन आती है। यह जलसा सच पूछिए तो उन्हींका होता है। उन्हें कुछ जुटाना थोड़े है! हाँ, फरमाइशें अवश्य करनी हैं। उनके पैर जमीन पर नहीं पड़ते। समस्त शरीर आभूषणों की मोटी-मोटी जंजीरों और बेड़ियों से कसे हुए, वे फिरकी की भाँति इस घर से उस घर में फाँदती हैं। वे ऐसे मौकों पर दिल खोलकर गीत गाती हैं। मेहमानों को चुन-चुनकर गालियाँ देती हैं। वह समय बड़ा रसीला होता है। बहार आ जाती है। औरतों के इन मंगलमय गीतों की जितनी प्रशंसा की जाए, थोड़ी है। इनमें काव्य-रस का एक ऐसा सोता निकलता है जो प्राणों को परिसिंचित कर तृप्त कर देता है।

भारतीय संस्कृति का उज्ज्वल रूप ध्वंस के पश्चात् भी यदि कहीं पूर्ण सुरक्षित रूप से अवशिष्ट है तो इन ग्राम-गीतों में ही। यहाँ प्रत्येक पुरुष राम है। प्रत्येक स्त्री सीता है। चौकी और खाट चंदन की हैं तथा लोटा-थाली भी सोने-चाँदी से कम के नहीं। आजकल कुछ गाँवों में खड़ीबोली के नए गीत और सिनेगीत स्त्रियों के समाज में आ रहे हैं। इन्हें सुनकर ऐसा लगता है जैसे गीतों ने

आत्महत्या कर ली।

पुरुषों की भाँति स्त्रियों की भी बिरादरी होती है। ऐसा भी देखने में आता है, पुरुषों से कम उनकी बिरादरी में व्यय नहीं होता। इधर पुरुषों का भोज चल रहा है, उधर वे भी कठौती भर-भरकर घर-घर पहुँचा रही हैं। यह विचित्र बात है कि एक घर की कच्ची रसोई दूसरे घर उठाकर जाएगी तो उसे पुरुष नहीं खा सकते; परंतु स्त्रियों को इसकी छूट है। स्त्रियों के हाथ से पवनी और गाँव के अन्य छोटे लोग भी टुकड़े पा जाते हैं। ये छोटे लोग बड़ों की यह चकल्लसबाजी हसरत-भरी निगाहों से देखते हैं। काश कि ईश्वर उन्हें भी धन देता! वे भी धनी होकर ऐसा करते! शान-शौकत में फूँकने का यह आदर्श समाज के अंतस्तल में घर कर गया है।...और यह अकथ-कथा बस आज यहीं तक। अगले दिन फिर मिलेंगे।

आठ

गाँव के लिए पागल है गाँव

बूढ़ा 'पागल' है, यह तो नहीं कह सकता; परंतु वह 'गाँव के लिए पागल' है, यह बात विश्वास के साथ कही जा सकती है।

डीह बाबा के स्थान पर नियत समय पर पहुँचने पर यह विचार मेरे मन में आया।

फिर, वह कहता है, मैं गाँव हूँ!

बातें जैसे उफन-उफनकर बाहर कढ़ती हैं।

सतह के औसत गाँव की सचाइयाँ।

लेकिन वह आज अभी आया क्यों नहीं?

अच्छा, वह आया। लेकिन इतने धीमे-धीमे क्यों आ रहा है?

'क्यों बाबा, इतने धीमे-धीमे? क्या आप आज बीमार हैं?' मैंने पूछा।

'हाँ, आज अचानक बीमार हो गया।' उसने उत्तर दिया।

'क्या रोग है?'

'चुनाव का! चुनाव के रोग को जानते हो? इसने हमको एकदम तोड़कर रख दिया है।...उधर सुनो ध्यान से, नौवीं लोक सभा का चुनाव-प्रचार हो रहा है।...कहा जा रहा है, हमने केंद्रीय बजट का मुँह गाँवों की ओर मोड़ दिया। हमने समन्वित ग्रामीण विकास योजना को आगे बढ़ाकर गाँव की गरीबी को हटा दिया। बिजली, पानी, सड़क और बैंक को गाँव-गाँव में पहुँचाया। पंचायतों को मजबूती

दी। जवाहर रोजगार योजना दी। किसानों की सुविधाएँ बढ़ाईं। कृषि-ऋणों को माफ किया। गाँव की काया पलट कर दी!···सुन-सुनकर मैं मरा जा रहा हूँ।'

'लेकिन क्यों?···क्या गाँव का कायाकल्प नहीं हो गया है?'

'अब जो है, तुम्हारे सामने है। जरा मुझे प्रत्यक्ष रूप में सामने देखो; प्रचार, अखबार और राजनीति के चश्मे को उतारकर देखो।···और आओ, गाँव की अशांति, यथार्थ, गरीबी, विषमता, मुकदमाबाजी, फिजूलखर्ची, रोग, ऋण, मिथ्या बड़प्पन, वैर-विद्वेष और विकास की खोखली परतों में दबी ठोस उदासी और मलिनता की बातें करें।···क्यों, सुन रहे हो न? सुनो। मुझे सुनना एक पुण्य है।'

मैं गाँव हूँ और गरीब हूँ। यह संबंध बहुत पुराना है। इसीसे हमारे खून में मिल गया है। यह गरीबी एक महारोग है। इससे और-और रोग भी उपजते हैं। इनमें से एक रोग है अशांति। सुराज के बाद तो यह और बढ़ गई है। मेरी गरीबी देखकर स्वाभाविक रूप से मन में उठता है कि मेरी बस्ती के लोग शांतिपूर्वक मिल-जुलकर रहते होंगे। गरीबी का कठिन भार उन्हें मेल-मिलाप के लिए बाध्य कर देता होगा। अभाव की भीषण ज्वाला में जलकर वे एक-दूसरे के वैभव और बढ़ती के प्रति उत्पन्न होनेवाली जलन का शमन कर डालते होंगे। पर बात ऐसी नहीं है। यह देखकर महान् आश्चर्य होता है कि सर्वहारा समुदाय बिच्छू के डंक की नाईं सदा तना है। जहाँ किसीका स्पर्श हुआ कि बस, विषैला प्रहार! कवि बिहारी का एक दोहा है—

> कहलाने एकत बसत, अहि-मयूर मृग-बाघ।
> जगत तपोवन सो कियो, दीरघ-दाघ-निदाघ॥

ग्रीष्म की प्रचंड ज्वाला से पीड़ित होकर सर्प, मोर तथा मृग और बाघ अपने जन्मजात वैर को भूलकर एक जगह निवास करते हैं। वन जैसे तपोवन हो जाता है। यहाँ हमारे भीतर सतत प्रवहमान, ऊर्ध्वमुख दरिद्रता की लपट में झौंसे जाकर भी मेरे बेटे एक-दूसरे से नहीं मिल पाते। पुनः यहाँ मोर-साँप तथा मृग-बाघ जैसे जन्मजात शत्रु भी नहीं हैं। यहाँ तो सभी लोग दुर्भाग्य की ठोकर से एक समान लुढ़कते-पुढ़कते बेचारे जीव हैं। ये जब अपनी सीमित शक्ति को अपने भाइयों को नीचा दिखाने में व्यय करते दिखाई पड़ते हैं तो अचरज होता है।

आज गाँवों में 'जिसकी लाठी उसकी भैंस' वाली कहावत बहुत मशहूर हो गई है। यहाँ बलवान इसलिए नहीं हैं कि न्यायपूर्वक गरीबों की रक्षा करें। बल्कि यहाँ शक्ति इसलिए अर्जित की जाती है कि आसानी से दूसरों को लूट सकें।

मनमानी कर सकें। अन्याय, अत्याचार, अनीति, व्यभिचार, लांपट्य और अपहरण करके भी छाती फुलाकर चल सकें। कोई उँगली तक न उठा सके। और जो उँगली उठाए, उसकी गरदन तोड़ दें।

यह शक्ति भी दो तरह की होती है। एक, धन की तथा दूसरे, जन की। विद्या-बुद्धि की शक्ति का हमारे यहाँ बहुत ही स्वल्प प्रभाव होता है। जिसके पास जनशक्ति है अर्थात् जो स्वयं शरीर से हट्टा-कट्टा है तथा जिसके घर दो-चार और लट्ठधर हैं, वह रास्ता सीधे नहीं चलता। सीधे नहीं बोलता। खेत उपारता है। दूसरों का खेत कटवा लेता है। पग-पग पर अपनी शक्ति का प्रदर्शन करता चलता है। कहने का तात्पर्य यह कि वह चोर, डाकू एवं पक्का शैतान होता है। जिसको धन का बल होता है वह मुकदमाबाज होता है।

पहले बता चुका हूँ, यह धन किस प्रकार अनीति, अन्याय और अपहरण से अधिकांश में एकत्रित होता है। मुकदमे सत्य कम होते हैं, झूठे अधिक। शहरों में कानून के पेशेवर शिकारी दूकान लगा-लगाकर इसीलिए तो बैठे रहते हैं। एक हमारी बस्ती का धनी आदमी आज गर्व में रहता है कि दो-चार झूठे मामले बनाकर भी किसी पर चालू कर दें तो हार-जीत होते-होते दो-चार वर्ष लग जाएँगे। तब तक तारीख पर आते-जाते में ही बच्चू की कचूमर निकल जाएगी। वकील, मुख्तार तथा कचहरी के घड़ियालों को हथेली चटाते-चटाते ही खून सूख जाएगा और कमर टूट जाएगी।

धन का ही नहीं, इससे जन का भी संहार होता है। मारपीट तो साधारण बात है। इसका कारण तो और भी साधारण होता है। उसपर समझौता संभव होता है; पर गर्व का एक बम ऐसों के गले पड़ता रहता है कि जरा-सी ठेस लगी नहीं कि फूट गया। यह अपने पैर कुल्हाड़ी मारने का चक्र सदा चलता रहता है। मिथ्या गर्व और शान में ही संहार हो जाता है। जिनके भोजनादि की व्यवस्था में ही प्रश्नवाचक चिह्न लगा होता है, उनका गर्व में भरा रहना, अहम्मन्यता में डूबा रहना तथा एक-दूसरे को नीचा दिखाकर पेट का पानी पचाना सचमुच हास्यास्पद है। अपनी शारीरिक, मानसिक शक्ति का वह भाग, जो मुकदमा-चिंतन में व्यय होता है, यदि वे अपनी दशा सुधारने में लगाते तो न केवल उनका बल्कि देश का भी कल्याण होता।

आमदनी और खर्च का व्यवस्थित ब्योरा दुर्भाग्यवश मेरे मूढ़ पुत्रों के पास नहीं होता। अत: वे रूढ़ि अथवा परंपरा से समर्पित हो ऐसे बहुत से काम कर डालते हैं जिनमें व्यय आँख मूँदकर होते हैं। तिलक-जनेऊ, विवाह-जन्म और मरण आदि ऐसे ही अवसर हैं। मार-पीट, मुकदमा और फौजदारी भी उन्हीं अवसरों में गिने

जाते हैं। जिसकी आय वार्षिक दो-चार हजार रुपया होती है वह भी पाँच बीघा खेत बेचकर एवं दस-बीस हजार रुपया फूँककर मुकदमा लड़ लेने का जोश रखता है। पीछे से दाद देनेवाले दो हैं। एक, भगवान् के भक्त और दूसरे, महाजन! देनेवाला और करनेवाला भगवान् है तो फिर चिंता क्या? महाजन की तो सदा पौ बारह है!

हमारे यहाँ धर्म और दर्शन की छीछालेदर देखते ही बनती है। पाँच सौ की जगह पाँच हजार फूँकनेवाले का अभाव दूर करने की भगवान् को क्या गरज पड़ी है? क्या वह भगवान् के नाम पर खर्च करता है? वह तो शुद्ध शान-गुमान से प्रेरित होकर आग में पैर डालता है। असल में भगवान् न दिखाई देनेवाली एक ऐसी महान् सत्ता है कि बात-बात में जहाँ चाहें घसीट लेते हैं। किसी गरीब के घर दो-एक आदमी मर जाएँ, दो-एक पैदा हो जाएँ और एक-दो की शादी पड़ जाए और दुर्भाग्यवश वह कुलीन है तो सौ-दो सौ वर्षों के लिए उस परिवार का स्थायी दिवाला निकल गया, ऐसा समझना चाहिए। यह युग अर्थशास्त्र का है, धर्मशास्त्र का नहीं। इसे गाँववाले नहीं समझते। रहने का मकान खंडहर हो गया है, भूतखाना हो गया है। दो-चार हजार रुपया व्यय करने पर वह आदमी के रहने योग्य हो जाएगा; पर इसकी चिंता नहीं। कहते हैं, बबुआ के जब हाथ पीले होंगे तो चार-छः सौ मोटे मुस्टंडे लोगों को खिला-पिलाकर तथा जगह-जमीन बेचकर दस-बीस हजार पर पानी नहीं फेर लेंगे तब तक जी का काँटा कैसे निकलेगा? और इस जी के काँटे निकालने में यह ध्यान में नहीं आता कि वधू को लाकर कहाँ बिठाएँगे!

ट्रैक्टर के आ जाने से हमारे यहाँ एक ओर ऐसे किसान हैं जो बैल नहीं रखते और भूसा बेचकर धन बढ़ाते हैं तो दूसरी ओर ऐसे भी किसान हैं जिनका भूसा असाढ़ मास में समाप्त हो जाता है और सावन चढ़ते-चढ़ते अपनी उदरदरी भरने के लिए ऋण की खोज में निकल पड़ते हैं। सबसे दुःखदायी बात होती है, मवेशियों के लिए चारा न रह जाना। स्वयं एक-दो समय उपवास करके भी व्यतीत किया जा सकता है; परंतु उन मूक निरीह पशुओं के सामने तो कुछ-न-कुछ डालना ही होगा। ये मजबूत खूँटे पर मोटी रस्सी में बाँधकर रखे गए हैं। स्वयं इन्हें अपना चारा खोजने नहीं दिया जाता। तब परम आवश्यक हो जाता है कि इन्हें चारा-दाना एवं पानी से संतुष्ट किया जाए। किसान के लिए यह एक धार्मिक कृत्य है। जिस दिन उसका मवेशी उपवास करता है, वह अपने को मरा हुआ समझ लेता है। अतः ऐसे किसानों की, जिनकी भूसेवाली कोठी असाढ़ चढ़ते ही झनझनाने लगती है, विपदा का अंत नहीं। दूसरी बात यह कि वे स्वयं खाते-पीते हैं या उपवास करते हैं, इसे कौन जान

पाता है? किंतु गौओं के सामने यदि चारा नहीं जाएगा तो सारी दुनिया देखेगी और उसके नाम पर थूकेगी। जो गौओं को कष्ट देता है, उसे कसाई कहा जाता है। जब विवशत: किसी किसान को यह कसाई की उपाधि धारण करनी पड़ती है तो समझा जाता है कि उसका विधाता रूठ गया।

विपदा का अंत यहीं नहीं होता। कहा गया है न कि सावन में अन्न समाप्त हो जाता है। एक कहावत भी है कि सावन में सुग्गा भी उपवास करता है। यह कहावत उन भाग्यहीनों के लिए ठीक उतरती है। सुग्गा एक निर्बल प्राणी है। मुक्त आकाश में विचरण करनेवाला जीव है। इस भरी सृष्टि के बीच उसे भी उपवास का आश्रय लेना पड़ता है तब घर-गृहस्थी के जंजाल में जकड़ा मानव किसान किस गिनती में है! इस कहावत में एक और बात भी है। सावन का महीना पावस की सीमा है। रात-दिन पानी पड़ता है। 'बलहद भीम वर्षा हद सावन' मशहूर है। ऐसे में ईंधन भी एक जटिल समस्या है। इसकी कमी के कारण भी सावन में उपवास होने लगते हैं, लोग बरसात में पानी का आनंद लूटते हैं। ऐसे में यहाँ कहीं-कहीं सामूहिक उपवास की परिस्थिति तक आ जाती है। कहने-सुनने में यह बात मन में नहीं धँसती, पर है परम सत्य कि हमारे यहाँ किसान के घर कभी-कभी ऐसा कुछ नहीं होता कि भोजन बने।

प्रथम तो उपवास इसलिए होता है कि अन्न समाप्त हो जाता है। इस अन्न समाप्त हो जाने में बहुत-सी बातें होती हैं। वह वर्ग जो मजदूरी पर ही जीवित है, उसे मिलता ही कितना है? और फिर सावन में मजदूरी क्या करे? वह छोटे किसान का वर्ग जो अनाज का स्वामी होता है, खलिहान में ऋण, उधार और सेठ-साहूकारों के सामने घुटने टेक देता है। ये निर्दयी उसका सब लेकर भी पूरा नहीं बोलते। तमाम-तमाम राष्ट्रीय बैंक और सहकारी सोसाइटियाँ गरीबों को ऋण बाँट रही हैं; परंतु व्यावहारिक धरातल पर अब भी गाँव के महाजन ही बीस पड़ रहे हैं। दूसरे उपवास का कारण होता है ईंधन का अभाव। ऐसा अभाव मजेदार भी होता है। तीसरे उपवास होता है इसलिए कि सारा घर वर्षा की मूसलाधारों से चू रहा होता है। रसोई बने तो कहाँ? चौथा उपवास चलता है, कहीं घर वर्षा से लड़ते-लड़ते हार गया तो धराशायी हो गया। तब यह सब चलता है। यह विचित्र संसार है न! एक-से-एक मनमोहक और रमणीय दृश्य हैं, तो एक-से-एक बीभत्स और रोमांचक चित्र भी हैं। वर्षा में खेत की मेंड़ पर से गुजरता हुआ यात्री धान रोपनेवाली कृषक की ललनाओं की सुरीली और मद-भरी कंठ लहरी सुनता है, तो चित्र लिखा-सा रह जाता है; परंतु उसे

क्या पता कि रोटी का प्रश्नवाचक चिह्न इनके सामने सदा खड़ा है!

मैं क्या बताऊँ अपने भीतर का रहस्य? विपन्नता का यह नग्न चित्र देखकर ऐसा ज्ञात होता है कि किसान बिना किसी भेदभाव के श्रम करता है और उसका पेट नहीं भरता। बात ऐसी नहीं है। काम में भी ऊँच-नीच की शृंखलाएँ हैं। सभी सब काम नहीं करते। काम के आगे जाति-बिरादरी का, इज्जत-आबरू का झमेला खड़ा रहता है। ऐसे भी लोग हैं जो भूखों मर जाएँगे पर छोटा-मोटा काम, जो मजदूर करते हैं, नहीं करेंगे। ये आन पर कुर्बान हो जानेवाले लोग होते हैं। अपनी गरीबी से ये शिक्षा ग्रहण नहीं करते। अपना काम करने में शरमानेवाले और किसान के घर जन्म लेकर बाबूआनी का सपना देखनेवाले ही कालांतर में संसार के द्वारा अपनी हँसी कराते हैं। ब्राह्मण के घर जन्म लेकर भीख माँग सकते हैं; परंतु खेतों में मजदूरी नहीं कर सकते। हल चलाना तो नीचों का काम है। आलस्य और प्रमाद की सीमा है। घाघ की यह कहावत लोग कहते अघाते नहीं कि 'उत्तम खेती जो हल गहा', और आचरण ठीक इसके विपरीत करते हैं। घाघ ने तीन प्रकार के किसान बतलाए। प्रथम कोटि का वह है जो स्वयं हल चलाता है। जिसे अपनी खेती के प्रति ममता होती है। जो उसे जीविका या व्यवसाय समझता है। उसे बनाने-सँवारने में अपना स्वास्थ्य, हर्ष और जीवन का उत्थान समझता है।

दूसरा वह है जो हलवाहे से खेती कराता है; पर उसके साथ रहता है। यह दूसरे पर निर्भर रहता है; पर साथ रहने में इसका प्रेम और जीविका के साधन के प्रति सतर्कता प्रकट होती है। तीसरे प्रकार के किसान वे हैं जो यह भी नहीं जानते कि आज हल कहाँ चल रहा है! ऐसे ही मेरे बेटे जमीन के भारस्वरूप होते हैं। स्वयं खाने बिना मरते हैं और दूसरों को भी मारते हैं। यही नहीं, अपने बेटों के लिए भी अपनी आलस्यता का यह आदर्श छोड़ जाते हैं। उनकी आरामतलबी का अनुकरण किसी पड़ोसी ने भी किया तो और सर्वनाश हुआ। बुराई आदमी जल्दी सीख जाता है। भलाई तो सीखते-सीखते सीखता है। दुर्भाग्यवश ऐसे भी कमासुत लोग बड़े गर्व से यह कहते पाए जाते हैं कि 'खाएँगे तो गेहूँ, नहीं रहेंगे येहूँ'। अर्थात् खाना या तो उत्तम खाएँगे या उपवास करेंगे। ऐसे ही कुछ पढ़े-लिखे हुए तो 'ऋणं कृत्वा घृतं पिवेत' तक पहुँच जाएँगे। 'अजगर करे न चाकरी' वाला दोहा तो इनका मंत्र ही समझिए। गाँव, बीसवीं शताब्दी के अंत का गाँव इस प्रकार के जीवों से भरा पड़ा है। सारे विकास के साधनों में, स्वर्ग में, आनंद के क्रीड़ाक्षेत्र में रहकर भी वह श्मशान-सा अनुभव करता है, इसीलिए न!

आजकल एक नवीन प्रवृत्ति का उदय दृष्टिगोचर हो रहा है। पहले गाँववाले

सीधे होते थे। आज कपटी हो रहे हैं। पहले क्रोधी होते थे, आज वैरी हो रहे हैं। पहले मन का मैल मुँह पर बात कहकर मिटा डालते थे; परंतु आज उसे पाल-पोसकर, अवसर देखकर बदले के रूप में चुकाते हैं। पहले नंगे, आवारे, लाखैरे और बहिकट जैसे विशेषणों से विभूषित जन होते थे; आज नेता, चमचा, गुंडा और चालू पुरजा, स्मगलर जैसे लोग होने लगे। पहले लोग लड़ते-झगड़ते थे और पुनः हिल-मिलकर रहते थे। आज कतर-ब्यौंत होता है। काट-छाँट की लड़ाई होती है। मन-ही-मन, भीतर-ही-भीतर जलन पैदा की जाती है। पहले मार का अस्त्र था लट्ठ; पर आज का अस्त्र हो गई है कचहरी। कहीं हंगामा हो गया, दो-दो सौ, चार-चार सौ आदमी इधर-उधर आ डटे। गरमागरम शब्द निकलते हैं। एक दल से दूसरे दल पर जैसे तोप का गोला छूटता है। जय-जयकार होती है। कुछ मनचले अपने-अपने दल में उछलते-कूदते हैं। कुछ जमीन पर लाठी पटक-पटककर 'घी न खाया कुप्पा बजाया' वाली कहावत को चरितार्थ करते हैं। ऐसा ज्ञात होता है कि अब हाथ छूटा, तब छूटा। अंत में देखते हैं कि दोनों ओर के बुद्धिमान लोग झगड़ा निपटा देते हैं। अदालत की शरण लेने का सत् परामर्श देते हैं। पहले सुनते हैं कि ऐसे मौकों पर लाशें गिर जाती थीं। लाठी में से धुआँ निकलने लगता था। पर आज? गरजनेवाले बादल की तरह इधर-उधर दो-चार गरज सुनाई पड़ीं और बादल बिना बरसे ही तिरोहित हो गए।

एक परम बुद्धिमान व्यक्ति ने बताया कि रासायनिक खादोंवाले नए गेहूँ और साग-सब्जी खाकर लोगों में अब मरदानगी न रही। अब लोगों का शरीर अत्यंत ही कमजोर होता है। लाठी की मार की सहन-शक्ति जाती रही। ग्रामीणों की शूर-पीढ़ी का चरम ह्रास हो गया। इसलिए लोग एक-दूसरे पर अपना क्रोध दूसरे प्रकार से उतारते हैं। यदि धनी हैं तो कानूनी मार होती है। यदि जनबलवाले होते हैं तो खेत उखाड़नेवाली, बैल-बछिया गुम करा देनेवाली तथा घर-खलिहान में आग लगवा देनेवाली लड़ाई के अतिरिक्त सोते में या अकेले राह चलते में पिटवा देनेवाला युद्ध शुरू करते हैं। पिस्तौल, बंदूक, कट्टे और बम भी गाँवों में पहुँच गए। यही नहीं, घर में सुरंग खोदवाकर मूस लेना भी एक तरीका है। यदि गरीब और लाचार हुए तो भगवान् के नाम पर प्रत्यक्षतया तो चुप लगा जाएँगे, परंतु छिपे हुए उनके शत्रुओं से मिलकर बदला चुकाने की ताक में रहेंगे।

इसका एक बहुत बुरा और अशुभ परिणाम यह हुआ है कि शत्रु-मित्र की पहचान लुप्त हो गई है। बाहर से सब हिले-मिले रहते हैं और भीतर शत्रुता का भयंकर विषधर नाग फुफकारता रहता है।

नौ

दीप तले अँधेरा

डीह बाबा का स्थान। नीम का पेड़। सूरज अभी डूबा नहीं है। साफ-सुथरी दूब पर बैठा हूँ। निगाह रास्ते पर है। नंगे पाँव, मटमैले साधारण कपड़ों में झुकी-झुकी एक पवित्र बूढ़ी काया हिलती-डुलती आएगी। उसके रूप में गाँव साकार होगा। फिर बहस और वार्त्ता चलेगी। रोज की भाँति आज भी वह बीस पड़ जाएगा। मुझे लगेगा, यह गलत बोल रहा है; परंतु मैं उसकी गलती सिद्ध करने में किसी कारणवश रोज की तरह लड़खड़ा जाऊँगा। उसका आत्मविश्वास हमें दबा देगा।... लेकिन मैं जो देख रहा हूँ, उसे कैसे अस्वीकार करूँ?

विचारों की उत्तेजना में खोया अंतिम वाक्य मैं स्फुट रूप में जरा जोर से बोल गया। तभी सुनाई पड़ा—

'हर देखी चीज सही नहीं होती और सुनी चीज जो प्रायः गलत या आधी-अधूरी होती ही है, लेखक महोदय!'

और मैंने देखा, वह सामने खड़ा है।

'अरे, आप आ गए!' मैं खड़ा हो गया।

'बैठिए, बैठिए। बैठकर बातें करेंगे।' उसने कहा और मुझसे कुछ दूरी बनाकर बैठते हुए बोला—

'क्या तुम्हारा मकान शहर में भी बन गया है?'

'हाँ, बना लिया है।'

'और कितने लोगों का बना है?'

'लगभग एक दर्जन लोगों का।'

'तुम्हारे इस छोटे से गाँव में इतने परिवार हैं जो नगर निवास करते हैं और बड़े-बड़े गाँवों में तो बड़े-बड़े लोग हैं जो एक बड़ी आबादी के रूप में नगरों में घुसे हैं।...तो, देखा! इस तरह से और अनेक तरह से नगरों में घुसे लोग गाँव में असंतुलन बने हुए हैं। गाँव में नए किस्म के अलगाव, तनाव, सिकुड़न, स्वार्थपरता, संघर्ष, अहम्मन्यपूर्ण विद्वेष, ऐंठ, तिकड़मबाजी, फरेब और दुर्मति-दुर्भाग्य जम गए हैं। आओ, इनकी बातें करें और देखें कि दीप तले कितना-कितना अँधेरा है?'

अपनी रामकहानी के एक महत्त्वपूर्ण पहलू पर आपका ध्यान आकर्षित कराना चाहता हूँ। एक तो मेरे बेटे किसान किस प्रकार पूँजीवादी व्यवस्था के शिकार हो गए हैं कि इनका जीवन पशुवत् हो गया है; दूसरे परस्पर के स्नेह,

सहयोग, सौहार्द और भाईचारे को तोड़कर वे और भी दयनीय हो गए हैं। उसकी जीवन-प्रणाली ऐसी है कि वह बिना सहयोग के एक पग भी नहीं चल सकता। उसका धन तिजोरी, ताले या कोठी में बंद नहीं होता। वह खुले मैदान में बिखरा रहता है। उसपर निन्यानवे आपदाओं के चंगुल घहराते रहते हैं। एक आदमी उसकी रखवाली नहीं कर सकता। स्वयं अपनी रक्षा, अपने खेत की देखभाल करने में किसान असमर्थ होता है। वे नहीं, पारस्परिक सद्भाव खेतों की रक्षा करता है। एक ने दूसरे के खेत में घुसे हुए चोरों को खदेड़ दिया तो दूसरे ने पहले के खेत में पड़े हानि पहुँचानेवाले साँड़-भैंसों को भगा दिया।

एक-दूसरे को देखकर जलेंगे तो एक-दो को नहीं, यह जलन सबको जलाएगी। आज हो भी यही रहा है। और तो और, भाई-भाई में मनमुटाव है। व्यक्ति-व्यक्ति में वैमनस्य की ज्वाला धधकती है। एक का पैर फिसला तो दूसरा हँसता है। दूसरे पर वज्रपात होता है तो पहले का जी जुड़ाता है, और यह कि दोनों के सर्वनाश पर सारा जमाना हँसता है। यह क्रम लगा है। रात-दिन की भाँति सुख-दु:ख के दिन घूमा करते हैं। किसान की आँखें बंद हैं जो देखता नहीं। सुख की सीमा को वह अकेले समेटने के प्रयास में ठगा जाता है। अकेले क्यों?

'कभी है हमारी बारी
कभी है तुम्हारी बारी
चलो भाई बारी बारी!'

एक प्राइमरी स्कूल के अध्यापक के दरवाजे पर उसके स्कूल के कुछ छात्र उपस्थित थे। उनमें गाँव के कोने-कोने के छात्र थे। एक मास्टर साहब समाचार-पत्र के पन्ने उलट रहे थे। अचानक उन्होंने कहा कि तुममें से कौन लड़का इस अखबार को सरपंच साहब के दरवाजे पर दे आएगा? इसे अभी पहुँचा आना चाहिए। मैं पढ़ने के लिए एक घंटे के करार पर लाया और कई घंटे बीत गए। कोई है, जो उधर का है? छात्रों में हम-तुम होने लगा। प्रत्येक दूसरे को कहकर स्वयं जाने में आनाकानी करने लगा। एक ने कहा कि हमारे घर से उनके घर हाड़ है, मैं कैसे जाऊँ? एक किसान-परिवार से दूसरे किसान-परिवार के बीच उस समय 'हाड़' पड़ जाता है जब परस्पर मारपीट में किसी प्रकार किसीकी जान चली जाती है। जिस परिवार का व्यक्ति मारा जाता है वह मारनेवाले के घर से 'हाड़' मानता है। वह उसके घर का या उसके परिवारवालों का छुआ पानी तक नहीं पीता। घर आना-जाना बंद हो जाता है। शादी-ब्याह के समय सहयोग रुक जाता है। कभी-कभी

बातचीत भी नहीं होती। यह पुश्तैनी चलता है। इस प्रकार 'हाड़' का तात्पर्य हुआ, वंश परंपरागत शत्रुता। एक लड़के का उत्तर यह था।

एक दूसरे ने बताया कि हमारे घर से उनके घर के लोगों से बराबर मारपीट और झगड़ा-फौजदारी होती रहती है तथा वोट के दिनों में वे लोग हम लोगों के खिलाफ रहते हैं; इसलिए मैं उनके दरवाजे पर नहीं जाऊँगा। वहाँ पर आदमी ऐसे हैं जो हमारी पट्टी के बालकों को देखकर जलते हैं। एक ने बताया कि उस मुहल्ले में हम कभी गए ही नहीं हैं। किसीने मोटे रूप में यह बताया कि उनके घर से आवा-जाही नहीं है। अंत में एक 'छात्र' हुक्मी तौर पर भेजा गया।

दुर्भाव, पार्थक्य और असद्भाव केवल बड़ों में ही नहीं, बल्कि छोटे-छोटे बालकों की नस में विष की तरह घुल गया है। इस बीज को बड़े-बूढ़े लोग बोते हैं। अपने रहन-सहन, वार्त्तालाप और क्रियाओं द्वारा ही नहीं, प्रत्यक्ष शिक्षाओं द्वारा भी वे बालकों को द्वेष के पथ पर ले जाते हैं। सिखाते हैं कि किस-किस व्यक्ति से कौन-कौन-सी अदावत है। किस-किस व्यक्ति से कौन-कौन से झगड़े हैं। इसकी विस्तृत सूची बालकों के मस्तिष्क में बैठ जाती है। अशोक ने बौद्ध धर्म क्यों ग्रहण किया, इसे पढ़नेवाले लड़के भले न याद रखें; पर यह तो उन्हें सही-सही याद रहता है कि अमुक ने अमुक मुकदमे में हमारे पिता के खिलाफ गवाही दी, अतः वह हमारे परिवार का वैरी है। परिणाम यह होता है कि आज बड़े लोगों की भाँति बालक भी अपने परिवार के दुश्मन के घर नहीं जाते। उत्सव-त्योहार या किसी विशेष अवसर पर बड़े लोग रस्मी तौर पर शत्रु के दरवाजे पर जाते भी हैं तो बालकों को मना कर देते हैं।

प्राचीन ग्रामीण आदर्श ठीक इसके विपरीत था। बालक सबके हैं। वे सबके स्नेहभाजन हैं। उनका राज्य प्रेम-सरलतापूरित और छल-विरहित होता है। वे स्वच्छंदता से सर्वत्र जा सकते हैं। उनके प्रति कोई व्यक्ति मन में खोट नहीं रखता। वे किसीसे द्वेष नहीं मानते। काका-भैया-दादा और बाबा आदि संबोधनों से वे सबका स्नेह और आशीर्वाद अर्जन करते हैं। उन्हें क्या पता कि कौन शत्रु है और कौन मित्र! पारिवारिक शत्रुता के बीच वे स्नेह की मधुर कड़ी होते हैं। हमारी बस्ती की गलियों में, मुहल्लों में, रास्तों पर, दरवाजों पर सर्वत्र वे आनंद करते हैं। न कोई रोक-टोक, न दुराव। वे अपने बाप को जितने प्यारे हैं, उतने ही, बल्कि उससे भी बढ़कर अपने बाप के दुश्मन को दुलारे हैं। मेरी बस्ती-भर की स्त्रियाँ उनकी माँ-बहन और पुरुष बाप-भाई हैं।

मैं अभागा गाँव उस पुराने आदर्श के लिए तरसकर रह जाता हूँ। अब वह

सब कहाँ रहा? अब तो जो है वह चरमसीमा की गिरावट का आदर्श है। क्या सुनते हैं आज हम? हम अमुक के दरवाजे पर नहीं जाते। हम अमुक से नहीं बोलते, हम अमुक की परछाईं से भी बचते हैं। हमारा अमुक व्यक्ति के घर से खानपान का संबंध नहीं है। हम अमुक व्यक्ति के खानदान का छुआ पानी नहीं पीते, क्योंकि दो सौ वर्ष पूर्व उसके किसी पूर्वज ने हमारे किसी पूर्वज को मार डाला था। फलाँ मेरे शत्रु का मित्र है। अत: हमारी-उसकी बोलचाल बंद है। फलाँ मेरे मित्र का शत्रु है, अत: मेरा-उसका संबंध—मैत्री संबंध—विच्छेद हो गया। यदि ऐसा न होता तो मेरा मित्र जो बलवान है, बुरा मानता। इसी प्रकार मेरे शत्रु का बलवान शत्रु मेरा मित्र बन गया। जबकि वह मेरा भी शत्रु था। हमारे घर से फलाँ के घर पुश्तैनी अनबन है। हम लोग सदैव एक-दूसरे को सतर्क दृष्टि से देखते हैं। फलाँ ने मेरे ऊपर अदालत में गवाही की है। आदि-आदि।

शत्रु-मित्र का यह बेढब प्रपंच जाल आज हमारे भीतरवाले उस सरल-निर्मल जीवन को आच्छादित किए है, जो अपनी स्वर्गीयता के लिए न केवल देश में स्पृहणीय समझा जाता था, बल्कि विश्व में वरेण्य था और उसकी मुक्तकंठ से प्रशंसा की जाती थी।

कुछ लोगों का खयाल है और यह खयाल किसी सीमा तक दुरुस्त है कि ये सारे उपद्रव एक तो हमारे आधुनिक न्यायालयों के भीतर पैदा होते हैं तथा जो लोग वहाँ जाते हैं, इन्हें उपहारस्वरूप लाते हैं। दूसरे, आधुनिक युग की हवा, जिसमें चुनाव, चकबंदी, बेकारी, आबादी की बाढ़, महँगाई और बढ़ती अराजकता है, इस रोग को फैलाती है। हजारों गाँवों के बीच में एक शहर है। वहाँ असंख्यों की जीवन-प्रणाली को प्रभावित करनेवाली, कुछ विजातीय मान्यताओंवाली कचहरियाँ हैं। सीधे-सादे ग्रामीण वहाँ जाते रहे हैं। अपने साथ वे अपनी सरलता, साधुता, सत्यप्रियता, न्यायबुद्धि, सद्भावना, सहिष्णुता और सहयोग-वृत्ति को लेकर जाते रहे हैं। उधर से इन्हें बेचकर कुटिलता, कुविचार, दुर्भाव, तिकड़म, चोरी के साथ सीनाजोरी वगैरह लेकर, फूले-फूले घर आते रहे हैं। ये इन विभूतियों को अपने तक सीमित नहीं रखते। इन्हें गली में बिखेरते हैं। जन-जन के मन में स्थापित करते हैं। इनका प्रयोग करते हैं। दूसरों को सिखाते हैं। रास्ता दिखाते हैं। ऐसी दवा बता देते हैं कि सभी शठता को ही दवा मानने लगते हैं। दल बनते हैं, दलबंदी होती है। शत्रु-मित्र के अखाड़े बनते हैं। गुपचुप बातें होती हैं। साँय-साँय, फुस-फुस, गहकर, जमकर मशविरे होते हैं। मदद देनेवाले राम ही नहीं, कचहरियों में चारा तलाशनेवाले 'सज्जन' लोग भी हैं। रही-सही कसर गाँव के तिकड़मी सरदार,

निठल्ले बैठकबाज, नेता, नेताओं के चमचे, हिप्पीकाट के शिक्षित किंतु बेकार युवाजन, गुंडे-बदमाश, नवधनाढ्य लोग पूरी कर देते हैं।

ऐसा भी देखने में आता है कि आपस की यह शत्रुता औरतों और बालकों के भीतर भी दलबंदी करा देती है। ऊपर बड़े लोगों में अपने-अपने पक्ष हैं और बीच में उसी हिसाब से औरतों की पार्टियाँ हैं तथा नीचे बालकों में वैसे ही क्रम से अपना-अपना संगठन है। आलोचनाएँ होती हैं, शिकायतें की जाती हैं, बुराइयों का उद्‌घाटन होता है और बात बढ़ी तो चुन-चुनकर गालियाँ दी जाती हैं। स्कूल जाने में, खेलने में, बैठने में सर्वत्र इसे देख सकते हैं। जहाँ दस औरतें बैठी हों, वहाँ भी इस कटुता का परिचय मिल जाएगा।

एक भीषण ऐंठ है जो मेरे बेटों के पल्ले पड़ गई है। वह अपने सामने किसीको कुछ समझता ही नहीं। उसके सामने सभी तुच्छ हैं, नाचीज हैं। ऐसी ऐंठवाला कृषक किसी सीमा तक अपना स्वार्थ सिद्ध कर धनीमानी हो सकता है; परंतु उससे समाज के अभ्युदय की कामना करना व्यर्थ होगा। दमदार लोगों की ऐंठ कुछ सार्थक लगती है; परंतु चौबीस घंटे ऐंठ में भरे हुए लोगों में ऐसे लोग भी होते हैं जिन्हें वस्त्र और भोजन के लिए भगवान् का ही भरोसा होता है। इन्हें देखकर तरस आता है। मैं आठ-आठ आँसू रोता हूँ।

ऋण लेकर जलसा करना, वाहवाही लूटने के लिए सर्वस्व की बाजी लगाना, कचहरियों में जाकर रुपए की क्रीड़ा दिखाना, बिगड़ैल बैलों की तरह सींगों से दूसरे की लिपी-पुती दीवारों को ढहाते चलना, एक-दूसरे से बोलने तक में अपनी हेठी समझना। खाने-पीने की तो बात ही दूर है, एक-दूसरे के दरवाजे पर झाँकने जाने तक में भी अपनी हीनता मानना, ये सब ग्रामीण ऐंठ के नमूने हैं। काम न करना और उपवास करना। तनिक में लक्खू साहू बनकर रुपया फूँकना और तनिक में भिक्खू राम बनकर हाथ पसारना। यह भी ऐंठ ही है। ऐंठ गरीबों को ऐंठ देती है। वे पसर या पनप नहीं पाते। कुछ सीखते नहीं। सुधरते नहीं। उनके ऐंठजन्य वैमनस्य, पार्थक्य और संघर्ष से लाभ उठाते हैं बुद्धिमान लोग। ऐसे बुद्धिमान लोग जो श्रम की दृष्टि से निठल्ले हैं। रात-दिन खून-पसीना एक कर कमानेवाले एक दूसरे को नीचा दिखाने में रसातल चले जाते हैं। उनकी कमाई कहाँ जा रही है, यह देखने-भर का न तो उनके पास अवकाश है और न ऐसी बुद्धि ही है। काफी रुपया लगाकर एक मुकदमा लड़ा गया। एक पक्ष ने तो प्रण किया था कि अपने प्रतिद्वंद्वी को नीचे-ऊपर नोट रखकर फूँक देंगे। दस वर्षों तक मुकदमे की शाखाएँ फैलती गईं। जब वादी-प्रतिवादी सर्वनाश को प्राप्त हो गए तो मुकदमा भी समाप्त हो गया।

किसीने पूछा कि जीत किसकी हुई? इसपर उत्तर मिला--

'हारे मुअक्किल,

जीते वकील!'

तो, ऐसा हूँ मैं गाँव! मेरा रोना ही रामकहानी बन गया। इस रोने का भी अंत नहीं। इसीलिए मैं कभी-कभी हँसता हूँ। निराश-हताश गरीब निठल्लों की हँसी क्या आपने कभी सुनी है? सुनिएगा कभी मौका मिले तो। सुनने लायक होती है। एकदम पारदर्शी हँसी, दूसरी ओर से रुलाई भी साफ-साफ झलकती रहती है। अब मैं क्या कहूँ कि क्या करूँ? साँस रोककर प्रतीक्षा है कि मेरी पीड़ा को ठीक-ठीक समझनेवाले और ईमानदारी से इसे हरने के लिए आगे बढ़नेवाले लोग आगे आएँ।

दस

ना बाँड़ा का खेती-बारी

उस झुके हुए आहत शरीर की झाँकी मिलते ही मैं खिल उठा; परंतु दूसरे ही क्षण मन यह सोचकर मुरझा गया कि यह तो आते ही मेरे सारे सोच को एकदम झकझोरकर फेंक देगा; और यही हुआ भी।

'जो कहा, होता नहीं; और जो होता है, वह कहा जाता नहीं।' उसने आते ही एक तीर फेंक दिया।

'क्या मतलब?' मैंने पूछा।

'मतलब कि गाँवों की गरीबी दूर हो गई। गाँवों में सड़क, बिजली, पानी, स्वास्थ्य सेवा, रोजगार, शिक्षा और सुरक्षा की पहुँच हो गई।'

'आप अभिधा को व्यंजना बनाकर क्यों बोलते हैं? सीधे कहिए न कि गाँव नरक के नरक रह गए!'

'नहीं, यह तो तुम कहोगे।'

'नहीं, मेरी यह मान्यता नहीं है। मैं मानता हूँ कि वे स्वर्ग तो अभी नहीं बन सके, परंतु नरक से ऊपर उठ जरूर गए हैं! अब गाँव में वैसी बेकारी भी नहीं रही। कृषि क्रांति ने बहुत कुछ बेकारी को दूर किया है। फिर रोजगार और नौकरियों में लोग खिंचते चले जा रहे हैं। गाँव में कोई बेकार मजदूर अब खोजे नहीं मिल रहा है।'

'मजदूर नहीं मिलेगा अब, मास्टर साहब! जिस युग में पटवारी लेखपाल हो गया और ग्राम सेवक ग्रामविकास अधिकारी हो गया, उस युग में 'मजदूर' उछलकर

बाबू हो गया। अब मजदूर नाम से नहीं, 'बाबू' नाम से गाँवों में बेकारों की तलाश करें। वे रोजगार दफ्तर, सप्लाई ऑफिस, कचहरी या चमचे के रूप में नेताओं के दरबार में लंबा खादी का कुरता पहन खपते मिलेंगे।...और कुरेद ही दिया तो मेरे दर्द को आज भी धैर्यपूर्वक सुनो।'

इसके बाद उसकी दास्तान शुरू हो गई।

क्या बताऊँ मैं अपनी दास्तान? ऐसा लगता है, मेरा नाम गाँव विरोधाभासों का चित्र-विचित्र बंडल है। यह नाम आपके कानों में आता होगा तो आप सोचते होंगे, इसके सभी वासी दिन-रात खून-पसीना बहाते हैं। परंतु असलियत यही नहीं है। कुछ और भी बात है। मैं सुना रहा हूँ।

यहाँ का वातावरण एक ओर जहाँ कठोर श्रमिक पैदा करता है तो दूसरी ओर परले दरजे के आलसी व्यक्तियों की भी सृष्टि करता है। एक तरफ एक आदमी इतना श्रम करता है कि दाँत से पसीना छूटने लगता है। दूसरी तरफ एक आदमी के लिए बैठे-बैठे मक्खी मारने के अतिरिक्त दूसरा कुछ सूझता ही नहीं। काम करने के लिए क्षेत्र नहीं है, सो बात नहीं। मन ही कुछ और प्रकार का हो जाता है। वह शरीर को हिलाने-डुलाने में या तो कष्ट का अनुभव करता है या शर्म का। आँख पसारकर देखें तो स्पष्ट रूप से दृष्टिगोचर होगा कि इतना श्रम करने पर भी मेरे बेटों के लिए भोजन का ठिकाना नहीं है तो उन्हींके देश में बेकार रहकर उदरपूर्ति का होना आकाश कुसुम नहीं तो और क्या है? कोई बहुत बुद्धिमानी का काम, विद्या के चमत्कार का, या हस्तकौशल-कार्य गाँवों में न भी करें, केवल मोटे-मोटे कामों में ही कुछ समय दें तो अपनी और समाज की कुछ भलाई हो जाएगी। लेकिन बुद्धि पर ऐसा पाला पड़ा कि वह पनपती ही नहीं! पढ़े-लिखे हिप्पीकट, दाढ़ीवाले, खादी के लंबे कुरतेवाले बेकार और निठल्ले गाँवों में अपना साढ़े तीन हाथ का लंबा-चौड़ा शरीर लिये घूमा करते हैं। इधर की बातें उधर और उधर की बातें इधर किया करते हैं। क्रिकेट खेलने की धुन में रहते हैं या कमेंट्री सुनते हैं, राजनीति करते हैं। ब्लाक का चक्कर लगाते हैं। कुल मिलाकर राजनीतिक तूंबा फेरी ही इनका व्यवसाय है। ऐसे ही लोगों को लक्ष्य करके एक कहावत कही जाती रही है—

'ना बाँड़ा का खेती-बारी, ना बाड़ा का जोइ,
थपरी बजावे बाँड़ा, पहपटि होइ।'

अर्थात् वह बाँड़ (स्वच्छंद) व्यक्ति, जिसके परिवार में कोई नहीं रहा, खेती

तो करता है नहीं और न उसकी स्त्री ही है कि घर-गृहस्थी के बंधन में मर्यादित जीवन व्यतीत करे। वह देखो, अपनी मस्ती में वह परम स्वतंत्र होकर ताली बजाता रहता है और चलते-फिरते गाना गाया करता है।

जिस युग में खाने-पीने का अभाव नहीं था, समस्याएँ कम थीं और आबादी कम थी, पैदावार पूरी पड़ती थी, उस युग में ऐसे बेकार और निठल्ले प्राणियों की भी गुजर हो जाया करती थी। ऐसे व्यक्तियों से ग्रामीण अपना मनोरंजन किया करते थे। मगर अब ऐसे कहाँ निभ पाती है? अब तो दाने के लाले पड़ गए। अन्न की कीमत हो गई। ऐसे युग में ये अभागे मानव भार हैं। यदि गणना की जाए तो ऐसे बेकारों की टोली प्रत्येक गाँव में मिलेगी। दुर्भाग्य की बात है कि ये बेकार अब अपने को नेता भी कहने लगे हैं, यानी बेकारों का नेतृत्व ढोने के लिए गाँव मजबूर हैं। दूसरे तो किसान को लूटते और चूसते ही हैं, अपने लोग भी उसकी कंगाली में आटा गीला करने के लिए प्रेम से या घृणापूर्वक गले पड़े रहते हैं। मेरे बेटे किसान के उत्थान के लिए इनका प्रबंध करना होगा। व्यक्तिगत रूप से कोई आलसी या बेकार है तो क्या? उसका फल वह भोग रहा है। दूसरे को क्या? काम करनेवालों को उनसे शिक्षा ही मिलती है। समस्या को इस रूप में भी सोचा जा सकता है। लेकिन सामाजिक दृष्टिकोण से कोई आलसी या बेकार है तो वह समाजरूपी शरीर के ऊपर एक जबरदस्त घाव है। सारे शरीर में उसका विष प्रविष्ट हो सकता है। सारे समाज के स्वास्थ्य के लिए उसके एक-एक अंग को नीरोग करना पड़ेगा। एक ही मछली सारे तालाब को गंदा कर देती है। जिस तालाब में गंदगी को निमंत्रण देनेवाली अगणित मछलियाँ हैं, उसका तो भगवान् ही मालिक है! आलस्य और अकर्मण्यता से लड़ने के लिए व्यक्तिगत प्रयत्न काफी नहीं हैं। सामाजिक रूप से इसे पाप समझकर तिरस्कृत किया जाए। भ्रष्टाचारी बेकारों के नेतृत्व को नकारा जाए। अगर एक पूरी नई पीढ़ी ही बेकार है तो भी उन्हें ढोने से परहेज किया जाए। समाज के सब बेकार, जो हाथ-पैर नहीं चलाते, भोजन के अधिकारी नहीं हैं। इन्हें बढ़ावा देना इनकी दुर्बुद्धि को प्रोत्साहन देना है। इन्हें काम करने के लिए बाध्य किया जाए। एक तरफ धरती का सोना धरती से निकाले बिना रह जाता है। दूसरी तरफ करोड़ों हाथ जैसे दही जमाए पड़े हैं। आश्चर्य है! गाँव की राजनीति करना, हल्ला-गुल्ला करना तो कोई काम हुआ नहीं!

आज भीषण समस्या बेकारी की है। मेरे देश में यह एक साधारण बात है कि एक कमानेवाला है और चार बैठकर खानेवाले हैं। कहाँ मिल रही है नौकरी? एम.ए., बी.ए. या बी.एड. करके बैठे हैं। कुछ दिनों तक विज्ञापनों के पीछे दौड़

लगाई। अब हार गए। घर का काम कुछ होता नहीं। जैसे-तैसे खप रहे हैं। कुछ कर रहे हैं। देखने में लगता है, जैसे काम तो सभी करते हैं, बेकार कोई नहीं है। वास्तव में चार उतना ही काम करते हैं जितना एक के लिए पर्याप्त है। काम भी प्राय: 'कामचलाऊ' ही होता है। प्रथम श्रेणी का लाभकर काम, जिसे उद्योग अथवा श्रम की संज्ञा दे सकें, कम किसान करते हैं। गणना करके यह बात निश्चित रूप से सिद्ध हो चुकी है कि किसान साल के चार महीनों में बेकार रहता है। नए दौर में गांधी आश्रमों की योजनानुसार पुन: चरखे का प्रचार हुआ। उच्च स्तर के अंबर चरखे भी आए। गाँवों में कत्तिनें पैदा होने लगीं। मगर स्वत:स्फूर्त उद्योग का रूप कहाँ ले पाया चरखा? यह सरकारी योजना बनकर रह गया। पुराने चरखे को कभी-कभी लोग याद करते हैं। इस बेकार समय में वह तरह-तरह की खुराफात सोचता है। तिकड़म का मकड़जाल तानता है। गप्प हाँकता है। हुक्का पीता है या सोता रहता है।

पहले कपास बोई जाती थी मेरी बस्ती में। घर-घर चरखा चलता था। कितने घरों में चरखे की जीर्ण-शीर्ण अस्थियाँ अब भी पाई जाती हैं। कितनी बड़ी-बूढ़ी माताओं को अब भी दो-चार हाथ उस सुदर्शन चक्र को संचालित करने के स्मरण हैं। अब कपास बोने का वह युग बीत गया। क्यों? इसका एकमात्र उत्तर आलस्य है। ज्वार की फसल अगहन में साफ हो जाती है। अरहर फाल्गुन-चैत में काट ली जाती है। खेती का काम सीमित हो जाता है। इसीके लगभग कपास का फूल चुना जाता है। धूप में कड़े परिश्रम के डर से किसान उसे नहीं बो रहे हैं। एक ईख है, जिसे गरमी में पानी देते छठी का दूध याद आ जाता है, अब यह दूसरी बला कौन मोल ले? परिश्रम करनेवाले हैं और इसमें 'अति' करनेवाले भी हैं; परंतु कितने? चार में एक। शेष तीन वही बमभोला! नई खेती की माँग पर अवश्य ही दोहरी, तेहरी फसल के लोभ में मेरे बेटे श्रम पर उतर रहे हैं, परंतु बढ़ती हुई आबादी में उनका औसत नहीं के बराबर रह जाता है। इन बेकारों में से कितने तो चलते पुरजे के आदमी हो जाते हैं। इन्हींमें से वे लोग भी होते हैं जो कचहरियों की सरसता बनाए रखते हैं। शहर के होटलों और चायखानों को अपनी बक-बक से मुखरित रखते हैं। कितने तो एकदम नेता ही हो जाते हैं। चार आदमियों के बराबर खरचना-खाना और आधे आदमी के बराबर भी न कमाना। परम परोपजीवी, पैरासाइट!

बेकारों में स्त्रियों की संख्या अधिक है। छोटी कौमवालों की स्त्रियाँ पुरुषों के साथ श्रम करती हैं; किंतु बड़े घरों की औरतें परम बेकार होती हैं। दिन-भर

झगड़ा करती रहती हैं या चिलम-तमाखू सहेजती रहती हैं। मेरे भीतर में स्त्रियों का वाग्युद्ध देखने के योग्य होता है। अविराम गति से काव्य-धारा की भाँति गाली-गलौज की धारा बहती है। ऐसे समय बड़े-बड़े धीरों का भी धैर्य छूट जाता है। बेकारी से झगड़ा ही नहीं, नाना प्रकार के अवगुण पनपते हैं। इस बेकारी की कोख से निकम्मी आदतें पैदा होती हैं। बड़े घर की ललनाएँ तो अपना निजी काम भी नहीं कर पातीं; तिसपर आधुनिक फैशनों की बाढ़!

यहीं से बेकारी अपव्यय पैदा करती है। मेरे बेटे किसान के घर का कपड़ा सीने के लिए शहरी दरजी के पास जाता है। औरतें अपना कपड़ा भी नहीं सी लेतीं। आटा कल में से पिसकर आता है। बिछौना क्रय होता है, चाहे वह दरी हो चाहे तो तोशक! घर के बरतन-डलिया आदि भी बाजार से आने लगीं। कपड़े सीने का काम तो औरतों का है। आटा अपने हाथ से चक्की में पीसकर परिवार को खिलाने तथा स्वस्थ बनाने का दायित्व उनपर है। फटे-पुराने कपड़ों को सँजोकर बिछौना बनाना उनकी पुरानी परंपरा है। आखिर इस हस्तकला, श्रम और जीवन की प्रणाली को छोड़कर वे कहाँ जा रही हैं? एक सद्‌गृहस्थ ने अपने परिवार की स्त्रियों का जो वर्णन किया, वह स्पृहणीय है। कूटने और पीसने का श्रम उनके शरीर के अंग-प्रत्यंग को कस देता है। उनमें आकर्षक उभार देता है। स्त्रियाँ व्यायाम के नाम पर दंड-बैठक नहीं, यही कूटने-पीसने का काम करती हैं। उनका छरहरा शरीर दमकता रहता है। अधिक दिनों तक जवानी सुरक्षित रहती है। बैठी रहनेवाली स्त्रियाँ अल्प समय में ही थलथल होकर स्फूर्तिरहित हो जाती हैं।

किसान की स्त्री भारतीय उद्योग के मेरुदंडस्वरूप रही। आज उसका रूप आमूल परिवर्तित हो गया है। अचरज नहीं वे कुछ दिन बाद भोजन बनाना भी छोड़ दें और एक युग की गुलामी को एक बार ही झाड़-फटकारकर पूर्ण स्वच्छंद हो जाएँ। शिक्षा-दीक्षा के प्रसार से अब लड़कियों में बुनाई-सिलाई का प्रचार बढ़ रहा है; परंतु बड़ी होकर, विवाहिता होकर फिर क्या उसी पुरानी परंपरा में मिल नहीं जाती हैं? यहाँ तक तो प्रयास स्तुत्य है; परंतु ताश, पान, बीड़ी और सिगरेट आदि का बान लगाना तो सर्वथा अक्षम्य है।

मेरे सरल संसार पर विलासिता का मायाजाल शनैः-शनैः बिछता चला जा रहा है। काम कम करना और उपभोग की वस्तुओं में चमक, चकाचौंध खोजते फिरना, यही विलासिता है। अपनी छोटी दुनिया में, किसान अपनी सीमित विलासिता की भावना से प्रेरित होकर अपव्यय करता है। यह अपव्यय अधिकांश में अपने अवकाश के क्षणों का समुचित उपयोग न करने के कारण होता है। अपनी चारपाई

के लिए किसान सुंदर-से-सुंदर रस्सी तैयार कर सकता है। वह मजबूत के साथ सुखप्रद भी होती। पर इसके लिए वह सीधे बाजार की ओर दौड़ता है। गृहस्थी के सामान, खेती की आवश्यक वस्तुएँ तथा दैनिक जीवन में व्यवहृत होनेवाली वस्तुओं के लिए वह बाजार ही की शरण लेता है। यहाँ तक कि यदि बिकें तो किसान अपनी लाठी भी अब खरीदेगा ही। या ऐसा मानें कि वह उन्हें खरीदने लगा है। शहरों में लाठियाँ भी बिक रही हैं। दातुन बिकती हैं। आश्चर्य क्या कि सुविधा की दृष्टि से शहर से लौटता मेरा कोई बेटा उसे खरीदता आए। फिर, अब तो वह भी मंजन, पेस्ट, ब्रश पर उतरने लगा है! वह खाने-पीने का तंबाकू शहर से खरीदता है। आसानी होती है। कौन घर पर बनाने का कष्ट करे? कुछ रुपए खर्च कर देने से चीजें आसानी से मिल ही जाती हैं। बेशक पैसा काफी सस्ता हो गया है। जीना जरूर महँगा हो गया है। टेंट में हजार-दो हजार बाँधे घूमनेवाले मेरे बेटे भोले-चतुर किसान को वास्तव में क्या पता कि उनकी असली आय क्या है? साग-सब्जी के लिए भी तो किसान पूर्णतः परावलंबी हो गया है। कुछ थोड़े पुरुषार्थी अपने नलकूप पर साग-सब्जी उगाने जरूर लगे हैं; पर पूरी मेरी बस्ती में ऐसे कितने हैं? बरसात में कुछ लोगों ने अपनी झोंपड़ियों या खपरैलों पर दो-चार बाँस इधर-उधर लगाकर बरसाती तरकारियों की बेलें लगा दीं। उनकी तारीफ की जाती है। ऐसे प्रयास के लिए जमीन की कमी कहाँ? कमी है श्रम की। बरसाती सब्जियों के समाप्त हो जाने पर गाँवों में पैसा व्यय करके भी सब्जी नहीं मिल पाती। कुछ किसान तरकारियाँ खाते भी कम हैं। त्योहार पर या किसी अतिथि के आ जाने पर बात कुछ और होती है। जीवन के पोषक तत्त्व सभी किसानों को नहीं मिलते। चालीस वर्ष के बाद उनकी आँखों की रोशनी जाती रहती है। जवानी में ही केश सनकुट हो जाते हैं और पचास तक पहुँचते-पहुँचते दंत-पंक्तियाँ भोर की तरई हो जाती हैं। व्यक्तिगत जीवन का यह हाल है और समाज के जीवन की स्थिति क्या पूछना?…अच्छा, अब मैं चला।

ग्यारह

हाँ, मैं भूत हूँ

नीम तले बैठा हूँ। वह भी बैठा है। कोई कुछ बोल नहीं रहा है। ऊपर पेड़ पर बस कौए हैं, जो लगातार काँव-काँव किए जा रहे हैं। शायद बूढ़ा गाँव सोचता है कि मैं कुछ बोलूँ। किंतु मैं पहले क्यों बोलूँ? जो बोलूँगा उसे काट देगा। तब

वही कुछ बोले।

इसी बीच किसी ओर से माधव निकल आया। मुझे देखकर बोला—

'आप अकेले यहाँ क्यों चुपचाप बैठे हुए हैं?'

'अकेले कहाँ हूँ? देखते नहीं, एक महाशय और हैं।' मैंने कहा।

'अच्छा! तो आप डीह बाबा के साथ बैठे हैं। क्या कोई पूजा-पाठ होना है?'

मैंने उसका जवाब नहीं दिया। वह दूर निकल गया तो मैंने बूढ़े से कहा—

'आश्चर्य! उसने आपको नहीं देखा!'

'गाँव के किसी आदमी को अब गाँव कहाँ दिखाई पड़ रहा है? वह सिर्फ वहाँ के लोगों को देखता है। सो भी अपने ही चश्मे से।···जानते हो, वह स्वयं अपनी औरत की बीमारी से ऊबकर डीह बाबा को गोहराने आया था। तुम्हें देख लौट गया। घंटा-भर बाद फिर आएगा।···तब यह भूत भी यहाँ नहीं रहेगा।'

'आप अपने को भूत क्यों कहते हैं?'

'जो अलक्षित रहता है वह और है क्या? सच है, मैं अर्थात् गाँव एक भूत हूँ।'

'तो फिर वर्तमान क्या है?'

'सुनना चाहते हो? अच्छा तो सुनो···!'

होली का पवित्र त्योहार है। सारी बस्ती मस्ती में मंदिर पर गा रही है, बजा रही है और रंग ले रही है। बाहर देहली पर मेरे बेटों के जूते पड़े हैं। कितनों का मन फाग से उचटकर जूते पर जुट गया है। बड़ी सावधानी के पश्चात् भी कितनों के नए-पुराने जूते बिना रसीद के मनीआर्डर हो जाते हैं। चोर-साहु की पहचान भी लुप्त हो गई है। 'तसलिया मोर कि तोर' वाली कहानी में छल नहीं रहा। उसमें प्रकट शूरता का एक कुतूहल था। आज ऐसी बात नहीं। कोई चीज बाहर पड़ी है, ऐसा ज्ञात होता है कि उसमें पंख गए और देखते-ही-देखते अंतर्धान हो जाती है। कुएँ पर रस्सी पड़ी है, पानी लेकर घर गए, दूसरी बार लौटकर आए तो देखा कि डोर गायब! इनसान की शक्लों में हैवान गली-गली घूमते हैं। रात-रात-भर घूमते हैं। बाहर से गोटी नहीं बैठी तो भीतर से मूस लेते हैं। कच्ची-पक्की दीवार सेंध लगाकर तोड़ दी जाती है। आप कहेंगे, बात नई क्या हुई? यह तो सदा से देखते आए हैं। हर युग में सेंध लगानेवाले रहे। गाँव तो इसीके लिए बदनाम रहे। तो बस यहीं से मेरा जवाब शुरू हो रहा है। आज बदनाम नहीं, मेरे बेटे सुनाम हो रहे हैं। मेरे भीतर आज पेशेवर चोर पैदा होने लगे हैं। छोटी-मोटी वस्तुओं की बात नहीं,

बैल तक गुम हो जाते हैं। अब तो बालकों को गायब कर मवेशियों की भाँति 'पनहा' लेने की घटनाएँ भी घटने लगीं। पंपिंग सेटों की, ट्रांसफारमर की चोरियों के साथ हत्याओं की बाढ़ आ गई। क्या हो गया मेरे बेटों को! फसलों की चोरी आम बात है। छोटे-छोटे बच्चों तक को चोरियाँ सिखाई जाती हैं। कहते हैं, जमाना ही ऐसा हो गया है। भलेमानुसों की कहीं गुजर नहीं। सचाई और ईमानदारी चाहनेवाले जंगल में जाएँ।

सच है, मेरा सरल, अकलुष, मृदुल, निष्कपट, स्नेहमय और धर्ममय वातावरण शनैः-शनैः कुटिल, कठोर, छल-छद्मपूर्ण और कपट-चातुर्यमय अधार्मिक होता चला जा रहा है। नंगई बेहद बढ़ती चली जा रही है। अनुशासन-शासन उठ गया है। अब मुखिया-चौधरी की शान या साख न रही। डकैतियाँ-चोरियाँ छिपकर नहीं, खुलेआम होती हैं। कोई जबान नहीं खोलता कि कहीं उसी पर न आ बीते! स्वार्थमय बुद्धि हो गई है। चोर, अपकारी, गुंडे और बलवानों, नंगों की तूती बोलती है। सरदारी, रईसी और मानवता को तिलांजलि दे दी गई है। बेईमानदारी की धारा में अधिकांश डुबकी लगाते हैं। भ्रष्टाचारी गाँवों में हाथ-पैर पसारकर दिनदहाड़े अकांड-तांडव करते हैं और समझदार आदमी जबान बंद किए सब देखा करते हैं। इक्कीसवीं शताब्दी ने बर्बरता के अंश नगरों से अधिक गाँवों में बिखेर दिए। शहरों के शिक्षित जन शोषण करते हैं। और देहात के अशिक्षित मानव? वे वहाँ के शिक्षितों पर राज करते हैं। विपरीतता यह है कि ये देहाती किसी-न-किसी प्रकार आपसी झगड़े-फसाद को लेकर उन्हीं शहरवालों के पास पहुँचते हैं। ये आपस में तो लूटमार करते ही हैं, तीसरे के यहाँ पहुँचकर भी बुरी तरह, निर्दयतापूर्वक लूटे जाते हैं। इतने पर भी देखा जाता है कि अभी भी गाँवों के रक्त में पुराने स्नेह और सौहार्द का बीज अवशेष है। शिक्षा के द्वारा उसे विकसित किया जा सकता है। प्रकृति ने उदारता के साथ अपना समस्त-समस्त वैभव वहाँ बिखेर दिया है। उसी प्रकार मानवता के उच्चादर्श भी आसानी से वहाँ पनपने का दिव्य क्षेत्र प्रदान किया है। गाँववालों की बस एक बार आँखें खुल जाएँ। वे अपनी महानता से परिचित हो जाएँ तो पुनः सारी विरोधी प्रवृत्तियों की जड़ कट जाए।

चोरी की ही भाँति नैतिक अवमूल्यन की समस्या है। स्वस्थ संबंधों का आदर्श लुप्त होता जा रहा है। माँ-बाप लोग शादी-ब्याह के ठेकेदार बने हैं। उनके सामने टी.वी., फ्रीज, वी.डी.ओ., वी.सी.आर., स्कूटर, सकल संपदा, तिलक, गहना, परिस्थिति, मर्यादा, दबाव और क्या-क्या वस्तुएँ होती हैं। हारे-थके सामान्य लोग अपनी उच्च शिक्षा प्राप्त लड़कियों का विवाह कभी-कभी गाँव के नव-

धनाढ्य के यहाँ कर देते हैं। परिणाम यह होता है कि नब्बे प्रतिशत व्यापार-विवाह होते हैं। युवक-युवतियों का मानसिक स्तर शिक्षादि के अभाव के कारण भिन्न और निम्न कोटि का होता है। प्रकृति उन्हें सारल्य, मृदुल हास, उल्लास और उमंग की शिक्षा देती है। वे उसका दुरुपयोग कर असमय ही अर्द्धविकसित कली का मसृण कर पूजा योग्य नहीं छोड़ते। हमारे यहाँ विवाह की समस्या इतनी भद्दी, पिछड़ी, मूर्खतापूर्ण और विनाशक तथा अमानवीय है कि आश्चर्य होता है। कभी इसकी प्रतिक्रिया से सारे समाज का विनाश निश्चित है। व्यभिचार की जड़ भी यही है। माता-पिता में इतनी योग्यता नहीं कि उच्च कोटि के चरित्र-निर्माण का आदर्श एवं इस प्रकार की शिक्षाएँ उनके सामने रखें या शिक्षादि द्वारा उनके मानस में जमा दें। देखा जा रहा है, निम्न स्तर के नाच-गान में बाप अपने बेटे को साथ लेकर बैठता है। जब तक बेटे के मुँह से नर्तकी को 'मौसी' नहीं कहलवा देता, उसके पेट का पानी नहीं पचता। बालकों के हाथ से रुपया दिलवाना, गाली दिलवाना, दिल्लगी करवाना ऐसे सांकेतिक और सूक्ष्म निर्देश हैं जो बालकों की मनोवृत्तियों को सदा के लिए मलिन कर देते हैं। कितनी लज्जा और शर्म के साथ सुनना पड़ता है कि नागरिक वार-वनिताओं की तरह ग्रामीण मनचली युवतियाँ भी अर्थ की ओर आकृष्ट होकर शरीर विक्रय करने लगी हैं।

देहात के लोगों ने शहर में जा-जाकर सीखा है क्या? अच्छाई ग्रहण करना कठिन है। अवमूल्यन की ओर जल्दी आदमी अग्रसर होता है। यही दशा गाँवों की है। नैतिक और चारित्रिक गिरावट की पराकाष्ठा यह है कि बहू-बेटियों पर आँख उठाना एक शाबाशी हो गई है। गाँव के बड़े-बूढ़े परंपरावादी खून का घूँट पीकर रह जाते हैं। जिन्होंने पुराने गाँव देखे हैं, वे आज के ऐसे गाँवों को देखकर आठ-आठ आँसू रोते हैं। स्वस्थ आदमी, जिसका शरीर और मन ठीक-ठीक काम करता है, आज चिराग लेकर खोजने पर गाँवों में कठिनाई से मिलेंगे। मन के स्वास्थ्य की आभा शरीर से फूट-फूटकर निकल रही हो, ऐसे नौजवान चश्मा लेकर खोजने पर भी नहीं मिलते। एक तो भोजनादि की न्यूनता के कारण शरीर का पोषण नहीं होता, दूसरे मानसिक विकारजनित चारित्रिक क्षय और भी रोग का विद्रूप खड़ा कर देता है।

कहते हैं मेरे मूर्ख बेटे, कि मवेशियों को, जो एक प्रकार से अनबोलता साधु हैं, जो घास चुराकर खिलाई जाती है जैसे उसका पाप नहीं लगता, उसी प्रकार बड़ी जाति के लोग छोटी जाति की औरतों के साथ जो स्वेच्छाचारिता बरतते हैं, उसका कलुष क्षम्य है। प्राचीनकाल से लेकर इस बीसवीं शताब्दी तक में कितनी पुस्तकें

लिखी गईं, कितना इस विषय पर विचार हुआ, प्रेम तथा वासना की समस्या पर, स्त्री-पुरुषों के अधिकार का प्रश्न लेकर कितने ऊँचे-ऊँचे दरजे के सिद्धांतों का प्रतिपादन हुआ, इसकी सीमा नहीं है। इसी युग में किसानों की इस दुनिया में झाँककर देखते हैं तो लगता है कि कुछ अंश में इसकी झूठी प्रशंसा कर-करके इसकी वास्तविकता को ढकने का प्रयास सदा से होता चला आया है। मानव के विकास की बात तो दूर है, मानव मानव के स्तर पर है ही नहीं। इनका जीवन जंगली भी नहीं है। एक विचित्र घालमेल है। प्रकृति ने इन्हें जितना वैभवशाली बनाया, उतना गौरववान् न होकर ये निज की विभूतियों के लिए अपने को दरिद्र बनाते चले आ रहे हैं।

शहरों में जिस प्रकार डाक्टरों की संख्या दिन दूनी तथा रात चौगुनी बढ़ती चली जा रही है, उसी प्रकार गाँवों में वैद्य तथा ओझा लोगों की। आप सोचते होंगे कि इस युग में जबकि गाँव-गाँव में सरकार अस्पताल खोल रही है, मैं अपने यहाँ ओझा-वैद्य की बात करता हूँ। मगर सच मानें, आज भी ये दोनों सत्य हैं। कभी-कभी तो एक ही व्यक्ति दोनों पदों को सुशोभित करता है। वैद्य रोग की दवा करता है। ओझा-सोखा (दैवज्ञ अथवा प्रेतविद्या विशारद) लोग ऊपर-झापर के लिए तंत्र-मंत्र और यंत्र की व्यवस्था करते हैं। वैद्य के यहाँ से रोगी जल्दी वापस आ जाता है; पर ओझा की शरण में उसे समय लगता है। वहाँ की बात ही कुछ और होती है। देवी-देवताओं की जमघट लगी है। भूत-प्रेत दर्जन-के-दर्जन घेरे पड़े हैं। इन्हींके बीच सुंदरी सुरा-सेवी, अटपटे वेश, अटपटी वाणीवाले ओझा महाराज विराजमान हैं। कहीं-कहीं तो दिन नियत रहता है, जबकि वहाँ भक्तों की भीड़ उमड़ आती है। देहात-भर के गुंडे एकत्र होकर घी-मलीदा खाते हैं। स्वेच्छाचारिणी और अंधविश्वासी स्त्रियाँ पुरुषों की चोरी से अथवा बहाना करके, कभी-कभी उनकी राय से ही उस देवस्थान पर जाती हैं जहाँ भूतों और लफंगों का अखाड़ा जमता है। समझदार लोग अपनी स्त्रियों को रोकते हैं। देहात के बहुत से अशिक्षित गुंडों का तो यही व्यवसाय हो जाता है।

जिसे खेत में मिहनत करना नहीं सुहाता, जो बिना हर्रे फिटकरी के रंग चोखा लाना चाहता है, वह ओझा हो जाता है। यदि कुछ हयावाला हुआ तो वैद्य बन जाता है। वह वैद्य यदि सूट-बूट पहनकर और 'आला' लेकर चलने लगा, चूरन की जगह टेबलेट, कैप्सूल और इंजेक्शन देने लगा तो फिर क्या पूछना! चल गई अच्छी-खासी दुकानदारी! वह नीम हकीम यानी वैद्यजी दवा क्या देते हैं, आशीर्वाद ही समझा जाए। 'लागी तो तीर नाहीं तुक्का'। एक रुपया और सीधा (भोजन की

सामग्री) तो सुरक्षित है ही। यदि सफलता नहीं मिली तो वैद्यजी ने एक सुंदर उपसंहार जड़ दिया। भाग्य का दोष है या देवताओं की टेढ़ी है। रोग एक समस्या हो गई है। बेचारे गाँववाले रेखा नहीं खींच पाते कि कहाँ तक रोग है और कहाँ तक भूत का उपद्रव! रोग भी है कि घटने का नाम नहीं लेते। मर्ज बढ़ता ही गया ज्यों-ज्यों दवा की।

बड़े-बूढ़े बाबा लोग भूतों की लंबी-चौड़ी कहानियाँ कहते हैं। उनके विचित्र-विचित्र, लोमहर्षक कारनामे बयान करते हैं। प्रत्येक डीह, बगीचा, एकांत का बड़ा पेड़, पीपल, झाड़ी, झुरमुट, ताड़, नदी, मुहाना, गली और गाँव का कोट (ऊँचा भाग) किसी-न-किसी महाशक्तिशाली भूत की दास्तान से संबंधित होता है। आजकल शिक्षा-दीक्षा, ज्ञान-विज्ञान, पुस्तकें, समाचार-पत्र, सभ्यता के संपर्क आदि के कारण भूत कम देखने में आते हैं; पर आँखवाले लोगों की कमी नहीं। पहले जहाँ दिनदहाड़े भूत टहलते दृष्टिगोचर होते थे वहाँ आज चिराग लेकर ढूँढ़ने पर भी नहीं दिखाई पड़ते। कहा जाता है कि आज का मानव ही भूत हो गया है, अत: वे मारे डर के छिपे रहते हैं या समाप्त हो गए। जो हो, पर इतना निश्चित-सा है कि बाबा-दादा के युग की अपेक्षा आज भूत कम दिखाई पड़ रहे हैं। इससे यह नहीं समझा जाता कि उनका अस्तित्व ही विलुप्त हो गया। उनका आक्रमण आज भी होता है। कभी-कभी बहुत जोरदार भी होता है। अंतरदृष्टि से उनको देखनेवाले ऐसा कहते हैं।

आश्चर्य है कि ऐसी दिव्यदृष्टिवाले छोटी जाति के वे लोग अधिक हैं जो कभी स्नान भी नहीं करते और गंदगी के औतार ही होते हैं। उनकी राय में प्रत्येक बीमार किसी-न-किसी भूत का शिकार है। प्रत्येक अभागा आदमी किसी-न-किसी ब्रह्म, जिन या देवी का कोपभाजन है। सबको इसका रहस्य थोड़े ज्ञात होगा? इसे तो विशेष लोग ही जानते हैं। ये विशेष लोग पहले सिरे के निठल्ले और बेकार व्यक्ति हैं। बड़े घरों तक की स्त्रियाँ इनका चरणरज सिर-माथे पर लगाकर कृतार्थ हो जाती हैं। ये लोग भूतों को बझाते हैं। ये मदिरा प्रेम से पीते हैं। कभी-कभी तो सभा करके भूत संबंधी बड़े-बड़े मसले तय किए जाते हैं। ये लोग जब भूत पकड़ते हैं तो विचित्र तरीके से किटकिटाते हैं। भयानक शब्द करते हैं। इस युग में यह सब खिलवाड़-सा लगता है। ग्रामीण इसमें रस लेते हैं। लिपटे-चिपटे रहते हैं। कभी-कभी तो वे लोग अद्‌भुत कमाल भी दिखाते हैं। यह मैस्मरेज्म जैसी कोई चीज है। ये साधारण बुद्धिवालों को चक्कर में डालने के लिए विचित्र-विचित्र हथकंडे जानते हैं। गाँवों के ये बेकार ओझा, दैवज्ञ

अथवा भूत मास्टर लोग पैसा गाँठने या अपना उल्लू सीधा करने के लिए मैदान बनाया करते हैं। बढ़-बढ़कर हाथ मारते हैं। मैं, अर्थात् गाँव कितना ऊब गया हूँ! संतोष है कि यह भूत-प्रेतोंवाला गाँव बिदा हो रहा है। मगर, कितने धीरे-धीरे! डरता हूँ, कहीं फिर न जम जाए!

बारह

दुनिया मगरमच्छों की

आप विश्वास करें चाहे नहीं, परंतु यह एक यथार्थ है कि 'गाँव' से नित्य मेरी मुलाकात होती है। वह जीर्ण-शीर्ण वस्त्रों में, नंगे पाँव, बाल बढ़े हुए और अति घिसा-पिटा, आहत, झुका-झुका अपना शरीर लिये एक बूढ़े के रूप में मेरे सामने आता है। गाँव के बारे में मेरी जानकारी को निर्दयतापूर्वक काटता है और पिछड़े हुए अतिहीन, औसत अंतिम ग्रामांचलों की वकालत करता है। मेरी तो बोलती बंद कर देता है और अंत में यह आदेश देना नहीं भूलता है कि इसको लिख लेना।

आज तो विचित्र बात हुई। वह मुझसे पहले वहाँ पहुँच गया था। मैंने देखा, खड़ा-खड़ा बड़बड़ा रहा है—

'नहीं, गाँव के नहीं, वे अपने चक्कर में हैं। ऐसा नहीं होता तो गाँवों में इतने-इतने तरह के मगरमच्छों को क्यों खुला छोड़ देते?...सारी योजनाएँ इन्हींके पेट में, पंचायत राज विधेयक इन्हींके पेट में, जवाहर रोजगार योजना इन्हींके पेट में, एकीकृत योजना इन्हींके पेट में, निर्बल वर्ग से संबंधित सारी योजना का सार-तत्त्व इन्हींके पेट में! बाकी लोग छिलके बटोर संतोष करें!...लेखक, आता है तो कहता हूँ। लेकिन आता क्या है, वह तो मेरे पीछे खड़ा है। आगे आने की हिम्मत नहीं है?'

उसने घूमकर कहा। मैंने कहा, 'हिम्मत तो खूब थी; परंतु अब हिम्मत टूट रही है। आप गाँव हो कि एकदम अबूझ होते जा रहे हो!...वह मगरमच्छों की क्या शिकायत चल रही थी?'

'शिकायत कि वह एक असलियत थी। बैठो तो मन की पीड़ा कहूँ।'

इसके बाद बूढ़ा दहकने लगा और मैं फिर एक समर्पित श्रोता बन गया। वह कह रहा था—

मैं कि गाँव, उर्फ भारत की आत्मा, रोऊँ कि हँसूँ? मैं क्या हो गया देखते-देखते? जल्दी से शहर भी पूरी तरह क्यों नहीं हो जाता? बुरा हो मेरे बेटों के व्यवसाय का! वह उसे 'शहरी' नहीं होने देता और न होने देगा।

सो, व्यवसाय का प्रभाव जीवन पर पड़ा। मेरे बेटों का व्यवसाय ऐसा पवित्र और प्रकृति आश्रित सरल-सरस है कि सहज ही उससे भोलेपन की आशा की जाती है। किसान था कभी निपट शुद्ध हृदय का निर्मल चरित्रवाला। संसार की अखिल सिधाई और सरलता का आदर्श। आज समय के झटके ने किसान के व्यक्तित्व को कमल-सा नहीं रहने दिया। उसे लगभग विकास का कूड़ा बना दिया। मेरा बेटा क्रूर और काँइयाँ होने लगा। जमाने की गति में गति मिलाकर चलने लगा। यही न जीना है? निराशा यह देखकर होती है कि उसके हाथ अभिशाप ही लगे। वरदान प्राप्त करने में वह सर्वथा असमर्थ रहा। विद्या-बुद्धि, आविष्कार, प्रकाश और स्वराज्य सहित लोकतंत्र की जो लहर इस छोर से उस छोर तक उमड़ रही है, मेरा बेटा किसान उससे कुल मिलाकर अपरिचित है। विज्ञान ने इस जड़ जगत् के रहस्यों का कच्चा चिट्ठा खोलकर रख दिया। अंधकार के ऊपर प्रकाश की अभूतपूर्व विजय हुई। किंतु मेरे अंतिम गाँव के किसान का इन सबसे कुछ मतलब नहीं। एक तरफ बुरी तरह अपनी पुरानी रूढ़ियों की अस्थियों से चिपटा है, दूसरी तरफ पागल कुत्तों की नाईं दूसरों को देखकर गुर्राता है। विकास की दृष्टि से वह वास्तव में तनिक आगे नहीं बढ़ पाया है। कहना असत्य न होगा कि वह बड़ी तीव्रता से सामाजिक क्षेत्र में पीछे की ओर गया है। आँख होते हुए अंधे, कान होते हुए बहरे, पैर होते हुए गतिशून्य, हाथ रहते हुए निष्क्रिय और बुद्धि रहते हुए मूर्ख मानव इस युग में इतनी अधिक संख्या में भेड़-बकरी की तरह और कहाँ मिलेंगे? आप मुझे टोकिए। कहिए, गाँव महाराज, आप गलत कह रहे हैं और फिर हाथ सीने पर रखकर सोचिए, अपने ही चारों ओर देखिए। नमूने के कुछ सड़क पर बसे गाँवों को विकसित कर क्या होगा? नमूने का स्वर्ग तो शहरों में पहले से ही मौजूद है। उससे गाँव को क्या?

आज भी मेरी दुनिया में आधे से अधिक परिवार ऐसे मिलेंगे जहाँ बालकों को स्कूल में भेजना उनका जीवन बरबाद करना समझा जाता है। सुदूर देहात के छोटे-छोटे गाँवों में चतुर्दिक् मूर्खता का वातावरण छाया है। गाँव के मेधावी और प्रतिभासंपन्न बालक स्कूल में सड़ रहे हैं। अनेक कारणवश उंनकी शिक्षा पूरी नहीं हो पाती। ये ही कालांतर में गाँव के अधकचरे नेता होते हैं। दो को लड़ाकर तमाशा देखना, लूटपाटकर खाना इनका प्रमुख धंधा हो जाता है।

यहाँ शारीरिक शक्ति चोरी, अपहरण और जिसकी लाठी उसकी भैंस को, सौंदर्य व्यभिचार को, धन मुकदमेबाजी को और शिक्षा बेकारी, गुंडई-नंगई तथा नेतागिरी को प्रोत्साहन देती है। उसी प्रकार उद्योग की कमी चौर्य मनोवृत्ति को तथा

प्रतिभा और बुद्धिमानी मुकदमेबाजी को प्रेरणा देती है। इस कथन का तात्पर्य यह नहीं कि आज जो कुछ गाँवों में है, यही है। हाँ, गति इन्हीं दिशाओं में है और दिशाएँ भविष्यहीन हैं।

सदा से नहीं, यह विनाशक क्षय कुछ ही दशकों से प्रबल हो उठा है। स्वराज्य से दस-पंद्रह वर्ष बाद के गाँवों में और आज के गाँवों में अंतर पड़ गया है। स्वराज्य के बाद विकास के प्रति जो आशा जगी थी, वह गलत दिशा में मुड़ गई। राजनीति की अंधेरगर्दी छा गई। महायुद्ध के पश्चात् जिस गति से संसार में राजनीतिक उथल-पुथल हुई और विश्व नैतिकता में दरार पड़ने लगी, उसी प्रकार हमारे गाँवों में भी सूक्ष्म रूप से ध्वंस-लीला का श्रीगणेश हो गया। तब मेरा बेटा पुराने तरीके से जीवन बिताने के लिए बाध्य था। अब नवीन जीवन और नई कृषि प्रणाली ने उसे सर्वथा अशांत बना दिया है। पुरानी पद्धति में एक रस, एक सचाई, एक सिधाई और एक शांति थी। ऐसी शांति, जो नागरिकों के लिए अनुकरणीय थी। आज का किसान वह मूलधन गँवा बैठा है।

राजनीतिक रंगमंच पर कूटनीतिज्ञ, शांतिभक्षी और नर-पिशाचों के अवतरण के साथ ही गाँवों का सुदूर ऐकांतिक वातावरण भी घनघोर स्वार्थजन्य छीना-झपटी के घुटनशील राजनीतिक वायुमंडल से आच्छादित हो गया। राजनीतिक वातावरण की संहारकारिणी मनोवृत्ति की काली छाया किसान के स्वप्न-जगत् पर पड़ गई। अवस्था इस हद तक बिगड़ी कि प्रत्येक गाँव में उपरफट्टूजन उछलने लगे। ये दूसरों के मँड़वे में नाचनेवाले, ये बहती दरिया में हाथ धोनेवाले, ये कंपा लेकर, लासा लेकर बन-बन घूमनेवाले, धोखाधड़ी और मिथ्याचार जिनकी जीविका है, असत्य-सफेद झूठ और सब्जबाग ही जिनका धर्म है, क्षितिज के एक छोर को दूसरे छोर से बाँधने लगे, धराशायी शव पर पैशाचिक अट्टहास जिनका मनोरंजन है, आमोद-प्रमोद है, युद्ध जिनकी क्रीड़ास्थली और संहार जिनका प्रिय व्यसन है, ऐसे निशाचर बड़ी-बड़ी बातें बनाने लगे। भोलेभाले मेरे बेटे किसानों की दुनिया को ये लोग विषाक्त कर रहे हैं। बेशक, यह दुनिया बिगड़ गई है। बहुत मुश्किल है सुधार। किसान में बुराइयाँ बसने लगी हैं।

मेरा बेटा किसान कम-से-कम अपनी एक बुराई छोड़ दे। यानी वह दूसरे को देखकर जलना छोड़ दे तो शायद वह अभी भी स्वर्ग सुख का नैसर्गिक भागीदार है। वह धरती और आकाश का मालिक है। वह सोने के देश का निवासी है। सूरज-चाँद उसे रोशनी देते हैं। प्रातः-संध्या उसे प्रकृति के रंगों में सराबोर कर देती है। आज भी हरी-हरी घासों पर नित्य हीरा-मोती न्योछावर होते हैं।

उसकी विभूतियों से संसार भाग्यशाली है। उसकी महानता के ये सब एक तरफ जन्मसिद्ध प्रकरण हैं। दूसरी तरफ इन सबको वह दुर्भाग्य की एक ठोकर से विचूर्ण कर रहा है। अज्ञान, स्वार्थपरता और परद्रोह के कारण लघुता के उपकरण ही उसके हाथ लगते हैं।

वह 'स्वयं' की भलाई सोचता है, यहाँ तक तो सही है। किंतु यह आकांक्षा दूसरे की बुराई की भित्ति पर आधारित होती है, यही शोचनीय है। इतिहास साक्षी है कि दूसरे की भलाई ही अपनी उन्नति का पथ निकालती है। इस सत्य को किसान ने भुला दिया है। कभी-कभी वह जहाँ तक बन पड़ता है, दूसरे के काम को बिगाड़ने का यत्न करता है।

सुनते हैं, कभी बरसात में किसी गाँव के निवासी भूखों मरने लगे। इस दशा से द्रवित होकर वहाँ के किसी संपन्न किसान ने अपनी बखार (खत्ती) खोल दी। सारा अन्न बिना रोक-टोक और हिसाब-किताब के वितरित कर दिया गया। आदर्श किसान के कर्तव्य का पालन हुआ। आज यह कहानी है। भुखमरी की स्थिति पीछा नहीं छोड़ती है। संपन्न लोग घी के चिराग जलाते हैं और दरिद्रों की कंगाली उनके दोनों हाथों में लड्डू थमा देती है। यों दरिद्रों के लिए उनकी तिजोरी आज भी खुली है; पर दुर्दैव के सताए निरीहों के सर्वस्वापहरण के लिए खुली इस तिजोरी और उस बखार में महान् अंतर है। पट्टा, सरखत, दस्तावेज, रेहन, कवाला और न जाने क्या-क्या झमेला है; जो कानून के जबड़े को खोल देता है। पाई-पाई का हिसाब है, सूद-ब्याज का मायाजाल है, सुरसा-सा लोभ है और हैं अगणित विषदंत, लाइसेंसशुदा!

अब मैं, अर्थात् गाँव, अपने उस दुर्भाग्य की दास्तान का क्या बयान करूँ कि मेरी अभागी बस्ती में कुछ लोग ऐसे होते हैं जो जल्दी से धनी हो जाना चाहते हैं। इसके लिए अपने उद्योग की कमी को दूसरे के धंधे को नष्ट करके पूरा कर लेते हैं। कुछ ऐसे होते हैं जो अपने को गाँव में एक (अकेला) देखना चाहते हैं, चाहे किसी भी क्षेत्र में। ये वे लोग हैं जो दूसरे के सिर का विच्छेद कर देना ही अपने सिरोन्नत का साधन समझते हैं। ये लोग दैवी दृष्टि से सबको तौलते हैं। सबकी नाड़ी पर सदा उँगली रखते हैं। बड़ी शांति से अपना जाल फैलाते रहते हैं। बड़े कौशल से दो उन्नतिकामियों का सिर टकराकर उनकी शक्ति का क्षय कर देते हैं। शत्रु बनकर नहीं, ये मित्र बनकर प्रतिस्पर्द्धी का विनाश करते हैं। ये एक तरफ नवधनाढ्य घुरहू से बाबू साहब का खेत उखड़वा लेते हैं, दूसरी तरफ बाबू साहब से घुरहू पर फौजदारी करवा देते हैं। लक्ष्य घुरहू नहीं होते हैं, उसके ठाकुर होते हैं;

जो अपने आदमी लिये मैदान में आ ही जाएँगे। इस प्रकार गाँव के दो मोटे लोग लड़ गए और लड़ानेवाला तमाशा देख रहा है।

ईर्ष्या-द्वेष के शतरंज में हमारे यहाँ आग की चाल चली जाती है। जो एक बार आग में जल जाता है, वह पूरा-पूरा इसका माहिर हो जाता है। वह इस कला में दक्ष होकर दूसरों पर प्रयोग करता है। इस प्रकार क्रम चलता रहता है और परस्पर गुत्थम-गुत्थी, वैर-विरोध, प्रतिशोध और जलन का मनहूस बवंडर छाया रहता है। हृदय ही कुछ और प्रकार का हो जाता है। सभी लोग एक-दूसरे की गलतियों एवं कमियों को खोल-खोलकर रखने में आनंद का अनुभव करते हैं। कितना भयंकर रोग है यह परचिंता!

जो लोग हाथ-पैर परिश्रम में नहीं लगाते और राजनीतिक तिकड़म तथा राजकाजी मकड़जाल भी नहीं जानते, ऐसे कुछ महत्त्वाकांक्षी ग्रामीण चोर हो जाते हैं। बस इन्हें दिन से अधिक रात में दिखाई देने लगता है। इनसे बड़े-बड़े लोग थर्राते हैं। इनकी जमात रात के अँधेरे में माल सूँघती फिरती है। कुछ जमानेसाज लोग अपनी धाक जमाने के लिए इनकी पीठ पर हो जाते हैं। ये उनके हथियार हो जाते हैं। केवल प्रतिशोध के लिए नहीं, जीविका रूप में भी इस तस्करवृत्ति को अपनानेवाले जन हैं। कुछ अपनी आदत से लाचार होते हैं। खाने-पहनने की कमी नहीं; पर संग-सोहबत के प्रभाव में चोरी जैसा कुकृत्य करते हैं। कुछ तो इसमें बहादुरी जैसी चीज देखने लगते हैं। गाँवों में चोरी की क्रिया घास की चोरी से प्रारंभ होती है और इसकी अंतिम सीमा होती है बैल की चोरी। मेरी बकवास पर आप घबराए तो नहीं न? नहीं, घबराइए नहीं, ऊबिए नहीं, मेरी उपन्यास-महागाथा सुनिए। यह किसान-गाथा या गाँव-गाथा औरों को सुनाइए।

यह दुर्मति कि मिहनत न करनी पड़े और खाएँ-पिएँ मौज करें, मेरे गँवई-पुत्रों को कहाँ ले जा रही है? एक तो युग-युग की उपेक्षित, विकासपथ से सर्वथा भ्रष्ट, नवोदित—वैज्ञानिक—विकास अरुणिमा से अपरिचित गाँव की जिंदगी ही सड़ गई थी, दूसरे निठल्लों की भीड़भाड़ ने उसे और अधिक गंदा कर दिया। हरित क्रांति से भी कहाँ व्यापक बदलाव आया? उद्योगों के लिए मुक्तहस्त धन-दान करती सरकार भी कहाँ जड़ता तोड़ सकी है? भरपेट या आधा पेट खाकर, कभी-कभी उपवास करके, इधर-उधर बैठकर, लंबी-लंबी बातें बनाकर, जिस-तिस की निंदा करके ये जीव अपने मिनट, घंटे, दिन, महीने, वर्ष और एक लंबी आयु काट देते हैं। रोजी-रोटी की समस्या और महँगाई की चाबुक जरूर कुछ पनपनाहट उत्पन्न कर रही है; परंतु मूढ़ता की मोटी चमड़ी पर कहाँ असर हो रहा है! इस

मूढ़ता का इलाज तो हो नहीं रहा है। यह भी कम महत्त्व की बात नहीं कि ऐसे मूढ़ जन गाँव के मशहूर झगड़ों के मूल में होते हैं। ये न तो अपने जीवन के प्रति असंतोष व्यक्त करते हैं और न उसमें किसी प्रकार का संशोधन चाहते हैं। इन्हें शिक्षा देना टेढ़ी खीर है। क्योंकि कभी-कभी ये उच्च शिक्षा प्राप्त बेकार गँवार होते हैं तथा इनकी चाल-ढाल देश के कर्णधारों जैसी होती है। ये नंगे होते हैं। ये जो न कर दें, थोड़ा होता है। जैसे इनके आगे नाथ न पीछे पगहा होता है। सज्जन इन्हें तरह देते हैं, इनसे बचकर रहते हैं। किसी-किसी गाँव में इन्हें सरदार, नंबरदार; नहीं नेताजी की उपाधि मिल जाती है। प्रत्येक गाँव में ये मिलेंगे। भारत के लाखों सतह के गाँवों में, जहाँ अब भी शिक्षा नहीं के बराबर है, जहाँ रात-ही-रात रहती है, दिन होता ही नहीं है, वे नेताजी धूमकेतु-से उगे रहते हैं। कभी समय था कि किसानों के देश में 'बेकारी' सौभाग्य का लक्षण समझी जाती थी। आज भी गाँव के आधुनिक श्रीमान् जन इस सौभाग्य से वंचित नहीं।

एक पुरानी कहावत है कि बेकार से बेगार भली। सो ये भलेमानुस बेगार करने लायक भी नहीं होते। पहले कभी-कभी बड़े किसान परिवार का कोई बिगड़ा सदस्य उमड़ता था तो कलकत्ते आदि की किसी मिल में जाकर भाग्य की आजमाइश करता था। व्यापार करने के लिए नहीं, नौकरी नयन में नाचती थी। वह अपने अमूल्य स्वास्थ्य से हाथ धोकर, बड़े साहबों की चाटुकारी कर चार पैसा पैदा करता और घर आने पर रंग-बिरंगे सामान, नारियल बनिआइन, फल, मसाला आदि-आदि लाकर परिवार का कृपापात्र बनने के साथ अपनी पृथक् सत्ता जमा लेता है। यदि ऐसा नहीं हुआ, नौकरी के कठिन एवं असह्य नियमित श्रम-भार को अपने आलसी स्वभाव के कारण नहीं उठा पाता है तो सदा के लिए नौकरी से कान ऐंठकर घर में दाखिल हो जाता है और ताने सहकर भी सूखी रोटियाँ तोड़नेवालों में भरती हो जाता है। परिवार में खपत हो जाती। यहाँ काम का वैसा कठोर आग्रह होता नहीं। फिर खेती-गृहस्थी का काम भी नौकरी से भिन्न है। इसे कैसे भी किया जाए तो होता रहता है। उसमें अंतर क्या पड़ता है? जी चुरानेवाले, श्रम से भड़कनेवाले भी खेती करा लेते हैं। यह दूसरी बात है कि उन्हें खाने-भर भी पैदावार नहीं मिलती। परंतु अब पहले जैसी स्थिति नहीं है। घर की खेती से भागनेवाले लोग बाहर नौकरी भी पाने लायक [illegible] हे। तब क्या करें? शुरू करें यहीं कोई धंधा। नेतागिरी का धंधा, दलाल[illegible] हिरोइन का धंधा, गुंडई का धंधा! लाइन मिल गई तो गाड़ी चल निकली!...बस, आज इतना ही। इसे घर जा[illegible] लिख डालना।

लोग तो वही रहेंगे

आज मैं जरा देर से डीह बाबा के स्थान पर पहुँचा। जवाहर योजना में एक पुल गाँव के बाहर निकलने के लिए बन रहा है। उसका उद्‌घाटन करने क्षेत्रीय विधायकजी आए। उनके सम्मान में सभा हुई। भाषण में उन्होंने बताया कि अब ऐसा प्रावधान किया जाएगा कि राजस्व से प्राप्त धनराशि गाँव पंचायत को उपलब्ध हो जाए। इससे पंचायतें आत्मनिर्भर होकर ग्राम सुधार की योजनाएँ चला सकेंगी। इसके अतिरिक्त ग्राम ऋण की योजनाएँ भी चालू होंगी। हर गाँव में टेलीफोन लग जाएगा। प्राथमिक चिकित्सा केंद्र और कन्या पाठशाला आदि भी गाँव-गाँव में अब चालू हालत में दीख सकेंगी। दस हजार तक की कृषि-ऋण माफी होगी। गरीबी रेखा के आसपासवाले लोगों की किस्मत बदलेगी। इत्यादि-इत्यादि।

मैं उनके भाषणवाले शब्दों में डूबा चला आ रहा था। मन में बात उठती थी कि सचमुच यदि गाँव का राजस्व गाँव में रह जाए और गाँव के लोग उससे अपना नवनिर्माण करने में जुट जाएँ तो कितना अच्छा होगा!

'आप सोचते तो ठीक हैं; परंतु लोग तो वही रहेंगे!' मैं अभी दस-पंद्रह गज दूर ही था कि उस बूढ़े गाँव की आवाज सुनाई पड़ी। मैं चौंक उठा। पास जाकर बोला, 'अरे तो, क्या आप अंतर्यामी हैं? सचमुच मेरा सोच इसी बिंदु पर पहुँचा और बात मन में आई थी कि योजना को कार्यान्वित करनेवाले लोग नहीं बदले तो क्या होगा? फिर गाँव के लोगों के मन को बदलने के लिए क्या होता है?'

'कुछ नहीं होता है,' बूढ़े ने कहा, 'वही सड़ी मानसिकता लेकर वे योजनाओं में हाथ लगाते हैं और मामला सारा लूटपाट और जालसाजी से भरा होकर रह जाता है। सरकारी मशीनरी इस काम में उनका पथ-प्रदर्शन करती है।'

'तो अंततः आप क्या सोचते हैं? कौन-सी तजबीज गाँव को सुंदर-सुखद बनाने के लिए सामने रखेंगे?' मैंने कहा।

'मैं सड़ा-गला गाँव भला क्या सोचूँगा? मैं तो केवल रोऊँगा। रोना भी शायद एक योजना है। उसका भी असर होता है। आप पर भी हो रहा है। आप अब हमारी लाइन पर सोचने लगे हैं। तो मैं आज भी कुछ रो लूँ। आप सुने चलें—'

मैं अभागा गाँव अब आगिल कथा का सुनाऊँ?

दूर के ढोल सुहावने होते हैं। काम-धंधे के नाम पर मेरे बेटे शहरों की ओर दौड़ते हैं। क्लर्की भी मिल जाती है तो अहोभाग्य समझते हैं। ये मिल की मशीनों

में नौकरी करते पिस जाएँ संभव है; किंतु अपनी खेती सँवारने में नहीं जुटेंगे। एक कोइरी के पास दो बीघे खेत है। उसके परिवार में दस सदस्य हैं। वह सुखपूर्वक खाता-पीता है। उसके सदस्य रात-दिन अभ्यास के अनुसार श्रम करते रहते हैं। नई खेती उन्हें सोना प्रदान करती है। एक बाबू वर्ग के परिवार में इक्कीस सदस्य हैं, और साठ-सत्तर बीघे खेत है। श्रम का अभाव है, अत: फटेहाल रहते हैं। पढ़े-लिखे जवान लड़के नौकरी खोजते फिरते हैं। उनके हाथ में श्रम का वह पारस पत्थर नहीं जो मिट्टी को छू दे तो सोना हो जाए। उनके लिए वह मात्र मिट्टी है। क्यों नहीं, मिट्टी की तो घोषणा है, 'तुम मुझे छू दो, मैं सोना हो जाऊँगी।'

यह इक्कीस सदस्योंवाला परिवार—जिसमें ग्यारह स्त्रियाँ हैं—नब्बे प्रतिशत बेकार लोगों का है। सर्वाधिक बेकार स्त्रियाँ हैं। बड़े घर की औरतें यदि उपले तैयार कर लें (यह छूट भी बड़ी-बूढ़ियों के लिए है) तो यही बहुत है! तीन बच्चे हैं। दो किशोर हैं। चार जवान और एक वृद्ध महाशय हैं। ये बूढ़े बाबा मालिक हैं और भाग्य को रोया करते हैं। अंग्रेजी राज का बखान करते हैं। गाँव में ग्राम सेवक आता है तो पूछते हैं, कोई ऋण वगैरह तो नहीं मिल रहा है? काम करने की शक्ति जाती रही। बैठे-बैठे 'यह नहीं हुओ' करते रहते हैं। चारपाई तोड़ते हैं और चिलम को सदा गरम रखते हैं। चार पढ़े नौजवानों में से एक ने मालिक का पद लेने के लिए अभी से गाँव में घूम-घूमकर प्रैक्टिस शुरू कर दी है। लोग उसे 'नेताजी' कहने लगे हैं। यह तय है कि यह घर का भावी मालिक है तो काम क्या करे? वह परोपकार में, लोगों के मामले-मुकदमे में, बेकारों को नौकरी दिलाने में, ब्लाक पर सिफारिश करने में अपना समय देता है तो फिर अपना काम क्या? उसे करनेवाले तो तीन भाई शेष हैं ही। एक भाई साधु प्रकृति का बैठकबाज है। काम से जी चुराता है। प्रत्यक्षतया भजनभाव का पूरा स्वाँग रचे रहता है। सबको सियाराम कहता है। त्रयोदशी को गंगाजल लाकर शंकर को स्नान कराता है। दोनों एकादशी और सभी उपवासवाले व्रत रहता है। दिन का अधिकांश भाग सत्संग और स्नान-ध्यान में बीत जाता है। संसार को माया कहता है। जब कोई कहता है कि बिना काम किए कैसे पेट भरेगा तो बड़े तपाक से बाबा मलूकदास का 'अजगर करे न चाकरी' वाला दोहा सुना देता है। शेष दो हाईस्कूल, इंटर फेल नौजवान काम करते हैं। जलते-भुनते रहते हैं। बैठकर खानेवाले भाइयों से चिढ़े रहते हैं। मालिक के मरने की प्रतीक्षा करते हैं। तब वे अपना हिस्सा बँटाकर अलग रहने की कामना करते हैं। ऐसे भाँड़ों के बीच मर-मरकर पैदा करें और सब स्वाहा। बच्चों की पढ़ाई ठीक से नहीं हो पाती। खाना-कपड़ा काम चलाने-भर को भी पर्याप्त मुअस्सर नहीं होता। ऋण

बढ़ता जाता है। खेत के बीचवाले कुछ अंक ऋण के दाँव पर रख दिए जाते हैं और प्रतिवर्ष बढ़ते चले जाते हैं। आखिर हो भी दूसरा क्या? दो कमानेवाले और उन्नीस मुँह खानेवाले। ऐसी ही अथवा इसीसे मिलती-जुलती परिस्थितियाँ सर्वत्र पाते हैं।

हमारे बेटों की परंपरा यही है और इतने दिनों तक ऐसे ही काम चला है। कभी बाप-दादों ने अपने साथ स्त्रियों को न तो पढ़ाया-लिखाया और न काम में खटाया। घर में, गाँव में सदा से ऐसे लोग होते चले आए हैं जो अपनी मस्ती के सामने काम को कुछ नहीं समझते। बड़े-बूढ़े सदा से आराम करते हैं। अब क्यों सब लोग दिन-रात हाय-तौबा मचावें? पारिवारिक जीवन का यही आनंद है। एक कर्मठ व्यक्ति दस मुँह की लाली रख लेता है। औरतें तो युग-युग की बनी गृहस्वामिनी और लक्ष्मी हैं। उन्हें बाहर निकालकर मजदूर जैसे काम कराकर कौन-सा धन खड़ा होगा? सभी औरतें इंदिरा गांधी तो हो नहीं सकतीं!

वह व्यक्ति जो पुरानी रूढ़ियों से बेतरह चिपटा है, वह ऐसे प्रश्नों के मायाजाल में उलझ-उलझ जाएगा। उसे क्या पता कि प्राचीन युग अपनी केंचुली उतारकर कभी का फेंक चुका है। तब यहाँ थोड़े में निर्वाह होता था और आज 'बहुत' चाहिए। पीपल-पाकड़ का गोदा (फल), गुल्लर का फल या सागपात खाकर गुजर करनेवाला युग लद गया। आज व्यक्ति पूर्णतया अन्न पर अवलंबित हो गया है। आज उसे विविध प्रकार के वस्त्र चाहिए। उसे और भी बहुत कुछ चाहिए। टी.वी. चाहिए, स्कूटर चाहिए, फ्रिज चाहिए। सूती नहीं, टेरीकाट और पोलिएस्टर के मूल्यवान् कपड़े चाहिए।

वह युग भी न रहा जब घर की कपास, घर का सूत और घर का जुलाहा एक टका (दो पैसा) प्रति गज बुनाई लेकर जीवनोपयोगी वस्त्र तैयार कर देता था। इस चकाचौंध युग में दीपक के नीचे बैठे-बैठे वह कब तक नहीं उकताए? तात्पर्य यह कि हम उस पुराने युग से बहुत आगे आ गए। हमारी आवश्यकताएँ बढ़ गईं। हमारी इच्छाएँ बढ़ गईं। अत: हमें अपने श्रम में भी वृद्धि करनी चाहिए। ऐसा नहीं करेंगे तो भूखों मरेंगे। रही स्त्रियों की बात। उन्हें घर के घेरे से निकलना ही पड़ेगा। नगरों-महानगरों में तो वे निकल चुकी हैं, परंपरावादी गाँवों पर धक्के लग रहे हैं। कब तक उन्हें दुनिया से दूर पिंजरे में बलात् बंद रखा जाएगा? यदि बाहर मजदूर की भाँति काम न भी करें तो उनके विशेष गृह-धंधे हैं। वे भी तो आज बंद हैं। आज तो कठिनाई से वे खाना बनाती हैं। बच्चा पैदा करती हैं और कामधाम के नाम पर कलह करती हैं या तीर्थ करती हैं। अवश्य ही यहाँ बात उन गिनी-चुनी सौभाग्यशालिनी कुलवधुओं की नहीं हो रही है, जिनके श्रम और जिनकी प्रबंध

चातुरी से घर स्वर्ग बना रहता है।

श्रम की सीमा में तो ऐसा अंधेर है, अब खेल का राज्य देखें। सबसे ऊँचे आसन पर क्रिकेट है। यह गाँव-गाँव में पहुँच गया है। पूरे नियम से नहीं तो ग्रामीण उपकरणों से उसका ग्रामीकरण करके ही सही! यह तो निर्विवाद सत्य है कि खेल चाहे वह शारीरिक हो, चाहे मानसिक, मानव जीवन को स्वस्थ, प्रसन्न और सुखमय बनाने का प्रमुख प्रसाधन है। गाँववाले इससे अपरिचित न थे। लेकिन आज वे परंपरागत खेल हवा हो गए! जिस प्रकार वे शारीरिक खेल में प्रवाह होते थे उसी प्रकार मानसिक खेल में भी। उनका मानसिक खेल भी था एकदम मौलिक और उनके वातावरण से मिलता-जुलता। हल चल रहा है। झुंड-के-झुंड गाय-भैंसें चरागाह में विचर रही हैं। अथवा फसल की रखवाली हो रही है। ऐसे समय खेत की मेंड़ पर, टीले पर अथवा किसी वृक्ष की घनी सुशीतल छाया के नीचे बैठकर किसान 'सूत परेता', 'सुइया', 'गोटी' और अनगिन प्रकार के खेल रचता है। सामान कुछ नहीं, इतने संक्षिप्त कि जहाँ चाहें, तत्काल मिल जाएँ। कंकड़-ठीकरे और मिट्‌टी के ढेर ही सही। खेल के बाद उसे ले भी कहीं नहीं जाना है। वहीं फेंक दिया। दाम न कौड़ी, मुफ्त का मनोरंजन। जमीन पर आड़ी-तिरछी-वर्गाकार-त्रिभुजाकार रेखाओं से खाने बनाकर गोटियों की मार होती है। छत्तीस गोटी बैठती, उस खेल का नाम 'छत्तीसी' और बत्तीस गोठी बैठती, उस खेल का नाम 'बत्तीसी'। काम में हर्ज नहीं होता। आनंदपूर्वक प्रकृति के उपकरणों से उसीके बीच रचाए जानेवाले खेल अवश्य ही पेड़-पौधों की तरह किसान के मन को हरा-भरा रखने में समर्थ हैं। यही नहीं, शाम को बड़े-बूढ़े बालकों से विविध प्रकार की पहेलियाँ, बुझौवलें और बैठाव पूछते हैं। वे भी मानसिक खेल हैं। ये उदाहरण रूप में रखे गए हैं। इस प्रकार के खेल भिन्न-भिन्न प्रकार से खेले जाते रहे हैं और किसान तथा उसके बच्चे आनंदित होते रहे हैं।

नए युग में मेरे बेटों की दुनिया में नए-नए खेलों का शुभागमन हुआ। फलस्वरूप बेकार बंधुओं की 'नई-नई' सृष्टि हुई। नए-नए ढंग की बैठकियाँ जमने लगीं। ये बैठकियाँ ताश क्लब तथा चौसर या शतरंज क्लब से कम नहीं। ग्रामीणों की कृपा से अन्यान्य अंग्रेजी खेल, विविध नामवाले आए। अंग्रेजी नाम को अपनी भाषा के साँचे में ढालकर ग्रामीणों ने एक छाप अपनी भी लगा दी। एक ताश के खेल का नाम है 'ट्‌वेंटी नाइन'। इसको गाँववाले 'टुनटुन' कहने लगे। जुआ पुराना खेल है। उसके लिए पौराणिक आधार भी है। कई त्योहारों, विशेषकर दीपावली के अवसर पर उसका शास्त्रीय विधान है। ऐसी दशा में यह खेल जमकर

जमे तो क्या अचरज? गहरी बरबादी इसीसे होती है। चौबीस घंटे में कोई हजारों रुपए का स्वामी है। आज शाम को जिसे भोजन की तलाश में भटकते देखा, कल सवेरे घर दावतें दे रहा है। पासा पलट गया। भाग्य का सितारा अचानक बुलंदी पर चमचमाने लगा। लेकिन कहाँ अंतिम विजय किसीकी होती है? सभी तो जुए के खेल में अंततः हारते ही हैं।

कितना अधर्मकारी आदर्श है! एक आदमी दम तोड़कर श्रम करता है। जीवन-भर में एक हजार रुपया इकट्ठे उसकी हथेली पर नहीं आता। घी का स्वाद जानने के लिए मरते समय तक सुयोग नहीं आते। रजाई ओढ़कर जाड़े में सोने में क्या मजा है, इसने इस जन्म में नहीं जाना। उधर कोई एक ही दाँव पर आनन-फानन में हजारों का वारा-न्यारा करके दस के बीच दहचंद्र बना फूला-फूला घूमता है। वस्त्राभूषण सजाता है और तर माल काटता है। यह सब क्या है? क्या सचमुच भाग्य का खेल है? आधार तो लोग इसी न दिखाई देनेवाली वस्तु को बनाते हैं। फिर क्यों न दूसरों को लोभ हो कि हम भी एक बार भाग्य की आजमाइश करें? यह एक बार का चखा एक प्याला नशे का वह आकर्षण पैदा करता है जो जन्म-भर साथ लगा रहता है। इसकी विनाशक बेहोशी कभी सुपथ पर नहीं आने देती। जिसे एक बार इसका चस्का लगा, बस उसका सारा जीवन चौपट समझना चाहिए। वही पासा, वही दाँव, वही रुपया, वही भाग्यशाली वर्णविहीन श्री की सम्मोहक कल्पना सारे जीवन में स्वप्न की तरह छा जाती है। वैभव की मोटी गद्दी पर बैठे भाग्यवानों की बात दूसरी है। मेरे गरीब बेटों के लिए यह रोग है। यहाँ श्रम की महत्ता है। जिसकी आँखों में दिन-रात चाँद-सितारे नाचते रहते हैं वह कभी परिश्रम में भला जुट सकता है? कदापि नहीं। अपना ही जीवन नहीं, समस्त मानवता की जीवन-रक्षा जिन बेटों पर निर्भर है, उनका उद्योगहीन जीवन कितना अभिशप्त!

कुछ आज ही नहीं, बहुत दिनों का इतिहास है कि ताश-चौपड़ की सत्यानासी क्रीड़ा ने गाँवों को चौपट कर दिया। एक बाबू साहब चौपड़ पर बैठे हैं। उन्हींके समवयस्क चार और आदमी हैं। शेष में चार-पाँच नवयुवक हैं और तीन-चार बच्चे हैं। चार व्यक्ति खेल रहे हैं और शेष तमाशा देख रहे हैं। कभी-कभी गोटी चलने के विषय में ये भी अपनी सम्मति प्रदान करने से नहीं चूकते, कभी किसीका पासा पड़ने पर दाद देते हैं। कभी 'छः दाना', 'पौ बारह' आदि-आदि कहकर स्वरों का जमघट लगा देते हैं। आश्चर्य की बात है कि वे छोटे-छोटे बच्चे, जो प्राइमरी स्कूलों में पढ़ते हैं, पासा पड़ना और गोटी की चाल जान गए। संग का प्रभाव पड़ता ही है। बाबू साहब इस दल के नेता हैं। उन बालकों और युवकों पर बहुत प्रसन्न

रहते हैं जो खेल के समय हाजिर रहते हैं। अथवा दाव का हो-हल्ला करते हैं। यह खेल सायंकाल तीन बजे नियमित रूप से बैठ जाता है। कभी-कभी सवेरे बैठ जाता है। 'एक बाजी और' करते-करते संध्या हो जाती है।

उधर गोटी की मार हो रही है, इधर बैल खूँटे पर चक्कर काट रहा है। पानी नहीं पिलाया है। चारे के दर्शन नहीं हुए। बेचारा छटपटा रहा है। मालिक उधर बाजी पर बाजी मार रहे हैं। उनका पासा पलट रहा है। घर में भोजन का ठिकाना नहीं, बाहर आनंद का राज्य है। ऐसा आनंद जो उद्योग करना, हाथ से श्रम का भार उठाना गवारा नहीं करता। बड़े आदमी हैं। पुरखे काफी नामवाले थे। अब भी लोग आदरसूचक शब्द नाम के पहले जोड़कर बुलाते हैं। लड़कों और युवकों में अपने इस निठल्लेपन का मीठा विष बो रहे हैं। इस संघर्ष के, कशमकश के युग में, जिसमें रोटी के लिए मानवता दमतोड़ परिश्रम करने जा रही है, ये दरिद्र रईस दिन-भर बैठे-बैठे अपना अमूल्य समय तो बरबाद करते ही हैं, औरों को भी यही पाठ पढ़ा रहे हैं। ये खेत की ओर तो झाँकने भी नहीं जाते। कहते हैं कि खेत अपना मयार, प्रेमी और स्वामी खोजते हैं। जब वे नहीं आते तो शाप देते हैं। फसल नहीं देते। दिन-भर ताश-चौपड़ पर जमे रहनेवाले के खेत रोते हैं। एक ही डाँड़ पर मेरे उद्योगी बेटों के खेत हँस रहे हैं, लहरा रहे हैं, सोना उगल रहे हैं और उसीके पार्श्व में यह उस अभागे का खेत! घोर दारिद्र्य के क्रूर व्यंग्य की तरह, दुर्भाग्य की साक्षात् प्रतिमा की तरह, अपने वक्षस्थल पर मृत्तिका के कृष्णकाय अनगढ़ ढेले धारण किए मनहूसी के मौसम की तरह! वैशाख में खलिहान भी ऐसे ही रोता है। वहाँ उतने अन्न के दाने भी नहीं होते जितने कार्तिक में बोए गए। खेत का काम ताश का या चौसर का खेल नहीं। बस, आज इतना ही।

चौदह

चर्चा किसान यूनियन की

अब लगता है, वह बूढ़ा गाँव मेरे लिए निहायत जरूरी हो गया है। मैं नित्य उसके साथ बैठने के लिए विवश हूँ। वह मेरे स्वभाव का अंग हो गया है। उसकी अपनी निजी आवाज में दम है। लेकिन ऐसा क्यों कि उसकी झक दोटूक नकार पर सवार हो गई है? शायद वह एक अति पर है। वह इसे स्वीकारता भी है।

तो, उससे मैं पूछूँ कि वर्तमान में क्या कुछ ऐसा है जिसे वह आशा की किरण के रूप में स्वीकारता है? अथवा सबकुछ निराशामय ही है?

और आश्चर्य! मेरे इस प्रकार पूछने पर उसने आज पहली बार अपनी लाइन से हटकर जवाब दिया। वह कहने लगा—

'सबकुछ आशामय है, मास्टर साहब, सबकुछ। आर्थिक विकास आशामय है, गाँव की सुधरती हालत आशामय है, नए-नए सुधार आशामय हैं; मगर सबसे आशामय है—किसान यूनियन, किसान संगठन।'

'अर्थात् आपको शरद जोशी और महेंद्र सिंह टिकैत से आशा है?' मैंने कहा।

'हाँ, आशा है। उधर देखता हूँ तो आशा जाग उठती है। लगता है, मेरे बेटे जगेंगे। मगर अपनी ओर देखता हूँ तो फिर निराशा में डूब जाता हूँ। अरे, ये सतहवाले गाँव जगेंगे भला?'

—और वह फिर अपनी लाइन पर आ जाता है।

मैं एक छोटी इकाई, मैं गाँव, महानगरों के इस युग में बड़ी-बड़ी कल्पना क्या करूँ? मैं खुद ही विकास के भ्रमजाल में पड़ा हूँ। मेरे बेटों से आज की स्थिति में जुआ, ताश, चौपड़, क्रिकेट और कपट-हिंसा और लूटपाट-भरी नेतागिरी का धंधा गाँव में करनेवालों से देश, जाति और विश्व के कल्याण की कामना तो नितांत ही आकाश कुसुम होगी। धिक्कार है ऐसी सफेदपोशी पर और सौ बार धिक्कार है ऐसे जीवन को! घर चौपट हो रहा है। बालकों की पढ़ाई तेरह-बाईस हो रही है। खेत बाँझ होते जा रहे हैं। खूँटा खाली होता जा रहा है। भुसहुल में छछूँदर लोटती है। रसोईघर में चूहे दंड करते हैं। दाने के लाले पड़े हैं। चूल्हा जलने का बंदोबस्त नहीं। ऐसी दशा में स्थूल-सूक्ष्म खेल की चालें चित्त में चक्कर काट रही हैं। बैठकबाजी बाजी मार रही है। दावों के उन्मुक्त गगन में गोते लगा रहे हैं। नशे के दुर्लभ आनंद को भोले बालकों में और जोशीले युवकों में भर रहे हैं। बड़े-बूढ़ों की आँख बचाकर, साथियों के साथ एकांत में अथवा खुलेआम बेहद ढिठाई और निर्लज्जता के साथ बालक भी जुआ जमाते हैं। बुजुर्गों का आदर्श सामने है। वह क्या न करें? तब ऐसे लोग क्या बनाएँगे यूनियन?

एक पेंशनयाफ्ता सज्जन ने तो अपने निवास-स्थान पर पूरा 'प्लेइंग कार्ड कालेज' (ताश का स्कूल) खोल रखा है। नित्य सवेरे से शाम तक यह कालेज खुला रहता है। नहाना, खाना और ताश खेलना, यही उनका धंधा है। कभी-कभी तो ताश का रंग ऐसा जमता है कि नहाना-खाना भी भूल जाते हैं। खेलनेवाले संयोगवश एकाध दिन नहीं जुटे तो घर के दो-एक छोटे लड़कों को लेकर आनंद करने लगते हैं। ये लड़के भी खूब ताश खेलते हैं। वयोवृद्ध हैं, दुनिया देख चुके हैं, समझदार

हैं, जीवन में बड़ा कमाया और किया। अब जीवन के इस संध्याकाल में ताश पर ही जी रहे हैं। इस कालेज में दिन-भर मस्ती होती रहती है और क्लास खाली होते रहते हैं। गाँव के सारे बेकार लोग, जो बावजूद नई खेती की नई बारहमासी व्यस्तताओं के आज भी बेकार रहते हैं, इसे सुशोभित रखते हैं। कुछ इसके स्थायी सदस्य हैं। कुछ विद्यार्थी हैं। कुछ अध्यापक हैं। ऐसे भी हैं कि घी का घड़ा लुढ़कता रहे, मगर वे ताश का खेल छोड़कर हटेंगे नहीं। एक परिवार का कर्ता, प्रमुख व्यक्ति यदि अपना दिन-भर का समय बेकारी विलासिता में ऐसे व्यतीत करता है तो उस परिवार के लोग कैसे होंगे?

एक-दो की बात नहीं, केवल इस ताश और चौसर की बात नहीं, ऐसी अनेक बीमारियाँ अनेक तरह से और अनेक लोगों के जीवन में घुल-मिलकर उसे पंगु बना रही हैं। एक ओर गाँव में काम करनेवाले आदमी नहीं मिल रहे हैं और दूसरी ओर बिना काम-धाम के आदमी बढ़ रहे हैं। यह मेरा विरोधाभास आपकी समझ में आ रहा है? अच्छे पढ़े-लिखे, कुछ मिडिल पास या हाईस्कूल फेल और कुछ आगे तक पढ़े भी अब नौकरी की खोज से थककर मटरगश्ती में दिखाई पड़ते हैं। ऐसे जीव भी अब गाँवों में पैदा होने लगे हैं जो दिन-भर कपड़े पर सर्फ, साबुन, नील, रानीपाल और लोहा रगड़ते हैं तथा शाम को रंग झाड़कर निकलते हैं; जैसे लखनऊ बना रखा है उन्होंने अपने गाँवों को! सचमुच चट्टियों के चलते अब हर चार-छ: गाँव को मिलाकर सड़क के किनारे 'लखनऊ' बसने लगा है। बुराइयाँ शहर से आईं। कुछ बेकार व्यक्ति ऐसे भी होते हैं जो देखने में बड़े काम के और सामाजिक जीव ज्ञात होते हैं। इन शिष्ट, सभ्य, सुंदर, सुरुचि संपन्न युवकों में एक ही अशिष्टता, कुरूपता अथवा कुरुचि होती है। वह यह कि वे शार्टकट से पैसा या मालपानी मार लेने के टोह में होते हैं। वे बाहर से जैसे दीखते हैं, भीतर ठीक उसके उलटे होते हैं। अब तो नशा और तस्करी भी गाँव में घुस गई! इसी प्रकार हमारे कुछ बेटे ऐसे हैं जिनका सिद्धांत है 'परान्नं दुर्लभं लोके'। ऐसे लोग खाने के लिए पर्याप्त कुख्यात होते हैं। बिना बुलाए भी, चींटे की तरह, ये मीठे माल पर पहुँच जाते हैं।

दोष हमारे समाज का है। इसकी बनावट आज ऐसी उखड़ गई है कि श्रम का जोड़ बैठता ही नहीं। परिस्थिति का अटपटा पाठ एक को ऐसा बना देता है कि मिहनत करने से अवकाश नहीं मिलता, दूसरे को कोई काम नहीं मिलता और तीसरे को आलस-रस या किसी अवैध रस के स्वाद में डूबे-डूबे तीनों लोक दिखाई पड़ते रहते हैं। तीनों दिग्भ्रांत हैं और साथ ही कुछ अंश में विवश भी।

उच्च वर्ग का बेकार आदमी हाथ से काम करते शरमाता है। इस युग में

जबकि जाति-पाँत का घेरा टूट गया या टूट रहा है, जाति के ऊपर व्यवसाय को मान्यता मिलने लगी, वैज्ञानिक युग की नई मानवता ने धर्म और समाज की रूढ़ियों को मटियामेट कर दिया, ऐसी दशा में हमारे गाँवों में जाति, कुल और धर्म की दुहाई देकर, बड़प्पन के नाम पर बेकार बैठे रहना, जितना ही हास्यास्पद है उतना ही शोचनीय भी।

यदि कमानेवाले परिवार के अन्य प्राणी सज्जन हैं तो संभव है, बैठे-बैठे भी पेट भर जाए और काम चल जाए। मगर आलस और असावधानी की डगर पर इस प्रकार जिस मेरे बेटे की जिंदगी का रथ कब दूर तक चला गया और शेष आयु में आटे-दाल का भाव मालूम हुआ तो क्या हुआ? कहीं बूढ़ा सुग्गा पढ़ता है?

ऐसी भी धारणा है कि ऊँची जाति के लोग काम कराने के लिए पैदा हुए, करने के लिए नहीं; और नीची कौम के लोग उनकी आज्ञानुसार काम करने के लिए पैदा हुए, वे जन्मजात श्रमिक हैं। इस धारणा ने सत्यानास कर डाला। आप करानेवाले हैं, इसलिए कि आपके पास जमीन है। वह करनेवाला है, इस अपराध के कारण कि उसके पास केवल मजबूत हाथ हैं। आपके पास जमीन है, उसके पास श्रम है। अब आप ही सोचें कि धोखे में कौन है? वह गतिशील है, आप पंगु हैं। आप मृत हैं, वह जीवित है। उसे यदि धन्यवाद है तो आपको...है। जमीन रहते आप भूखों मरते हैं। यह तो उसका शायद अज्ञान है जो श्रम की पतवार से एकरस जीवन की नैया खेता चलता है। आपका कुलाभिमान आपको डुबो देता है। उसका निरभिमान श्रम उसे पार लगा देता है।

कोई युग रहा जब बाबू लोगों की बैठे-बैठे शान सुरक्षित थी। आज शान खेत में है, पलंग पर नहीं। फावड़े में है, फैशन में नहीं। आज पगड़ी नहीं, जूता चाहिए। आज छड़ी नहीं, हाथ में हँसिया चाहिए। रोब नहीं, सद्भाव चाहिए। बेकारीजन्य विलासिता नहीं, श्रम श्लाघ्य है। साम्यवाद की हवा से मेरे बेटों के कान खड़े हो गए हैं। कहीं-कहीं हवा बदल गई है। मेरे बेटे आमने-सामने हो गए हैं। हिंसा की आग में झोंपड़ियाँ जल रही हैं। खेत-खलिहान सुलग रहे हैं। नक्सलवाद का जिम्मेदार कौन है? सच तो यह कि साम्राज्यवादी शोषण की एक पुष्ट प्रणाली हमारे भीतर वर्तमान है। यहाँ एक परंपरा है कि एक गरीब दूसरे गरीब को ही चूसता है। एक गरीब बाबू है और दूसरा गरीब बनिहार है। एक आज सशंक हो चला है तो दूसरा कुछ तिकड़मी हो गया है। एक अपनी बाबूगिरी की थोथी शान और मिथ्या माया की खुमारी में या शक्तिमद में चूर है तो दूसरा अपने हक के प्रति सजग और जागरूक हो गया है। वह अब वैसा नहीं रहा जैसा पहले था।

मेरे बनिहार बेटे की मोटी अक्ल में यह बात धँसने लगी है कि वह काम करता है, दिन-रात काम करता है, फिर भी उसे तंगी प्रतिक्षण तंग किए रहती है। उसका संगी जो यह बाबू है, कुछ काम नहीं करता। अच्छा खाता-पहनता है। लेकिन असलियत क्या है? भीतर से जैसा दरिद्र वह है वैसे ही खाली ये भी हैं। फर्क श्रम का है। एक करता है, दूसरा नहीं। करनेवाले की ईर्ष्या स्वाभाविक है। जहाँ तक जीवन का प्रश्न है, मजदूर में ही है। किसान वास्तव में वही है। किसान का अर्थ है अपने हाथ से अपना सारा काम करनेवाला। तो न्याय भी यही है कि जमीन उसीकी जो उसपर अपने हाथ से काम करता है। काश, कि यह न्याय अहिंसक सामाजिक न्याय बन जाता और हमारे दोनों तरह के बेटे हिंसक राजनीतिक आग में जलने से बच जाते!

खेती-बारी न करनेवाले, उद्योगहीन, आलसी और बेकार व्यक्ति का पारिवारिक जीवन बड़ा दुःखमय होता है। इस समस्या के एक और पहलू पर सोचा जाए। गाँवों में ऐसी कुप्रथा अभी हाल तक रही है और कुछ क्षेत्रों में अभी भी है कि बचपन में ही लड़के-लड़कियों का पाणिग्रहण हो जाता है। बचपन में कर्मठ और आलसी होने का कोई प्रमाण नहीं होता और यदि होता है तो बालक की शादी पर उसका कोई प्रभाव नहीं पड़ता; क्योंकि यह कार्य तो बालक के पिता की योग्यता के आधार पर संपादित होता है। शिक्षा-दीक्षा और नए युग के प्रभाव से अब हवा बदली है और देख रहे हैं कि लड़का अपने पैर पर खड़ा हो जाता है, उसकी भुजाओं में इतनी शक्ति हो जाती है कि पृथक् रहकर भी अपनी तथा स्त्री की जीविका चला सके, तभी उसकी शादी होती है। इतने पर भी हमारे बेटों की दुनिया में अभी भी कुछ छोटी जातियों में बालक की शादी उसी समय हो जाती है जब वह दुधमुँहा बच्चा होता है या अभी ठीक से धोती भी नहीं पहन पाता है। उसके दूध के दाँत दिखाई भी नहीं पड़ते कि उसे परिणय के पवित्र सूत्र में कस दिया जाता है। यदि वह आलसी निकलता है तो उसका एक पूरा कुनबा दुर्भाग्य की चट्टान पर सिर पटकता रहता है। इनमें ऐसी सभी शक्लें हैं जो अपनी जोरू के जाँगर पर जीवित हैं। कितने उनकी परवाह नहीं करते। बैठकबाज बेटों की स्त्रियाँ घर में रोती हैं। बच्चों की तादाद बरसाती मेढ़कों की भाँति बढ़ती चली जा रही है। भूख से परेशान होकर रात-दिन 'पें-पें' किया करते हैं। इन नंग-धड़ंग बुभुक्षित, जिगर के टुकड़ों की दयनीयता अवर्णनीय है। जहाँ पर स्त्री और पुरुष दोनों के कमाने का, श्रम करने का, घर के बाहर निकल रोजी ढूँढ़ने का विधान मान्य है, वहाँ कुशल है। जहाँ स्त्री की रोटी पूर्णतया पुरुष के हाथ में है, वहाँ स्त्री वास्तव में अबला है। जहाँ

पुरुष के गतिशून्य हो जाने पर स्त्री अपने खाने-भर भी उपार्जित नहीं कर सकती, वहाँ की समस्या टेढ़ी खीर है। लेकिन मेरे बेटे की अँधेरी दुनिया है कि सब चल रहा है!

पुरुषों की बेकारी अक्षम्य है, स्त्री की बेकारी किसी दशा में यदि क्षम्य भी मानें तो दोनों की बेकारी समस्या का यह अंग है, जिसपर अधिक कहने के प्रयत्न में वाणी मौन हो जाती है। कोई ग्रामीण पूरे परिवार को, स्त्री-बच्चों को रोते-बिलखते छोड़कर शहर में नौकरी कर लेता है। परिवार को भूलकर चैन की वंशी बजाता है तब क्या करें महेंद्र सिंह टिकैत? अब आगे सोचिए, ऐसी हालत में यदि ऊँची जाति है तो स्त्री छटपटाकर रह जाती है। काश कि उसकी भुजाओं में शक्ति होती और वह घर के परंपरित घेरे को तोड़कर मुक्त हो सकती! यह घेरा उसे युग-युग से जकड़े है। वह पुरुष के संकेत पर नाचती रहती है, जन्म-जन्म की दासी बनी रहती है, इसलिए कि पुरुष कमाता है। कभी पुरुष इसे धर्म समझता था। स्त्री उसकी अर्धांगिनी थी। उसकी वह रक्षा करता था। वह कर्तव्य था और इसकी प्रेरणा हार्दिक होती थी। अब भावना जाती रही। शनैः-शनैः स्त्री संपत्ति की कोटि में आ गई। वह पुरुष की वासना को तृप्त करनेवाली, उसकी शान की पृष्ठभूमि, बच्चा पैदा करनेवाली, सारे काम बजा लानेवाली, प्रत्येक प्रकार से सजग स्वतंत्र व्यक्तित्व से रहित, घर के घेरे में बंद और अबला समझी जाने लगी। जैसाकि पहले बता चुका हूँ, गाँवों में शादियाँ शत-प्रतिशत पिता की योग्यता पर, उसकी श्री-संपन्नता पर होती हैं। दुर्भाग्यवश यदि पुत्र बड़ा होकर आवारा, निठल्ला, बेकार या निकम्मा निकला तो अकारण ही उसकी निर्दोष पत्नी को जीवन-भर रोते-कलपते बीतता है। विवाह और स्त्री के अधिकार की ओजस्वी विचारधाराएँ नए युग का संदेश लेकर गाँवों में आने लगी हैं। आएँ, मंगल ही होगा। लेकिन, आएदिन समाचार-पत्रों में रोज-रोज स्कूटर, टी.वी., फ्रिज आदि दहेज की वस्तुओं के लिए पतिगृह में पत्नी को जलाकर मार डालने की घटनाएँ जो सामने आ रही हैं, वे क्या संकेत दे रही हैं?

गाँवों में घेरा और अँधेरा है। स्त्रियाँ घर के घेरे में बंद हैं। पुरुष गाँव के घेरे में बंद। दोनों मूर्खताओं के अँधेरे में बंद हैं। न केवल तन बल्कि इनका मन भी आबद्ध है। कुछ घेरे और अँधेरे तो एकदम सत्यानासी हैं। जैसे अज्ञान के, रूढ़ियों के, जातियों के, ऊँच-नीच के और अशिक्षा के। मेरे बेटों की दुनिया में उत्साह उद्योगहीनता के, सुख आलस के, गति पुराणपंथी के और धन-दौलत दुर्बल संतोष के घेरे में बंद हैं। लाखों मानव आज घेरे में बिलबिला रहे हैं। रोग महारोग बनकर

मृत्यु के घेरे में परिवर्तित हो गया है। मेरा बेटा किसान मर-मरकर जीता है। जी-जीकर मरता है। यह दु:ख मैं किससे कितना कहूँ? आप सुन रहे हैं न?...बस, आज इतना ही।

पंद्रह

मेरी पहचान भी कैसी है?

'गाँव के हर बेकार को काम मिल जाए तो गाँव की कुछ समस्याएँ अपने आप सुलझ जाएँ।' मैंने कहा।

'यह तो बहुत बड़ी बात है। मैं कहता हूँ कि हर ग्रामीण परिवार के एक सदस्य को रोजी-रोजगार की गारंटी मिल जाए तो भी कल्याण हो।' बूढ़ा बोला।

'इसे तो सरकार करने ही जा रही है।'

'हाँ, ठीक उसी तरह जिस तरह उसने पिछले गांधी शताब्दी वर्ष में देश के गाँव-गाँव में बिजली पहुँचा दी!'

'अरे हाँ, यह तो नहीं हुआ!'

'देखते चलो, और क्या-क्या होता है। कैसी कागजी उड़ान होती है! अरे हाँ, बिना समझे घोषणा का क्या परिणाम होगा? हमारे देश में राजनीति के गाढ़े नशे में बड़ी-बड़ी घोषणाएँ होती रही हैं, हो रही हैं। मगर इन बहकी-बहकी बातों के भीतर साँसत में फँसे मेरे बेटों की ओर यथार्थ रूप में कौन ध्यान देता है? सारा ध्यान तो रहता है... ।'

'यानी आप अपनी लाइन पर आ गए और कुछ वैसा सुनाएँगे जिससे मैं आधा ही सहमत हो सकूँगा।' मैंने टोककर कहा।

'मैं आपको पूरा सहमत कर छोड़ूँगा और जब तक ऐसा नहीं होगा, सुनाता चलूँगा।' बूढ़ा बोला।

'तो क्या आपके पास ऐसा कुछ है और इतना अधिक है?'

'हाँ, है। बस आप सुनते चलें।'

फिर क्या था, श्रोता-वक्ता दोनों अपनी-अपनी भूमिका में आ गए।

मैं अभागा गाँव अपनी पहचान आपको क्या बताऊँ? मेरे बेटे टूटकर बिखर रहे हैं। विकास के जल में वे सुख-शांति की कठिन प्यास लिये तड़प रहे हैं। आगे आनेवाली पीढ़ी से भी किसी प्रकार की आशा नहीं दिखाई पड़ती। किशोर बालक आवाराओं की तरह हीरो बने घूमते हैं, बीड़ी सुलगाते रहते हैं, छिपकर ताश-जुआ

खेलते हैं, और न जाने क्या-क्या करते हैं। खेती-बारी किसान के बालकों का यद्यपि जन्मजात संस्कार है, तथापि आज इतना स्पष्ट है कि प्रत्येक पुत्र प्राय: अपने पिता से कम श्रम करता है। वह प्राय: अपने पिता से कम शक्तिशाली है। यही नहीं, अपने पिता से खेती द्वारा उपार्जित भी कम ही कर पा रहा है। जिस काम में आज के बालक अपने पिता से बढ़े-चढ़े दिखाई पड़ते हैं, वह है अपव्यय! नशा साधारण चीज है। जूता, साबुन, तेल, कंघी, कपड़ा, बिस्तर और जीवन का समस्त प्रसाधन उसे उम्दा चाहिए। सैलून में कैसा-कैसा बाल कट गया। दरजी ने कैसे-कैसे काट के कपड़े सिल दिए। अब उसपर लोहा करके फर-फर उड़ रहा है बबुआ! भूत-प्रेत का वह विश्वासी नहीं, पर डाक्टरों के मायाजाल से वह पृथक् नहीं। जवान होते-होते वह सीखता है कि कैसे दूसरों की हानि होगी। कैसे दो लड़ाए जाएँगे। कैसे सफल चोरी करना सीखेंगे। पढ़ना-लिखना ऐसा-तैसा। जब तक शादी नहीं हुई, तिलक लेने के लिए, बिक्री के रेट में चार चाँद लगाने के लिए स्कूल में भेजा-भर जाता है। मिल जाए कोई गाँठ का पूरा तो बस स्कूटर, टी.वी. आदि के साथ फिक्स डिपाजिट का कुछ गौं बैठ जाए! प्रति एक हजार छात्रों में गाँव के पाँच ही छात्र पढ़नेवाले निकल रहे हैं। शेष स्कूल-कालेज नापते हैं। जो यह नहीं करते वे भैंस चराते हैं। उद्योग-धंधे की उन्हें शिक्षा नहीं। संग भी ऐसे-वैसों का रहा और उनकी पूरी कला सीख ली। स्त्री को उसके बाप-दादे ने जैसा समझा उससे कुछ बढ़कर ही वह समझेगा। प्रेम, संगठन और शांति को वह तोड़-फोड़कर रख देगा। लोकतंत्र-युग का गँवार है। गाँव में वह कोलाहल, हलचल और त्राहि-त्राहि न मचा दे तो गोहुअन बाप का बेटा नहीं। बड़े-बूढ़े लोगों के सिर पर पैर रख देगा। मेरे भीतर का सड़ा हुआ वातावरण और सड़ता चला जाए, बला से। इस भावी कर्णधार से उच्च संस्कार की आशा व्यर्थ है। इनकी शिक्षा-दीक्षा जिस प्रकार की होती है, जैसी हवा में पलते और साँस लेते हैं, जिन लोगों से ये चौबीस घंटे घिरे रहते हैं, जो आदर्श व्यवहार और विचार इनके सामने आते हैं तथा जिस प्रकार इनका जीवन बीतने के लिए विवश है, उसे देखते हुए इनके ऊपर दोष मढ़ना भी बेकार है। मेरी समस्याओं के प्रति दिलचस्पी रखनेवालों के सामने यह गूढ़ सवाल है। आखिर क्या हो? भावी पीढ़ी को कैसे विषाक्त संस्कार से बचाया जाए?

मेरे बेटों की दुनिया के भीतर ऐसा गोलमाल क्यों चलता है? खेतों में काम हो रहा है, बगीचे सींचे जा रहे हैं, घर बनाया जा रहा है, चारा काटा जा रहा है, गोबर गैस में गोबर का घोल डाला जा रहा है, बोझ ढोया जा रहा है और खेती-गृहस्थी से संबंध रखनेवाले अन्यान्य काम पसीना बहाकर पूरे किए जा रहे हैं। और

दूसरी ओर अफसरों जैसी पोशाक पहने हमारे डिग्रीधारी बेकार युवक हैं; जिन्हें या तो करने लायक कुछ काम नहीं है या जो जी चुराए कुछ काम करते ही नहीं। या मोटा-झोटा काम करने में अपनी बेइज्जती महसूस करते हैं।

सवेरे उठे, ऐसे-वैसे करते, चाय पीते, ब्रश करते, नहाते-खाते दोपहर हो गई। इसके बाद कहीं चले गए, किसीके यहाँ अखबार पर बैठ गए या कोई आ गया। बातचीत में बेर ढरक गई। फिर वही इधर-उधर, मनचर्चाएँ और रंगपानी में शाम हो गई। फिर अपने यहाँ या कहीं टी.वी. पर बैठ गए। गाँव में यह भी आ गया है। या कहीं कुछ छनने लगा तो फिर खूब बना। कुछ मौसमी काम करनेवाले युवक हैं, जो मौसम विशेष में काम करते हैं और बाकी साल-भर उन्हें काम नहीं होता। अधिकांश शिक्षित युवकों के सामने तो कभी-कभी कोई काम ही नहीं होता।

एक किसान के तीन भाइयों में एक सिर्फ बैल खिलाता है। एक मामला-मुकदमा देखता है और एक मालिक होने के साथ ही अन्यान्य काम करता है। खेतों के भीरवाले दिनों में सब संयुक्त काम करते हैं; परंतु अधिकांश दिनों में सब संयुक्त काम नहीं करते। परंतु अधिकांश दिनों में बैल खिलानेवाला युवक किसान सवेरे-शाम बैल खिलाकर पुनः रात-दिन बेकार रहता है। मामला-मुकदमेवाले सज्जन शहर में रहेंगे तो काम पर हैं अथवा घर पर रहें तो बेकार ही रहते हैं। मालिक साहब कुछ अधिक उत्तरदायित्व समझते हैं। लेकिन इनके लड़के? हाल पूछने लायक नहीं। न घर के, न घाट के।

ऐसा मालूम होता है, ये सारे दोष इसलिए आते हैं कि किसान के बालकों के सामने किसानी का आदर्श न होने के कारण बचपन में जो जीवन की तैयारी होती है वह अधूरी होती है। आधुनिक स्कूली विद्या और किसानी में छत्तीस का संबंध है। स्कूल से निकला तरुण खेती के लिए पूर्णतया बेकार होता है। वह नौकरी चाहता है। नौकरी न मिलने पर वह झख मारकर खेती में भरती होता है और शायद जितने दिन पढ़ने में लगे उससे अधिक दिन तक खेती में उसे अपना शरीर झोंकना पड़ता है; तब कहीं जाकर प्रौढ़ता आती है। अधिकांश किसान के शिक्षित कहे जानेवाले लड़के बेकारी के फंदे में फँसे रह जाते हैं। खेती को 'उत्तम' की कोटि से जिस युग में निष्कासित कर दिया गया है, उस युग का शिक्षित यदि उसे अपनाने में शर्म का अनुभव करता है तो क्या आश्चर्य?

कुछ मेरे बेटे ऐसे भी हैं जो मारे दुलार के अपने बच्चों को खेती से पृथक् रखते हैं। स्वयं उनकी दृष्टि में उसका पेशा निम्न कोटि का, सस्ता और मोटा हो गया है। खेती वे मजबूर होकर करते हैं। उनकी दृष्टि में बी.डी.ओ. का चपरासी

अच्छा है, स्टेशन पर पानी पिलानेवाला भी खुश-किस्मत है। वे नहीं चाहते हैं कि उनके बच्चे इसी कीचड़-गोबर में आवें। वे कुछ पढ़ें-लिखें और नौकरी करें। शरीर आराम से रहेगा। ये भावनाएँ उसके मन को उचाट कर देती हैं। यह खेती के प्रति उपेक्षा और असंतोष वंश परंपरागत चलता है।

अंग्रेजों की और फिर कांग्रेसी शासन की नौकरशाही ने भारत में नौकरी के प्रति वह स्थायी चकाचौंध पैदा की कि मेरे बेटों की दृष्टि मलिन हो गई। वह सर्वप्रथम तो अपने बालकों के लिए दरोगा होने का स्वप्न देखते हैं और यह न मिले तो कोई भी नौकरी! इस प्रकार हमारे बेटों की दुनिया में खेती उसका पेशा होगा जो बेकार या मूर्ख रह जाता है। जो पढ़ गया, समझदार हो गया, वह उड़ गया। उसने शहरों को आबाद किया। बच गए गाँवों में खेती करनेवाले निरे निरक्षर बैल! या साक्षर विलायती घोड़े!! समूचा वातावरण गंदा, सँकरा और अंधकारमय हो जाता है तो क्या आश्चर्य?

पुरुष नौकरी के लिए पढ़ते हैं, इसीलिए बहुत दिनों तक लड़कियों के पढ़ने का लोग विरोध करते रहे। अब हवा बदली है। लड़कियों को भी पढ़ाया जाता है; मगर कुल मिलाकर इन्हें घर के भीतर रहने योग्य पात्र ही बनाया जाता है। विवाह के बाद इनके जीवन का प्रवाह अवरुद्ध हो जाता है। बड़े घर की, ऊँची जाति की युवती स्त्रियों के सामने कोई काम नहीं। घर के छोटे-मोटे काम पूरे समय तक उन्हें नहीं फँसा पाते। बेकार वक्त में वे शैतान के दिमाग से सोचें तो क्या आश्चर्य? छोटी जाति की स्त्रियाँ इस विषय में भाग्यवान् हैं। वे अपने पति के साथ खेतों में काम करती हैं। जब पति बेकार रहता है तो वे भी बेकार रहती हैं। ऐसे में वे वाग्युद्ध करती हैं। उनका युद्ध भी दर्शनीय होता है। इस प्रकार सिद्ध है कि जिस परिमाण में ऊँची जाति की स्त्रियाँ बिना काम की रहती हैं, उसी परिमाण में नीची जाति की काम में लगी रहती हैं। इसका परिणाम प्रत्यक्ष है। भोजनादि की कमी होने पर भी छोटी जाति की स्त्रियों का स्वास्थ्य अच्छा रहता है। उनमें स्फूर्ति रहती है।

युग आ रहा है कि खेती की उपेक्षा करनेवाले दाने-दाने को तरसेंगे। धनी होने का मापदंड श्रम होगा। श्रम ही संपत्ति होगी।

यह भी कहा जाता रहा है कि विकास, उन्नति एवं श्रम का गाँवों में न क्षेत्र है, न अवसर है, न साधन हैं और न प्रेरक तत्त्व हैं। बेशक, अब ऐसी बात नहीं है। अवसर और साधनों की कमी नहीं है। हाँ, जब शिक्षा प्रेरणा देती, समाज द्वारा साधन प्राप्त होते, संस्कार अवसर देता और वातावरण क्षेत्र देता तो बात कुछ और होती। परंतु हमारे बेटों की दुनिया में आज भी ये चीजें अलभ्य हैं। शिक्षा की दशा

शोचनीय है। अब क्यों हम नौकरी के लिए पढ़ते हैं? सरकार विदेशी रही नहीं, जो नौकरी को प्रधानता देती थी। तब क्या कारण है कि हमारे समूचे संस्कार प्रगति विरोधी हैं। वातावरण मनहूस, उत्साहहीन एवं कुंठित है?

मेरे बेटे का एक बार भी पैर फिसला तो फिर ठिकाना नहीं लगता। कितने परिवार धूल में मिल गए। आग लगते समय साथ बैठकर जो हँसी-ठट्ठा करते हैं, विपत्ति में पीठ पीछे मखौल उड़ाते हैं। दूसरे की गिरती दशा पर प्रसन्न होनेवाले बात का बतका बनाकर पतन की कहानी कहते फिरते हैं। जहाँ नगरों की भाँति मनोरंजन के साधन नहीं हैं। जहाँ के रहनेवाले स्वच्छ वाटिका, लहलहाते खेत, डूबते सूरज, बाँसकुंज से चिड़ियों की चहचहाहट, नदी तट, टीले, घने छायादार पेड़ और इसी प्रकार के अन्य सहज सुलभ नैसर्गिक मनोरंजनों के दिव्य साधनों का उपयोग करना सीखे नहीं, वे क्या करें? वे उद्योगहीन ही नहीं, हृदयहीन भी हैं। बुद्धिहीन ही नहीं, दीन भी हैं। ऐसे जीवों का जीवन दरिद्रता की आँच से सूखकर इधर-उधर उड़ने और लड़खड़ाने लगे तो क्या आश्चर्य? तिसपर भी अधकचरी राजनीति, नंगई की और स्वार्थ-भरी नेतागिरी, लूटपाट में कैसा विकास और नई पीढ़ी का घिरता अँधेरा, हमारे बेटों की दुनिया को क्या बना रहा है? आप क्या ठीक से समझते हैं वह कैसी बन गई है? बनी होगी वह समाचार-पत्रों में, प्रचार में, टी.वी. में और सरकारी किताबों में स्वर्ग; लेकिन जमीन पर जो उसका असली रूप है, वह यह मैं हूँ, जो आपके सामने खड़ा हूँ! मुझे आप जरा गौर से देखिए।...बस, आज इतना ही।

सोलह

इधर हीनता, उधर प्रतिद्वंद्विता

डीह बाबा की पूजा होने के कारण उस दिन मुझे काफी प्रतीक्षा करनी पड़ी। ग्रामीणों की भीड़भाड़ घड़ी-भर रात गए छँटी तो वह बूढ़ा 'गाँव' आया। आते ही बोला, 'आज आप सुनाइए।'

'अच्छा, यह बात है?' मैंने कहा।

'हाँ, आज मैं सिर्फ सुनूँगा।'

'मैं क्या सुनाऊँ? देख रहा हूँ कि मेरे यहाँ पढ़े-लिखे ग्रामीण परिवार के लोग खेत बेचकर उद्योग या शहरी संपत्ति बढ़ाने में लगे हैं। कुछ लोग खेतों को बगीचों के रूप में परिवर्तित कर रहे हैं। ये लोग अपनी सामाजिक हैसियत बनाना

चाहते हैं। लेकिन हैसियत कहाँ बन पाती है किसान की? किसान की खेती को शहर के शिक्षित लोग अपनाने लगे और व्यवसाय का वैज्ञानिक रूप देकर निखारने लगे। वे प्रोजेक्ट या फार्म का रूप देकर और वित्तीय संस्थाओं से जोड़कर भारी लाभ कमाते हैं। उनकी प्रतिद्वंद्विता में क्या आपके 'गँवार बेटे' टिक सकेंगे?'

'यह सवाल आप मुझसे क्यों पूछ रहे हैं? खुद अपने से पूछिए। मैंने तो उन अभिजात कृषिकर्मियों से सदा अपने बेटों को अलग करके बात की है। कृषि फार्मों की नहीं, मेरे औसत और सतही जमीन के बासी बेटों की दुनिया अभी भी छोटे-छोटे टोपरों की दुनिया है। बिजली, बिल्डिंग और ट्रैक्टर की नहीं, ढिबरी, झोंपड़ी और बैलगाड़ी की दुनिया है।···आप इस दुनिया की कच्ची दास्तान सुनकर हैरान हो सकते हैं···सुनना चाहते ही हैं तो सुनिए।'

आप भूलें नहीं कि मैं गाँव हूँ और आज अपनी एक विशेष परिस्थिति का नक्शा आपके सामने पेश करूँगा। 'देहात का दाल-भात शहर का सलाम' यह कहावत सुनते चले आए हैं। स्वागत की सहज सुलभता को लक्ष्य कर यह बात कही गई है। मेरी दुनिया शहर में यदि कोई सलाम कर दे, परिचित मिल जाए और रहने-भर का ठिकाना लग जाए तो इसे बहुत समझना चाहिए। हिसाब-किताब दुरुस्त रखनेवाले, नाप-तौलकर खाने-खर्चनेवाले नागरिकों के बीच अपरिचित अतिथियों का प्रवेश कम हो पाता है। मेरे बेटों के यहाँ ऐसी बात नहीं। वे अतिथि सत्कार को सौभाग्य मानते हैं। अब तो महँगाई ने सबकुछ चौपट कर दिया, नहीं तो अच्छे-भले घरों में हमारे यहाँ पहले यदि कोई बनावट की बात न हो तो नित्य भोजन अधिक तैयार होता रहा है। पता नहीं कब कौन मेहमान आ जाए! काम करनेवाले आदमी ठहरे। खाएँगे नहीं तो इतना दमतोड़ परिश्रम कैसे करेंगे? अतिथि तो देवता है। भगवान् है। उसके आने पर हर्ष होता है और उसकी सेवा में कुछ उठा नहीं रखा जाता। जैसे होता है, उसे संतुष्ट किया जाता है। यही सनातन धर्म है। यही सनातन से चली आती परंपरा है। भरसक हमारे बेटों की दुनिया में इसका पालन होता है। चूहे, बिल्ली, गाय और मवेशी आदि किसान के हाथ से रक्षित हैं तो मनुष्य तो मनुष्य ही है। पथिक मार्ग में जहाँ कहीं थक जाएँ, गाँव देखकर विश्राम की बात सोचते हैं और घर जैसा सुख पाते हैं। पवनी, भिखमंगे, साधु, ब्राह्मण, दरिद्र, अभागे और निराश्रित भी मेरे बेटों के जिलाए जीते हैं। खिलाने-पिलाने में उसे सुख मिलता है। वह इसे अपना धर्म समझता है। अपने भूखे रहकर भी दूसरों का पेट भरना, दूसरों की क्षुधा-पिपासा को शांत करना अपना कर्तव्य समझता है। यही कारण है कि हमारे यहाँ कोई भूखों नहीं मरता। इसी भोजन-यज्ञ की स्वाभाविकता के कारण

शहर के सलाम की तुलना में देहात का दाल-भात (भोजन) रखा गया है। सलाम में किंचित् उपेक्षा है, दाल-भात में अपनापन है। एक में परम शुष्कता एवं मशीनी भाव है, दूसरे में सरस व्यक्तित्व है। लेकिन अफसोस, बढ़ती आबादी, महँगाई, बेकारी, शहरी प्रभाव, नई हवा, स्वार्थ, विघटन और क्रूरता-कटुता की बाढ़ ने इस दुनिया के इस भोलेभाले रूप को धूमिल कर दिया है।

जमाना बदला तो उक्त विशेषताओं में भी अंतर आने लगा। देखते-देखते सौ-पचास वर्ष में महान् परिवर्तन हो गया। स्वराज्य-प्राप्ति से पहले के समय को भी जिन्होंने देखा, वे आज उससे तुलना कर चकित रह जाते हैं। मेरे लोग धीरे-धीरे शहरी सलाम की ओर जा रहे हैं। हल-बैल धीरे-धीरे नहीं रहे, ट्रैक्टर हो गए। खेत 'प्लाट' हो गए। लेकिन उसके मंदिर, चौपाल और बरगद की घनी छाया वही रही, क्लब और पार्क नहीं हो गए और किसान 'दाल-भात' छोड़कर 'सलाम' पर उतर आए। लेकिन इसे आपकी तरह मैं कोई बड़ा परिवर्तन नहीं मानता हूँ। यह मूलभूत परिवर्तन नहीं है। यह पतन है।

इसके कारण हैं। पहला, मशीन युग और महायुद्ध; जिसमें स्वार्थपूर्ण पैशाचिकता को मानवता की छाती पर अबाध तांडव करने के लिए उत्साहित किया गया। दूसरा, पराधीनता कालवाले भ्रष्टाचार, नौकरशाही और शोषण के संस्कार; जिसने भारत के हृदय भाग को ही आक्रांत कर दिया। तीसरा भगवान् की लीला और प्रकृति का क्रोध। चौथा, आबादी की वृद्धि। पाँचवाँ, ग्रामीणों की दुर्बलताएँ। ये पाँच कारण हैं जो गाँव को बदलने लगे; लेकिन इस बदलाव की दिशा शुभ नहीं निकली।

स्वार्थ की भावना बढ़ गई है। सेवा और त्याग का सर्वथा अभाव है। वस्तु की कमी उतनी नहीं, जितनी प्रयोक्ता के हृदय में शुद्ध भावना की। सर्वस्व हथिया लेने के लिए आदमी आज जैसा उतावला कभी नहीं देखा गया। लालसाओं पर आँच आते ही वह बावला हो जाता है। एक-दूसरे को देखकर जलना, बनैले जंतु एवं साँड़-भैंसे की तरह एक-दूसरे को देखकर मनियाते फिरना एक साधारण बात हो गई है।

बीस गरीब हैं, दो धनी हैं। दोनों धनी यदि चाहते तो दस गरीब पशु जीवन न बिताते। पर वे तो अपने में मस्त हैं। जो बचता है, उसे आपस में लड़कर व्यय कर देते हैं। कम होता है तो गरीब जैसे उनकी जादू की तिजोरी हैं। कामधेनु हैं। यथेष्ट मात्रा में दुह लो। जीवन में उन्हें देना कम परंतु लेना अधिक है। इधर बीस गरीब भी वही स्वार्थवाला पाठ रटते हैं। आपस में टकराते हैं। जो उनका है, उसकी भी रक्षा

नहीं कर पाते। वे बहुत चाहते हैं, अत: कुछ नहीं पाते।

वे गरीब बेटे सहयोग, सद्भाव और सेवा का मेवा नहीं रखते। अत: दरिद्र और कमजोर हो गए हैं। उन्हें सेंत के फूट के स्वाद का चस्का लग गया है। यह उनकी भीतरी कमजोरी है, जो घुन की तरह लगकर उन्हें रिक्त बना रही है। भीतर आग लगी है और बाहर बवंडर चल रहे हैं।

मेरे बेटे मनसा कृपण होने लगे। कुछ स्वयं को भोजन नहीं दे पाते हैं, कुछ पशुओं को खूँटे पर बाँधकर मार रहे हैं। विवशता की पिपिहिरी बजाते हुए दुर्भाग्य का ढोल पीटते उन्हें शर्म नहीं। कृपणता से न उनका लोक बनता है और न परलोक। चंचला को भला बाँधकर रखा जा सकता है? हाँ, बहलाकर, फुसलाकर, बझाकर, काम में लगाकर इस चार दिन की चाँदनी को कुछ विरमा सकते हैं। हथेली पर दूब नहीं जमती, उसी प्रकार लक्ष्मी अपनी ओर ललकनेवाले जीवों को आँख उठाकर भी नहीं देखतीं।

एक किसान बेटा परिवार का मालिक है और खलिहान से अनाज आते ही सब अपने अधिकार में रखता है। उसका खयाल है कि घरवाले उड़ाते हैं। वह खाने-भर तौलकर देता है। उस परिवार में अतिथि आ जाए तो मालिक पर वज्रपात जैसे हो जाता है। सब्जी शायद ही कभी बनती रही है। मालिक का कथन है कि यह बेकार का खाना है। अब नए लड़के अपने निजी नलकूप पर सब्जी उगाने लगे हैं तो मालिक को उसमें संतुलित आहार से अधिक पैसा दिखाई पड़ने लगा है। मालिक का विचार है कि सब्जी के साथ आदमी अधिक अनाज खा जाता है। अधिक खाने से रोग पैदा होता है। फिर सब लोग अधिक भोजन कर लेंगे तो कहाँ से आएगा? परिणाम यह होता है कि मालिक की आँखों में धूल झोंककर लोग घर का अनाज बरबाद करते हैं। अनाज कालेबाजार में पहुँचता है। आज जमाने की कृपा से ऐसे भी किसान परिवार हैं जिनके घर कालाबाजार चलता है।

मालिक गाँव-भर घूमते हैं, जिस बनिए के घर सबसे सस्ता, सबसे रद्दी सामान मिलता है, वहीं से खरीदकर लाते हैं। एक सेर दूध में चार सेर पानी डालकर बालकों पर बड़ी कृपा करते हैं। दही पर एकदम मार्शल ला जारी रहता है। मिर्च-मसाले का घर में प्रवेश वर्जित है। एकादशी व्रत रहनेवालों पर परम प्रसन्न रहते हैं। बीमार होने पर घरवालों की रक्षा प्रकृति ही करती है। तुलसी का पत्ता और ढाई अंडा मिर्च उनकी मशहूर दवा है।

छोटे-छोटे लड़के कष्ट झेलने की अनुभूति से छटपटाते हुए अपना रास्ता निकाल लेते हैं। मिठाई, खिलौना, पतंग इस प्रकार की वस्तुओं के लिए तरसते रहने

की अपेक्षा वे कोई तरकीब लगाना अच्छा समझते हैं।

मालिक के घर एक सज्जन मिलिटरी में हैं। लड़के उनकी छोड़ी हुई मिलिटरी की बेढंगी पोशाक बड़े शौक से पहनते हैं। इनकी बड़ी-बड़ी थैलियाँ उनके लिए वरदानस्वरूप हैं। वे साथियों का ताना सहकर भी यह दुर्लभ पोशाक धारण किए रहते हैं। मालिक से घुल-मिलकर; उनकी सुर्ती, चुनौटी, चिलम, छड़ी, मिरजई या ऐसी ही कोई चीज खोजने के बहाने सहानुभूति प्राप्त कर अनाजवाले घर में पहुँच जाते हैं। फिर क्या? जो कुछ भी मिला, मालिक को चकमा देकर, अपने कुरते की बड़ी-बड़ी थैलियों में कसकर नौ दो ग्यारह हो जाते हैं। इसी प्रकार औरतें और नौजवान भी किसी-न-किसी प्रकार घोर कार्पण्य से बचे भाग को व्यय कर देते हैं। गुड़ का सारा मुनाफा चींटे खा जाते हैं।

यह कृपणता न केवल भोजन, वस्त्र, अतिथि सत्कार, मवेशियों को खिलाने, बच्चों के लालन-पालन आदि में की जाती है, देवताओं की पूजा में भी यह अपना तर्क पेश कर देती है। मशहूर है कि एक बुढ़िया ने प्राणरक्षा के लिए नाव-भर सोने की मनौती की। बाद में मसूर की भूसी (खोलरी) सोने के लघु कण से भरकर गंगा में प्रवाहित करते हुए हाथ जोड़कर बोली, 'हे गंगा माता! छोटी नाव नाव ही है और बड़ी नाव नाव ही है। अतः लो अपनी मनौती और प्रसन्न हो जाओ।' यही दशा मेरे पुत्र ग्रामीणों की है। गरीबी की आड़ में वे अपनी कंजूसी प्रकट करते हैं। बुद्धि की कंजूसी, विद्या की कंजूसी, मान की कंजूसी, दान की कंजूसी और सबसे अधिक परिश्रम की कंजूसी वे करते हैं। 'अभावे शालि चूर्णम्' उनका मंत्र है। जीव के बदले वे चिल्लर प्रस्तुत करने में विश्वास करते हैं। कहा जाता है कि 'ते ते तो पाँव पसारिए जेती लांबी सौर'; पर आज वे पाँव को ही कम पसारने की बात सोचते हैं। कभी-कभी चादर भी कटवा देते हैं। आखिर पाँव सिकुड़ता या नहीं। वह तो किसी-न-किसी प्रकार, जाने-अनजाने पसर जाता ही है।

शूरता की कृपणता ने इस वैज्ञानिक युग में मानव को सर्वथा अरक्षित कर दिया है। उसे न अपने ऊपर विश्वास है, न दूसरे पर। वह न अपनी रक्षा कर पाता है, न दूसरे की। कभी मेरे बेटे तुच्छ पशु-पक्षियों की रक्षा के लिए प्राणों की बाजी लगा दिया करते थे। बालक, यात्री, पशु, पक्षी और बेबस उसकी दया पाकर निहाल हो जाते थे। आज का किसान दिन-भर संगीन जैसी लाठी लिये अपनी फसल पर पहरा देता है, कहीं कोई कुछ तोड़ न ले। उसके मटर के खेत की एक छीमी मनुष्य क्या, कौआ भी न तोड़ सके। उसके ज्वार-बाजरे के खेत की बाल तो क्या, एक दाने पर भी कोई पक्षी चोंच न मार सके। बस, जो कुछ है, वह है। दूसरे जीव जीव

नहीं। दया और स्नेह की सरिता सूख गई क्या? अपरिचित तो क्या, परिचित स्वजन की रक्षा और सहयोग में भी वह कोर-कसर करता है। पुराने समय की नहीं, हाल की एक घटना का क्या मर्मस्पर्शी वर्णन 'हरिजन सेवक' में छपा था—

"एक शिकारी किसी गाँव में गया और एक मोर पर निशाना साधने लगा। एक देहाती ने उसे मना किया। पर वह शिकार छोड़ने को कत्तई तैयार न था। इसपर देहाती मोर और शिकारी के बीच में आ गया। शिकारी जोश में था। उसने गोली दाग दी। देहाती घायल होकर गिर पड़ा। देहात के लोग दौड़े। ऐसा ज्ञात हुआ कि अब शिकारी के दिन आ गए। पर वह घायल देहाती किसी प्रकार शिकारी और भीड़ के बीच में आ गया और बोला—'आप लोग आपे से बाहर न हों। मैंने जब एक मोर को मारने नहीं दिया तो इसे क्यों मारने दूँगा?' "

यह ऊँची भावना आज हृदय के अजायबघर की वस्तु हो गई है। आदर्श रूप में, किस्से-कहानी के रूप में, यह सामने आ जाएगी। कभी यह यथार्थ था। पुरानी पीढ़ी का मेरा बेटा इतना साधु, उदार और बलिष्ठ होता था कि वह जीवमात्र को अपना अंग समझ उनकी रक्षा को उत्सुक रहा करता था। आज भी संस्कार रूप में जीव-रक्षा की वह भावना हमारी बस्ती में पाई जाती है। पर वह हार्दिक प्रेरणा और प्रभाव अब कहाँ रहा? स्वार्थानल में उसका कोमल उपवन झुलस गया और करुणा की कमल-कलियाँ मुरझा गईं।

हृदय का कोष लुट गया। कर्तव्य की सुंदरता नष्ट हो गई। अब मेरा बेटा बाहर का कोष बढ़ाने में दत्तचित्त है। अपने बाह्य रूप को चार दिन के लिए चमकाने लगा है। उसकी बस्ती में बैंक खुल गया। उसका भी खाता है। वह गाँव के मंदिर पर नहीं, सुबह कहीं पास की चट्टी पर या चाय की दूकान पर हाजिर होता है।

...बस, आज इतना ही। इसे लिख लीजिएगा।

सत्रह

अज्ञान के किले में बंद गाँव का ज्ञान

बीस सूत्रीय कार्यक्रम, ग्रामीण रोजगार योजना, ग्रामीण भूमिहीन रोजगार गारंटी, एकीकृत ग्राम्य विकास, बँधुआ श्रमिक मुक्ति और उनका पुनर्वास, गाँवों में बायोगैस संयंत्र, सबके लिए मकान, समस्याग्रस्त गाँवों में पेयजल व्यवस्था, निःशुल्क बोरिंग, विविध व्यवसाय-प्रशिक्षण, पशुपालन, मत्स्य-मुरगीपालन, बैंक ऋण, परिवार

कल्याण और गरीबी उन्मूलन आदि-आदि सब तो आया; मगर किस रूप में? किसके लिए?

बूढ़े गाँव की बातों से ये प्रश्न मुझे बेचैन करने लगे। लगा, बूढ़ा ठीक ही कहता है कि अपढ़, गँवार, गरीब और अति दीन, धुर देहाती गाँव इन सबसे वंचित रह जाते हैं और सारा लाभ उन्हें होता है जो विकसित गाँव में नागरिक बन निवास करते हैं। सेवा नहीं, मात्र नौकरी करनेवाले और कागज का पेट-भर काम चलता करनेवाले राजकाजी जनों से उम्मीद भी कैसे की जाएगी कि वे निष्ठापूर्वक गाँव के भीतर निहित उस अदेख गाँव को देखकर तथा छूकर उठाएँ, जो वास्तव में जरूरतमंद हैं।

अगले दिन भेंट होते ही यह सवाल उठाया तो बूढ़ा रोने लगा।...और क्षण-भर आँसू पोंछकर हँसने लगा। फिर बोला—

गाँव के मर्म में प्रवेश करना आसान नहीं है, लेखक साहब! उसका ज्ञान एक अज्ञान के किले में बंद है। आइए मैं खिड़की के रास्ते आपको उसमें ले चलूँ।

मैं, अर्थात् गाँव, सुनाऊँ आपको कथा गाँव की या व्यथा अपने अंतस्तल की? शायद आप दोनों को सुनना चाहते हैं। तो सुनिए एक दास्तान।

लड़का सयाना हुआ। ब्याह करना है। निवास-स्थान को चूने से लीप-पोतकर सँवारा गया। चारपाइयाँ दुरुस्त की गईं। कुछ कुरसियाँ रख दी गईं। दोनों जून चाय चलने लगी। ट्रांजिस्टर सदा खुला रहता है। बिछौने लगे रहते हैं। जिनका लड़का 'करेंसी का नोट' बन गया है उनकी बात नहीं, ये वे हैं जिनका दुलरुआ गोबर गनेश है। सड़क छाप है और न घर का, न घाट का है। इसीलिए जो द्वार पर गए को कठिनाई से पानी पिलाते थे, वे आज आग्रहपूर्वक भोजन कराते हैं। जो पानी पीने के लिए गमछे की खूँट में बाँधकर गुड़ लाया करते थे, वे तस्तरी में लड्डू रखकर लाते हैं। पुराने जमाने की तरह लाल-पीली डालियों में चिउड़ा-बतासा नहीं आता है। अब चाय-पकौड़ी का जाल रचा जाता है 'तिलकहरू' फँसाने के लिए, कीमत ऊँची करने के लिए। ब्याह हो जाने पर फिर वही ढाक के तीन पात! खैर, आइए, कुछ और विडंबनाओं की ओर झाँककर देखें।

जिस प्रकार फैशन और व्यसन बढ़ा, उसी प्रकार धर्म और दर्शन की विचित्र-विचित्र भावनाएँ। आज का प्रत्येक शिक्षित व्यक्ति, जो नगरों, महानगरों और आधुनिक जीवन के घोर प्रभाव में आ जाता है, धर्म और ईश्वर के नाम से चौंक जाता है तथा पूजा-पाठ, दया-दान और नैतिकता को बेवकूफी समझता है। देहात का नौजवान इन बातों को मूर्खता के अतिरिक्त और कुछ नहीं समझता। रूढ़ि

और परंपरा के नाम पर वह त्योहार, व्रत, दान, होम, संकल्प तथा ब्राह्मण-भोजन आदि की व्यवस्था करता है; पर हृदय से इन सबकी महत्ता स्वीकार नहीं करता। सदा से ऐसा होता है, इसलिए ऐसा होना चाहिए। रहे पुराने लोग, वे एक अजीब तरह का खयाल रखते हैं। कुछ लोग आत्मा-परमात्मा, जीव-जगत् आदि पर बहस करने के लिए प्रस्तुत मिलते हैं। सच तो यह है कि संत-साधुओं ने इन चर्चाओं को एकदम सस्ता कर दिया है। भीतर मायाजाल रचकर सर्वस्वापहरण का कुचक्र चल रहा है और बाहर जीव-ब्रह्म की विवेचना हो रही है। श्रद्धालु लोग भी हैं। बड़ी तन्मयता से बैठकर ज्ञान की बातें सुनते हैं। सुनने मात्र से मुक्ति हो जाएगी, ऐसा भी सोचते हैं। सुनी-सुनाई बातें दूसरों से भी करते हैं। कथनी और करनी का यह महान् अंतर महान् आश्चर्य में डाल देता है।

तीर्थ-व्रत में भी मेरे बेटों की अब वैसी आस्था न रही। व्रत रूढ़ि के रूप में चलते हैं या कुछ पुराने लोगों की प्रेरणा से। वे स्कूलों की छुट्टियों के कारण अधिक सामने आते हैं। तीर्थ अब औरतें अधिक करती हैं। उनके भीतर धर्म की भावना कम, परंतु इसी भाव से बाहर की दुनिया देखने की अभिलाषा अधिक होती है। इतना तो अवश्य मानना पड़ेगा कि औरतों पर—देहात की औरतों पर—वैज्ञानिक युग की हवा कम लगी है। अत: वे कुछ अधिक सीधी, धार्मिक और उदार हैं। यह घर के घेरे में बंद रहने का वरदान है। दुनिया की नई रोशनी और नई हवा का प्रभाव उनके ऊपर कम है। कहीं-कहीं तनिक भी नहीं है। वे अब बाहर निकलने लगें और उनके ऊपर भी नया रंग चढ़ जाए, आश्चर्य नहीं! अब तो शिक्षा-प्रसार आदि कारणों से स्त्रियाँ पुरुषों के समानांतर आ गई हैं; परंतु गाँव में अभी उनकी अधकचरी शिक्षा का आरंभ है।

अनंत चतुर्दशी, रामनवमी और कृष्ण जन्माष्टमी आदि त्योहारों पर मंदिर और मठों में पहले सीधा (खाद्य सामग्री; यथा चावल, आटा, दाल, घी, नमक, हलदी, दही और सब्जी) इतना अधिक पहुँच जाता था कि संत लोग वर्षों खाते थे और समाप्त न होता था। अब छिछले बरतन में पसारकर आटा और ऊपर से एक पिंडी गुड़ को रखकर लोग दे आते हैं। फर्ज अदायगी-भर हो जाती है। कारण, लोग धीरे-धीरे जानने लगे हैं, यह सब दान आदि व्यर्थ है। इससे कुछ लाभ नहीं। अपना कमाना-खाना है। हृदय की श्रद्धा नष्ट हो गई। जैसे आदमी आदमी न रह गया, वह आज बुद्धि और तर्क की मशीन हो गया है। बेकारी, बेरोजगारी, आबादी की बाढ़ और राजनीति जो न करे!

मेरे बेटे बात-बात में कलियुग की दुहाई देते हैं। इस दुहाई की छाया में देख

रहे हैं कि पुत्रगण पिता-माता की चमड़ी उधेड़ देने के लिए तैयार हैं। पत्नी घर आते ही बूढ़े सास-ससुर को धता बताती है। पति के कान फूँक देती है, कान भर देती है और कभी-कभी कान काट लेती है। वह उसकी माया में आदर्शों और पारिवारिक जीवन-मूल्यों को विसर्जित कर देता है। समाज की इसी उलटी व्यवस्था को देखकर लोग शांति और विश्वास के साथ कलियुग की दुहाई देते हैं। उसके दोषों का वर्णन करते हैं। कहते हैं, यह अंतिम युग है। इसमें आदमी की बुद्धि मारी जाएगी। फिर विनाश होकर नई सृष्टि होगी।

मेरे बेटे कलंकी अवतार की चर्चा करते हैं। कहते हैं, यह अवतार पृथ्वी पर का घाव दूर करने के लिए होगा। कलंकी भगवान् पृथ्वी के समस्त पापियों का मूलोच्छेद कर डालेंगे। इन विचारों से उन्हें बड़ी शांति मिलती है। यह कलंकी 'कल्कि' का अपभ्रंश है। विष्णुपुराण में इसका प्रसंग आया है। कहा गया है—

"अर्थ एवं अभिजन हेतुः, धनमेव शेष धर्म हेतुः, अभिरुचिरेव दाम्पत्य सम्बन्ध हेतुः, अनृतनव व्यवहार जय हेतुः, स्त्रीत्वमेव उपभोग हेतुः, ब्रह्मसूत्रमेव विप्रत्व हेतुः, लिंग धारणमेव आश्रम हेतुः।" (४-२४, २१)

तात्पर्य यह कि कलियुग में एक ऐसा समय आएगा, जब धन ही प्रतिष्ठा का कारण होगा। धन ही धर्म का मूल होगा। स्त्री और पुरुष इच्छानुसार संबंध जोड़ेंगे और तोड़ेंगे। झूठा आदमी ही व्यवहारकुशल समझा जाएगा। स्त्री भोग की वस्तु रह जाएगी। जनेऊ ही ब्राह्मणत्व का चिह्न रह जाएगा। बाहर की वेशभूषा की प्रधानता हो जाएगी। यह लक्षण घनघोर कलियुग का है और ऐसे ही में कल्कि भगवान् के अवतरण की बातें कही जाती हैं।

मेरा बेटा कहता है कि प्राचीनकाल के पुराण-लेखकों की भविष्यवाणियाँ सत्य हो रही हैं। बेचारा बहुत भोला है। जिसमें विश्वास कर लिया, कर लिया। पुराण उसने कभी देखा भी नहीं। हाँ, रामायण से उसका निकट का नाता है। तुलसीदास ने कलिधर्म जो निरूपण किया, उसकी चौपाइयाँ उनकी जबान पर नाचती रहती हैं। विशेषकर यह कि—

मातु पिता बालकन्हि बोलावहिं।
उदर भरै सोइ धर्म सिखावहिं॥

इस सामाजिक ह्रास से उसका हृदय रोता है; पर संस्कारवश वह भी वही करने को बाध्य है जिसके कारण उनका हृदय दुखी, क्षुब्ध एवं असंतुष्ट रहता है।

एकादशी आदि के दिन व्रत रखने का रिवाज धीरे-धीरे समाप्त होता जा रहा

है। लोग एकदम स्वतंत्र हो गए हैं। मन पर धर्म का या ईश्वर का शासन नहीं है। पहले लोग अशिक्षित अवस्था में अंधविश्वास के कारण भी कुछ सुमार्ग पर बढ़ते थे। अब शिक्षा-प्रसार का पहला प्रहार ऐसी ही वस्तुओं पर हुआ है। अश्रद्धा और स्वार्थ-भावना के कारण मेरे बेटे आज जिस स्थिति में हैं, उसे देखते हुए कहना पड़ता है कि इस अंधस्वेच्छाचारिता की अपेक्षा अंधविश्वास से प्रभावित अंधपरंपराएँ कहीं लाख दरजे अच्छी थीं।

स्थिति विचित्र दुहरी है। एक तरफ धर्म प्रधान पुराना चलन है। दूसरी ओर नए युग की कामकाजी लहर है। इन दोनों के बीच में मेरा बेटा है। वह धीरे-धीरे पुराने चोले को उतारकर रख रहा है। वह प्रत्येक वस्तु को लाभ की दृष्टि से देखने लगा है। होली के दिन उसके खेत की कटिया बंद नहीं होती। दीपावली के दिन भी वह विराम नहीं लेता। त्रयोदशी को गंगाजल लाकर शंकर का अभिषेक करना आज व्यर्थ श्रम के अतिरिक्त और कुछ नहीं समझा जाता। भले ही बैठे-बैठे दिन कट जाए; परंतु वह ऐसा नहीं करेगा। पत्थर के चिकने ढेलों में आज कोई ठोस आकर्षण वह नहीं पा रहा है। संस्कारवश भले सिर झुका दे या किसी त्योहार पर एक लोटा जल चढ़ा दे। मंदिर के देवताओं से अधिक शक्तिशाली वह भूत-प्रेत को समझ रहा है, जो छट्ठी का दूध उतार देते हैं। भूत के चौरे पर, ब्रह्मस्थान पर, इसीलिए तो देखा जाता है कि गठरी-मोटरी बाँधे, हुक्का-तंबाकू लिये नर-नारीगण बड़ी दूर-दूर से चले आते हैं। सात्त्विक पूजा की भावना चंद पुराने लोगों में अवशिष्ट मिलती है। नए लोगों के लिए—

"बसे बुराई जासु तक ताही को सनमान,
भलो भलो कहि छोड़िए खोटे ग्रह जपदान।"

वाला दोहा उपयुक्त जान पड़ता है। मेरे बेटों के भीतर आध्यात्मिक सरसता कुछ पुराने त्योहारों, परंपराओं, पुराने लोगों, पुरानी पोथियों और विशेषकर रामचरितमानस एवं कुछ भक्तों के कारण टिकी है; परंतु वह स्वेच्छाचारिता के प्रवाह में कब तक टिकी रह सकेगी, यह कहा नहीं जा सकता। धर्म के परमाणुओं से जो स्वस्थ वायुमंडल बनता है, श्रद्धा के सात्त्विक भावों से जो सुख-संतोष प्रादुर्भूत होता है तथा त्याग की किरणों से जो पूर्ण जीवन-कमल खिलता है, वह मेरी बस्ती में दुर्लभ नहीं है। उसकी संभावना मरी नहीं है। बस, मेरे बेटे जरा बदलें तो सबकुछ बदल जाए, नरक स्वर्ग हो जाए। दुर्मति का चंगुल इन्हें कब तक अनजानी नरक-यंत्रणा में ला-लाकर गिराता रहेगा?

सहयोग और भ्रातृत्व के खंडित होते ही आज हमारा पेट बड़ा हो गया है। वह भरता ही नहीं है। ऐसा ज्ञात होता है कि सारी दुनिया का भाग छीनकर हम खा जाएँगे, तब भी वह नहीं भरेगा। हम मिलकर, बाँटकर और आवश्यकता के अनुसार खाना भूल गए हैं। भूल गए हैं कि हममें दूसरों का भी हक है। ईश्वर के पैदा किए सभी बेटे आपस में भाई-भाई हैं। दूसरों का लेना शांति का पथ नहीं है।

आज देने के नाम पर ग्रामीण दो चीज देते हैं। ऋण, हथफेर, धोखा, गाली और कष्ट आदि की गिनती 'देने' वाली चीज में नहीं आएगी। उसमें हम दो चीजों को लेते हैं। एक दान और दूसरा चंदा। दान की थोड़ी चर्चा हो चुकी है। वह झख मारकर दिया जाता है; जैसे 'उधिआयल सतुआ पितरन के'! वह भी सुपात्र कहाँ पाते हैं? कुपात्र पाते हैं, सो भी ठगबाजी द्वारा।

रही चंदे की बात। इसकी दशा विचित्र है। पुराने समय में इतना संगठन था कि पटवारी और मुखिया मिलकर चंदे की सूची बना दिया करते थे। वे यथायोग्य सबपर निर्धारित कर देते थे। यह चंदा खेत के बीघों पर या माथ पर या सींग पर लगता था। यानी कितना खेत, कितने लोग, कितने मवेशी! बात की बात में चौबीस घंटे के भीतर यह रुपया एकत्र हो जाता था। वह सूची इतनी पक्की समझी जाती थी कि बहुत दिनों तक, जब तक फट न जाती थी, चलती थी। दो सौ रुपए की, तीन सौ की और इसी प्रकार पाँच सौ आदि तक के लिए सूचियाँ रहती थीं। सभी ग्रामीण जानते थे कि इतने रुपए की निधि समूचे गाँव को चंदे के रूप में देनी है तो हमारा भाग कितना पड़ेगा। चंदा देना, जिस काम में सारा गाँव सहयोग कर रहा है, उसमें अपना सहयोग देना लोग अपना कर्तव्य समझते थे। सहयोग और संगठन ऐसा सुदृढ़ था कि कोई सार्वजनिक निर्णय के भीतर मीनमेख नहीं कर सकता था। ऐसा बहाना भी कम सुनने को मिलता था कि 'आज नहीं है'। सारा काम कैसे चलता है, भोजन वस्त्रादि का प्रबंध कैसे होता है, इससे भी आवश्यक चंदा समझा जाता है। इसे 'बेहरी' या 'भेजा' आदि नाम से भी जानते थे। वह गाँवमर्रा भेजा होता था। अर्थात् पूरे गाँव के लिए होता था। उसका स्थान अपनी जरूरतों से ऊपर था। यही कारण था कि सार्वजनिक कार्य सुविधापूर्वक हो जाया करते थे। उस समय, यानी स्वराज्य से पहले तक, सार्वजनिक कार्य क्या थे? यज्ञ करना, किसी देवालय पर या किसी देवता के लिए उत्सव करना, राम-कृष्ण के जन्मदिन मनाना, रामलीलाओं की योजना, कथावार्त्ता की योजना, कोई साधु जैसे 'पवहारी बाबा' अपनी जमात के साथ पहुँचे तो उनका स्वागत करना, गाँव में साधुओं को रखना और उनका व्यय बरदाश्त करना, मंदिर बनवाना, गरीबों की सहायता करना, सार्वजनिक कुआँ या

देवस्थान बनवाना आदि। सार्वजनिक कामों में धार्मिक कृत्यों का प्राधान्य था। इसमें ग्रामीण जी-जान से सहयोग करते थे। इसमें उन्हें हार्दिक आनंद प्राप्त हो जाता था। रस मिलता था। सद्भाव और कल्याणकर भावनाओं का परिपोषण होता था। निर्वैर और सुहृदतापूर्वक एकत्र होने, कार्य करने में भ्रातृत्व भाव बढ़ता था। वातावरण रंगीन, मोहक एवं सुखप्रद होता था।

आज ऐसी बात नहीं है। वह पटवारी और मुखियावाला युग बीत गया। यह युग ग्राम प्रधान या ग्राम सभापति का है, लेखपाल और ग्राम विकास अधिकारी का है। यह युग राजनीति का है। इसके प्रभाव से आज का व्यक्ति पक्का स्वार्थी हो गया है। वह सार्वजनिक कार्यों को बेवकूफी समझता है। 'जो करे, सरकार करे' जैसी मानसिकता ने गड़बड़ कर दिया है। सहयोग-संगठन रहा नहीं, चंदा देने में नानी मरने लगती है। धर्मभीरुता नाम की चीज का सर्वथा लोप हो गया। मेरे बेटे स्वयं चंदा देने में तो आनाकानी करते ही हैं, दूसरों को भी बहकावे में डाल देते हैं। हीन मनोवृत्ति की इतनी प्रधानता हो गई कि बात-बात में पार्टीबंदी हो जाती है। मारपीट-फौजदारी के नाम पर हजारों का बजट है, चोर सर्वस्वापहरण कर ले जाएँ, सब्र है; ईति-भीति सर्वनाश के कारण बन जाएँ, आँखों से देख लेंगे एवं कलेजे पर पत्थर रखकर देख लेंगे; परंतु दो रुपया भी किसी पुस्तकालय के लिए, अनुष्ठान के लिए, मंदिर के लिए, साधु के लिए अथवा सीवान-मथार पर सार्वजनिक लड़ाई लड़ने के लिए नहीं देंगे। यदि दे दिए तो उस रुपए का 'खून हो गया' ऐसा समझकर कलेजा फटने लगेगा। आपसी विद्वेष इतना घना है कि जो व्यक्ति किसी सार्वजनिक कार्य में आगे बढ़ता है वह अन्य लोगों को फूटी आँखों भी नहीं सुहाता। सोचते हैं कि अब तो इसका नाम हो गया। अत: न खेलते हैं और न खेलने देते हैं, खेल ही चौपट कर देते हैं।

काश कि सार्वजनिक कार्यों में उमंग होती और चंदा आदि देकर सेवाकार्य करना भोजन करने की तरह लोग जरूरी समझते तो इस नई खेती के युग में प्रत्येक गाँव की पैदावार और आय पाँच गुनी तक सरलता से बढ़ जाती। अब भी आधे से अधिक गाँवों में ऐसे कृषक हैं जिनके खेतों में हल-बैल की कमजोरी के कारण उत्तम पैदावार नहीं होती। सारे ग्रामीण सहयोग से एक-एक गाँव के लिए सम्मिलित रूप से सिंचाई, जुताई आदि का यंत्र खरीद लेते तो समय-श्रम के मितव्यय के साथ अपार लाभ होता।

चंदे नहीं मिलते और सार्वजनिक कार्य खटाई में पड़े रहते हैं, न केवल देनेवालों की स्वार्थी मनोवृत्ति के कारण, बल्कि लेनेवाले यानी संयोजकों की

लोभवृत्ति के कतिपय मिले पुराने उदाहरणों के कारण। ऐसा भी देखा गया कि सारी रकम किसीके पेट में हजम हो गई। डकार तक नहीं आई। अंट-संट हिसाब सामने आ गया। नमक-तेल किसीके घर का चले, चंदा इसलिए तो दिया नहीं जाता। हाँ, अपने आप वह लोकतंत्र का कालाबाजार हो जाता है तो क्या करें मेरे बेटे भी?

...बस, आज इतना ही।

अठारह

अवमूल्यन की आँधी

अब एक प्रकार से आदत हो गई है अथवा दिनचर्या का यह एक आवश्यक अंग हो गया है कि गाँव के साथ बैठूँ और बातचीत करूँ। सायंकाल होते ही गाँव, अर्थात् वह फटेहाल बूढ़ा, आँखों के सामने आ जाता है। मेरे पैर अनायास डीह बाबावाले स्थान की ओर बढ़ने लगते हैं। मन में उत्सुकता जगती है कि पता नहीं मेरे और उसके बीच आज कौन-सा विषय घहराए। सचमुच ही कोई भी विषय हो, वह जैसे हमारे ऊपर घहरा पड़ता है। यह गाँव अपने और किसान के बारे में क्या सोच रहा है, सुनकर मैं चकित रह जाता हूँ। कुछ बोल नहीं पाता हूँ।

हाँ, जब वह बोलना समाप्त कर बिना कुछ कहे एक ओर खिसक जाता है तो मैं घर आकर उसकी कही बातों को लिखता हूँ। हाँ, बस मैं लिख ही सकता हूँ, उसके आगे बोलना कठिन है। फिर वह बोलने लगता है तो बीच में उसे छेड़ना असंभव होता है।

आज मैंने सोचा कि स्वयं कुछ भी नहीं बोलूँगा। केवल उसकी सुनूँगा। फिर वह तो ठहरा अंतर्यामी! मेरा आशय समझकर शुरू हो गया और अवमूल्यन की आँधियों के बीच मेरा सोच तथा मेरी समझ पत्ते की भाँति उड़ने लगी। उसने कहा—कितनी शिकायत करूँ अपनी और अपने बेटे किसान की? आप ऊब रहे होंगे। मगर मुझ अभागे गाँव को अपने मन की व्यथा कह लेने दीजिए। क्योंकि चारों ओर हमारे यहाँ बुराई ऐसे फैली कि भलाई के रास्ते शनैः-शनैः बंद होने लगे। जहाँ कुछ धार्मिक मनोवृत्ति शेष है, वहाँ तो कुछ सहयोग और सद्भाव के दर्शन करते हैं। लेकिन यह धार्मिक मनोवृत्ति भी आज की दुनिया के जलते बाजार में बहुत महँगा सौदा हो गई है। स्त्रियाँ यद्यपि अशिक्षित हैं; परंतु पुरुषों से अधिक सहृदय हैं। इसका परिचय समय-समय पर मिलता है।

'झंडा दिवस' पर सैनिकों के लिए प्रत्येक स्कूल पर चंदा के लिए बक्स भेजे गए। जिसमें पाँच पैसा तक डालना था। स्कूल में बक्स सप्ताहों तक पड़ा रहा। गाँव में दो-तीन दिन घुमाया गया। उसमें वजन नहीं आया। अनुमानतः तीन-चार आने पैसे आए होंगे। अंत में एक अनुभवी व्यक्ति की सलाह से एक स्त्री द्वारा स्त्रियों के समाज में यह बक्स कालीजी की पूजा के नाम पर घुमाया गया। युद्ध की देवी कालीजी सचमुच हैं भी। और सैनिकों की सहायता के लिए वह आंदोलन था। रातोरात बक्स भर गया। कुछ पैसे ऊपर से भी भेजने पड़े। प्राचीन धार्मिक रूढ़िग्रस्त आयोजन आज भी सफल होते हैं। यद्यपि आदमी ने आज कटिबद्ध होकर धार्मिक शासन मानने से इनकार कर दिया है, तथापि वह संस्कार और युग-युग की हवा का मुँह मोड़ने में मजबूर है।

ग्रामीण का अर्थ होता है 'सरल चित्त के सीधे लोग'। कभी ऐसे लोगों से गाँव भरे पड़े थे। तब सचमुच घी-दूध की नदियाँ बहती थीं। पुरुष 'धर्म' पूर्वक 'अर्थ' और 'काम' का आयोजन कर 'मोक्ष' के भागी होते थे। स्वार्थ और कुत्सित छीना-झपटी न थी। पृथ्वी 'धरणी' थी, 'रमणी' नहीं। वह पालन-पोषणकर्ता थी। न्यायबुद्धि से मानवों के पास रहती थी। रुपए पर उसकी खरीद-बिक्री और उसके लिए सिर फुटौवल तो नए युग की देन है। किसी जमाने में किसी किसान की सैकड़ों बीघे जमीन गलती से किसी अन्य के नाम कागज में लिख गई तो उसने स्वेच्छा से उसे जमीनवाले को वापस कर दिया। इस प्रसन्नता में उसके घर जब लड़की की शादी पड़ती है तो किसान के घर से उतना गेहूँ जाता है जितने में पूरा हो जाए। यह पुश्तैनी रस्म आज तक चली आती है। हाँ, यह दूसरी बात है कि तब देने में हार्दिकता थी और आज विवशता है, लोक-लाज है तथा यह पता नहीं आगे रहे या न रहे।

खाने की बीमारी इस सीमा तक फैली कि लोग सार्वजनिक रास्ते, चरागाह, मैदान और वाटिका तक पर हाथ साफ करने लगे। ऐसा ज्ञात होता है कि एक इंच भूमि ऐसी न बचेगी जिसपर आदमी या पशु खड़ा हो सके। प्रयास तो उत्तम है, परंतु है कोरा लोभ-मात्र। यदि मानवता के भरण-पोषण या अधिक अन्न उत्पन्न कर राष्ट्र को अन्न-संकट से त्राण देने की भावना से यह खेत-जोत बढ़ाने का प्रयत्न किया जाता तो इसकी जितनी प्रशंसा की जाती, थोड़ी होती। लेकिन ऐसा होता कहाँ है? सेवा-सद्भाव नहीं, इसमें तो शुद्ध स्वार्थ और हड़प-हिंसा का विचार होता है। इस प्रयत्न का नंगा रूप वहाँ देखने में आता है जब एक बलवान किसान अपने डाँड़े के कमजोर किसान की भूमि कुछ अधिक बढ़ाकर अपने में मिला लेता

है। कमजोर बेचारा टाँय-टाँय करता रहता है!

प्रायः प्रत्येक गाँव में बीस-बीस, पच्चीस-पच्चीस खेतों के बीच चौड़े-चौड़े रास्ते बनाकर 'छवर' छोड़े गए। दैव दुर्विपाक से वे आज क्षीण होते-होते लुप्त हो गए। कहीं किसीने सार्वजनिक रूप से सुस्वादु बेर की झाड़ियाँ लगाईं। आज के समझदारों ने उसे काट-पीटकर ईंधन बना दिया और जमीन जोत में शामिल कर ली। मेरा बेटा ज्यों-ज्यों जमीन बढ़ाने, पेट बढ़ाने और लोभ को विस्तृत करने की अनुचित चेष्टा करता जाता है, त्यों-त्यों पैदावार घटती जाती है और भुखमरी के निकट अभिमंत्रित-सा स्वयमेव खिंचता चला जाता है। कोर्ट-कचहरियों और कानूनों ने तथा शहरों में रहनेवाले कानून का धंधा करनेवालों ने हमारे बेटों को भू-व्यामोह की दिशा में बहुत गुमराह किया है।

मेरी बस्ती के सरल-सरस वातावरण को शहर के इन वकील-मुख्तारों ने अत्यधिक गंदा कर दिया। ये वकील-मुख्तार लोग अधिकांश अपने लोगों में से ही होते हैं। ये वे लोग होते हैं जिनके पिता ने गाढ़ी कमाई लगाकर शिक्षा से सौदा किया। सपूत बेटे ने वकील होकर सूद-मूल के साथ उसे अदा कर दिया। इसलिए कि ये लोग गाँव के होते हैं, गाँव की एक-एक नस से परिचित होते हैं। रात-दिन भोलेभाले लोग इन्हें घेरे रहते हैं। इनसे झूठ-फरेब, मोर-तोर के कानूनी तिकड़म और प्रतिहिंसा-प्रतिकार के मकड़जाल सीखकर अपने लोगों पर उसका प्रयोग करते हैं। ज्यों-ज्यों वकील और मुख्तारों की संख्या बढ़ती गई, गाँव के झगड़ों में भी वृद्धि होती गई और रौनक हवा हो गई। नौबत यहाँ तक आई कि आज का ग्रामीण अपने सहोदर या सहधर्मिणी पर से भी अपना विश्वास खो बैठा है।

मुकदमों के मजबूत घेरे ने गाँव के जीवन को चतुर्दिक् से घेर रखा है। किसी-न-किसी प्रकार सभी इस काजल की कोठरी की कालिख से चिह्नित हैं। शत्रुता और वैर के घेरे भी उसी प्रकार विशाल पैमाने पर बने हैं। विरले ही किसान उसके बाहर हैं। इसीसे हुक्के-पानी में सरसता नहीं रह गई है। त्योहार पर लोग खुलकर गले नहीं मिलते। भोज-भात में हार्दिकता नहीं रह गई है। शादी-ब्याह के अवसर पर 'अपने-अपने मँड़वे में अपनी-अपनी नाच और अपने-अपने चौके पर अपने-अपने गीत' वाली कहावत चरितार्थ होने लगी है।

शत्रुओं का कपटपूर्ण सत्कार होता है और मित्रों से सशंक वार्त्तालाप होता है। मन में राम बगल में छूरी तो एक साधारण बात हो गई है। 'कर में शहद हृदय में माहुर' अधिकतर देखा जाता है। कभी गाँववाले अपने-पराए में भेद ही नहीं मानते थे। जाने-अनजाने सभी तरह के लोगों का दिल खोलकर सत्कार करते थे।

यह स्वागत-सत्कार ही उन्हें जैसे वरदान में मिला था। न कोई बनावट, न दिखावट और न सजावट। जैसा सरल अंतर है, वैसा ही बाहर भी। यदि कोई खोट है तो खोलकर रख देते हैं। भीतरवाले पोसकर 'वैर' या 'क्रोध का मुरब्बा' बनाकर नहीं रखते। व्यवहार-कपटहीन होना ही उनका निजी गुण था।

ऐसा नहीं कि सभी पुराने किसान दूध के धोए होते थे। कुछ दुर्जन भी थे। आज जिस अनुपात में गाँवों में सज्जन हैं, उसी अनुपात में पहले दुर्जन थे। इस दिशा में नगरों ने उन्नति की है। वहाँ सबका कार्य पृथक्-पृथक् है। यहाँ तो खेत-बारी सब एक में है। यहाँ कपट-चातुर्य का अर्थ है अपने पैर में स्वयं कुल्हाड़ी मारना। अपनी संचित मानवता पर पानी फेर देना।

ईख का रस, साग, मटर की फलियाँ, रंग-बिरंगे फल और सुंदर-सुंदर फूल आदि यहाँ के वातावरण को अत्यंत सरस बनाए रखते हैं। इनके ऊपर कोई रोक नहीं। अतिथि के लिए जब दूध-घी को लोग कुछ नहीं समझते तो इन सब वस्तुओं की क्या कीमत है? ईख के खेत से रास्ता चलते बालक तोड़-तोड़कर चूसते हैं। शहरों में उतने रस के लिए मजे की कीमत चुकानी पड़ेगी। माघ-फागुन के दिन में थोड़ी-सी नमक-मिर्च खूँट में बाँधकर खेतों की ओर निकल जाएँ। जगह-जगह बिना मूल्य के भोजनालय खुले हैं। 'होला' जल रहा है। जो आता है, बैठता जाता है। खेत के चारों ओर जैसी आजादी से पक्षी खाते हैं, वैसी ही स्वतंत्रता से मेंड़ पर बैठे किसान स्वाद लेते हैं। यही दशा फलों की है। प्रेम से राहगीरों को भरपेट आम का फल खिलाने का आदर्श है। इसमें बगीचे की शोभा समझी जाती है। बच्चे-बच्चे की नस-नस में यह भावना रम रही है कि ये सब वस्तुएँ बाँटकर खानी चाहिए। अकेले नहीं। आम, जामुन और कटहल आदि के बगीचे होते भी प्रचुर मात्रा में हैं। आम को लोग 'इंद्रासन का फल' कहते हैं। ऐसा विश्वास है कि जो बाँट-बूँटकर नहीं खाते, उनके पेड़ नहीं फलते। जिस वर्ष आम मजे के आ जाते हैं, किसान की प्रसन्नता का ठिकाना नहीं रहता। उसका सारा परिवार तीन-चार महीने तक अमृत भोग करता है। संगी-साथी और पड़ोसी तक अघा जाते हैं। नाते-रिश्ते के लोग तृप्त हो जाते हैं। गाँव के बालकों का नित्य महोत्सव होता है। उनके लिए समूचे गाँव के बगीचे अपने हैं। हर पेड़ पर उनका दावा है।

इस प्रकार न केवल भोज्य अन्न, अपितु बहुत-सी वस्तुएँ ऐसी हैं जो ग्रामीण समाज को भोजन की दृष्टि से स्वावलंबी, सुखी और संतुष्ट बनाती हैं। खरबूज है, तरबूज है, बेल है और ककड़ी है। तरह-तरह के पदार्थ हैं। कहा भी जाता है—खेती-बारी साथ-साथ। खेती में जैसी उदारता है, बारी में वैसी ही

सहृदयता है। दोनों में जीवन का स्वाद है। यह स्वाद मेरे बेटे को शारीरिक एवं मानसिक स्वास्थ्य प्रदान करता है। उसके स्वभाव में, संस्कार में और सार्वजनिक जीवन की प्रणाली में खेती-बारी से उत्पन्न यह रमणीयता रम रही है। भोजन के तत्त्वों का वैज्ञानिक विश्लेषण भले वह न जाने, पर सहज सुलभ वस्तुएँ उसे पूरा-पूरा पोषण तत्त्व प्रदान करती हैं।

समय के फेर से उक्त स्वर्गीय भावनाओं पर लीप-पोतकर चौका लगता चला जा रहा है। प्रत्येक वस्तु की कीमत अब लोग रुपए, आने और पैसे में आँकने लगे हैं। खेती अब धर्म नहीं, अर्थ का विषय हो गई। समय के दबाव से ऐसा होना उचित भी है; परंतु शत-प्रतिशत व्यावसायिक दृष्टि तो यहाँ के लिए आत्मघाती वृत्ति है। बड़ों की देखादेखी बालकों तक में स्वार्थ, लाभ और अपनत्व की भावना प्रविष्ट होती जा रही है। उन्हें रात-दिन 'हमारा-तुम्हारा' पढ़ाया जाता है। यह भी स्थिति कहीं-कहीं पैदा हो जाती है कि जिस किसीके खेत में चाहे होला नहीं उपार सकते। रास्ता चलते ईख तोड़कर गाली पाएँगे और प्रत्येक बाग में सहज आतिथ्य के हम हकदार नहीं रह गए। साग तक पर लोग मुहर लगा देते हैं।

अगहन-पूस के महीने में रंग-बिरंगे फूलों में सजा-सँवरा पृथ्वी पर पौधों का बचपन लहरा उठता है। दिशाओं की गोद में कंचन बरस-बरस पड़ता है। हरीतिमा के उस विशाल महासागर में अधिकार का भँवर क्यों? वह आनंद और सुख से जीवन-तरी को चलने नहीं देता। छोटी-छोटी लड़कियाँ और युवतियाँ जब चने का साग खूँटने के लिए गोल-के-गोल निकलती हैं तब ज्ञात होता है जैसे वनस्पति देवी ने साकार होकर दिवाभिसार प्रारंभ कर दिया है, दलबल के साथ।

कहीं कोई नमक-मिर्च के साथ हरा-हरा, रूखा, भीना और कचकचा स्वाद चने के साग में उड़ा रहा है। कहीं कोई तान छेड़ रहा है। स्वर्गीय आनंद है। ऐसे समय में यदि कोई चिल्लाकर गाली बकना और खेत से खदेड़ना प्रारंभ करता है तो कलियुग याद आ जाता है। गाँवों में कभी-कभी डुग्गी पिटवाई जाती है कि 'कल से यदि कोई साग खूँटता पाया जाएगा तो इतना रुपया उसपर जुरमाना होगा'। जमाना क्या-से-क्या हो गया! खेतवाले करें भी तो क्या करें? साग खूँटनेवालों में से भी कई दुष्टता के अवतार होने लगे हैं। मारा कि आधी फसल ही मूँड़ लाए। मानव नहीं, मवेशी उसे खा रहे हैं! ऐसी दशा में साग पर प्रतिबंध लग गया तो क्या आश्चर्य?

जब आँधी आती है तो झुंड-के-झुंड लड़के बाहर बगीचों की ओर दौड़ते हैं। 'आँधी पानी आवेला, चिरइया ढोल बजावेली'! यह उनकी कविता है, जो उक्त

अवसर पर मुँह से अनायास फूट निकलती है। एक युग से गाँव के लड़के इन पंक्तियों में हार्दिक आह्लाद का अनुभव करते चले आए हैं। इन्हें दुहराते हुए वे घर से निकलते हैं। आँधी पानी के साथ आ गई। चिड़ियों ने प्रसन्न होकर ढोल बजाना शुरू कर दिया। कविता का अर्थ यह है। आँधी में ढोल तो वास्तव में लड़के ही बजाते हैं, क्योंकि बगीचे में आम लूटने का अवसर उन्हें मिलता है; परंतु अपनी प्रसन्नता को उन्होंने चिड़ियों के मत्थे मढ़ दिया। ऐसी दशा में आज एक बात दु:खप्रद हो गई है। गाँव के बाहर होते ही बालकों को अपने-पराए बाग और अधिकार की भावना सताने लगती है। जमाना न रहा कि बच्चे सबके बगीचे को अपना ही समझें। राजनीति ने गाँव में घुस सत्यानास कर दिया!

विश्वास नहीं होता, जब यह सुनते हैं कि अमुक गाँव में आम के एक टिकोरे के लिए मारपीट हो गई और कई आदमी घायल हो गए। अमुक व्यक्ति ने अमुक के खेत से उखाड़कर होला जलाया तो उसने चिढ़कर उसका सारा खेत ही स्वाहा कर डाला। अमुक के लड़के ने अमुक के खेत से स्कूल जाते समय एक गन्ना तोड़ लिया तो उसने ऐसा तमाचा जड़ दिया कि चेहरे पर पाँचों उँगलियाँ उभर आई हैं; जैसे मातादाई का थापा दिया गया हो। कितना रोना रोऊँ अपने स्वर्ग में घहराए आज के नरक का! आप इसीको आधुनिक ग्रामोत्थान या योजना-विकास कहते हैं? बहुत धोखा दिया देश के बुद्धिमान कहे जानेवाले बड़े-बड़े लोगों ने।...इसे लिख लेना।

उन्नीस

अर्थ ने धर्म को दबा दिया

'कलवाले झगड़े के बारे में तुम क्या सोचते हो?' बूढ़े ने एक दिन आते ही पूछा। मैं चौंक उठा। इस प्रकार का सवाल उसने पहली बार उठाया था। आज मैंने यह भी ध्यान न दिया कि हम लोगों के बीच संबोधनों में 'आप' और 'तुम' का कोई हिसाब नहीं रह गया है। शायद गहरे तादात्म्य के कारण। मैंने सवाल सुनकर अपनी ओर से भी एक सवाल उठा दिया—

'आप क्या सोचते हैं उसके बारे में?'

'मुझे लगता है कि अर्थ वहाँ पर धर्म को दबा रहा है।'

'बस यही बात है। अर्थ की जगह स्वार्थ कहें तो बेहतर होगा, स्व + अर्थ! अपना निजी अर्थ, व्यक्तिगत हानि-लाभ। देवता का डर नहीं रहा।'

‘इसी प्रकार की हालत रही तो एक दिन इस डीह बाबा की जमीन भी कोई हड़पकर अपने खेत में मिला लेगा।’

‘नहीं, ऐसा नहीं होगा। बहुत पहले इस नीम के पेड़ पर चढ़कर कोई दातून तोड़ रहा था। दुर्योग से वह गिर पड़ा। बस, तब से लोग भयभीत रहते हैं। एक तिनका भी कोई नहीं छूता है। इस तरह का कोई हल्ला उस नाथ बाबा के लिए नहीं है।’

‘बेचारे सीधे देवता! सारी जमीन दरवाजे में समेट ली गई। ऊपर से झगड़ा। है न यही बात?’

‘हाँ, यही बात है। सभापति ने टोक दिया तो लाठी निकल गई। लोग धर्म-कर्म के मामले में बहुत ढीठ हो गए हैं। ठोकरें लगती हैं तब भी आँखें नहीं खुलती हैं। पूरी ग्राम संस्कृति ही विकृति के खंदक में ढह गई है। इसीलिए गाँव की, अर्थात् आपकी, निजी पहचान बदल गई है।’

‘ठीक कहते हो। यही तो मेरी मर्म-पीड़ा है। दिन-रात सालती रहती है। अब छेड़ दिया तो सुनो—’

आप धैर्यपूर्वक सुनो। मैं अपनी, अर्थात् गाँव की, नस-नस को जानता हूँ। एक-एक को खोलकर कहूँगा अब मैं, आप देखते चलें कि कहाँ उन्नति हुई, कहाँ अवनति हुई कि क्या हुआ? लोग कहते हैं कि पहले किसान के खेत से जितना अन्न गिरता था उतना अब नहीं गिरता है। पहले प्रतिवर्ष बगीचे आते थे। उसके बाद एक वर्ष का अंतर देकर आने लगे। इसके बाद दो वर्ष, फिर तीन वर्ष का अंतर पड़ने लगा। अब बिना दवा छिड़के कभी नहीं आते। अब कभी-कभी आते भी हैं तो ऐसे कि आम के लिए जी लुलुआकर रह जाता है। जहाँ पर लक्षाहुति उड़ाने के लिए रसीले फल के टीले लगा दिए जाते थे, वहाँ किसान घर के किसी एक कोने में एकाध टोकरी फल बाग से ले जाकर यत्न से रखता है कि बच्चों का काम चले। आम में बौर आते हैं। लकठिया जाते हैं। सिरसई फूटती और नष्ट हो जाती है। मधुआ लग गया है। बगीचा बीमार हो जाता है। बीमार संसार का असर बगीचों पर पड़ गया। ऐसे अवसर पर किसी महात्मा का वचन याद आ जाता है कि ‘बगीचे नहीं फलते, खेती नहीं फलती; आदमी की भावनाएँ फलती हैं’। कभी किसान अत्यधिक उदार रहा। तब प्रकृति भी बेहद सदय रही। आज वह जैसे कौड़ी-कौड़ी जोड़ता है, वैसे ही प्रकृति उसे हिसाब देती है। किसानों का कथन सत्य है कि बाग-बगीचे जानदार होते हैं। वे धार्मिक भावनाओं के रस से सिंचित होकर फलते-फूलते हैं। जिस प्रकार यह सत्य है कि धार्मिक वातावरणवाले परिवार में

जहाँ स्त्रियों, साधु, गुरु, देवता, तुलसी आदि की पूजा, अर्चना, धूप, बत्ती, आरती और वंदना आदि हार्दिक भाव से करती हैं वहीं महापुरुष, विद्वान् एवं उद्धारकों का जन्म होता है; उसी प्रकार यह भी सत्य है कि जिस किसान की खेती-बारी का मुख्यांश उदारतापूर्वक जीवमात्र के लिए व्यय होता है उसीकी गृहस्थी फूलती-फलती है। उसीकी रोजी में बरक्कत होती है। जिसे सदा अपने पेट की हाय-हाय है, जो सदा दूसरे के पेट को कोसा करता है, उसका पेट जन्म-भर नहीं भरता।

सरल न रहे मेरे बेटे अब। वे कुटिल हो गए। युग की अनवरत निष्ठुर ठोकरों ने शायद उन्हें ऐसा बना दिया। वास्तव में वे वैसे हैं नहीं, जमाने ने बना दिया है। उनकी सरलता और सिधाई ने शोषण को अवसर दिया और समाज के शीर्षस्थ लोगों ने निर्दयतापूर्वक उसका नि:शेष दोहन कर डाला। किसी धर्मशाला में पथिक बनकर चोर आ गया और रात में सर्वस्व मूसकर चंपत हो गया। तो क्या आइंदे उसमें मुसाफिर नहीं टिकाए जाएँगे? दूषित मनोवृत्ति के लोग प्रत्येक काल में होते आए हैं। किंतु सज्जनता के प्रकाश में उनका तम-तोम मुँह चुराए रहता है। यहाँ मेरी दशा विचित्र है। प्रकाश दिखाई ही नहीं पड़ रहा है। जिस ओर देखते हैं, अँधेरा और शोषण। विद्यार्थी अपने अभिभावकों का शोषण करता है। उनसे पैसा, समय, आशा और प्यार लेते हैं। और उन्हें नकल कर या गुंडई कर प्राप्त की गई कागजी डिग्री, बेकारी, भविष्य का अँधेरा, नशे की गोलियों का आतंक और ठोकर देते हैं। स्त्रियाँ घर के मालिक का, मजदूर बाबू का, बाबू मजदूर का, किसान खेत का, खेत किसान का, मनुष्य जानवरों का, कानून मनुष्यों का, जवान बूढ़ों का, बाजार बनियों का, व्यापार खेती का और इसी प्रकार ढकोसला सदाचार का शोषण करता है।

साँड़-भैंसा लड़ाते-लड़ाते मेरा बेटा स्वयं लड़ने लगता है। दूसरों को वैसे ही लड़ाने लगता है। एक गाँव में किसी दूसरे गाँव का साँड़ या भैंसा आ गया तो लाठियाँ देकर, व्यूह बनाकर उन्हें बिना लड़ाए मानेंगे नहीं। इस लड़ाई के लिए बैंड नहीं बजता, उसकी जगह अनेक मुँह जोर से 'डिबी-डिबी' अथवा 'हो-हो' शब्द का उच्चारण करते हैं। वे जानकर आत्मविस्मृत होकर युद्ध करने लगते हैं। ठीक यही दशा मेरे बेटों की है। न वे शांति से रहते हैं और न दूसरों को रहने देते हैं। कोई लकड़ी ऐसी अवश्य फेकेंगे कि शांति से जीवन बितानेवाला—अपनी मस्ती में झूमते रहनेवाला—साँड़ जैसा स्वाभिमानी बन क्रोध में हँकड़ने एवं अखाड़ने लगेगा।

भोजन सामग्री की सुलभता बेकारी बढ़ाती है। जब पेट जलने लगता है तो उद्योग सूझता है। जब कठिनाई पड़ती है तो रास्ते निकलते हैं। आम धारणा है कि श्रम रोटी के लिए। यह रोटी रूखी-सूखी या कम है अथवा सरस के साथ पर्याप्त

है, यह दूसरी बात है। इसीके साथ एक धारणा यह भी है कि सुखी का अर्थ है कम श्रम करनेवाला। अब इन दोनों बातों को एक में जोड़कर जो चाहता है, सुखी होने का नुस्खा तैयार कर लेता है! कम मेहनत में ही दो सूखी रोटियाँ यदि मिल जाएँ तो क्यों एड़ी का पसीना चोटी तक ले जाएँ? ऐसा आदमी अपने जन्म को अपने लिए ही मानता है। नर-नारायण की सेवा कहाँ? अपने श्रम में वह कटौती करके न केवल वह अपना बल्कि अपने कोटि-कोटि भाई-बहनों का पेट काटता है।

यह 'कम श्रम' करने की मनोवृत्ति बिलकुल ही श्रम न करने की पृष्ठभूमि तैयार कर देती है। यहीं से परम बेकारी का सूत्रपात होता है। एक आदमी भूख से व्याकुल चला जा रहा है। कहीं किसीके निवास-स्थान के सामने वटवृक्ष के नीचे दम मारने लगा। किसीने समाचार पूछते-पूछते खिला-पिलाकर अपने गृहस्थ धर्म का विधिवत् पालन किया। अब वह आदमी दूसरे दिन किसीके दरवाजे पर चढ़ गया और तीसरे दिन पूरा भिखमंगा हो गया। आराम से रोटी चलने लगी। ऐसे ही बड़े परिवारों में कितने लाज-शर्म घोलकर पी जाते हैं। दिन-भर घूमते रहते हैं। खाने के समय जाकर चौके की शोभा बढ़ाते हैं। कौन बोलने जाए? कभी-कभी परिवार का मुख्य कर्ता ही पहले दरजे का आलसी निकल जाता है। परिवार भूखों मरने लगता है। खेत-बारी तथा औरतों के गहने-गुरिए बंधक ले वायुयान पर चढ़कर उड़ने लगते हैं। भोजन सामग्री की सुलभता एक बार आलस का रास्ता दिखाकर चंपत हो जाती है। जब शरीर के पसीने की बूँदें खेतों में नहीं गिरती हैं तो एक प्रकार से उन्हें भी पैदावार देने के कर्तव्य से जैसे छुट्टी मिल जाती है। चाहिए तो यह कि जब थोड़े श्रम से कामचलाऊ रोटियाँ मिल जाती हैं तो पूरा श्रम करें, ताकि भरपूर रोटियाँ उपलब्ध हों। हमारे बेटे ठीक-ठीक इसके विपरीत आचरण करते हैं। वे धरती की देन का उपहास करते हैं।

ऐसे भी माँ-बेटे हैं जो इन नई खेती के व्यावसायिक युग में खेती के रूप में धर्म-कर्म करते हैं और सोचते हैं कि भगवान् जो देता है, काफी है। वास्तव में ये अपने हाथ के श्रम की माँगवाली कृषि से दूर रहते हैं। कृषि की महत्ता का गुणगान करने लगते हैं तो थकते नहीं; पर स्वयं कुछ करना-धरना नहीं। शायद धर्म-कर्म खेती से जी चुराने का एक बहाना होता है। कुछ कर्मठ और धर्म की प्रबल निष्ठावाले बेटे भी होते हैं। इनके अंतररस से धरती सिंचती है। सोना उगलती है। फावड़े की चोट में और हल की नोक पर ये पूजा की सामग्री देखते हैं! कृषक के लिए कृषि से बढ़कर धर्म, कर्म और क्या होगा? वह स्वयं एक महती पूजा है। कोई एक-दो फूल किसी देवता पर चढ़ाता है। किसान अगणित पुष्पों का उत्पादक और

पालक है। सब नैसर्गिक रूप से विश्वदेव के चरणों पर अभिषिक्त होते रहते हैं। वह अपनी इस महिमामयी पूजा से करोड़ों के भरण-पोषण का वरदान जाने-अनजाने प्राप्त करता है। बुभुक्षित आत्माओं के लिए वह अभिमत फलदाता पारिजात है। अन्न ब्रह्म उसके श्रम की गोद से अवतरित होता है। शंकर की बट्टियों से अन्न के दाने क्या कम सुंदर हैं? साक्षात् अमृतत्व की घूँट ही जैसे पुंजीभूत है। क्या खेतों का सिंचन अगणित ईश्वरांशों की पूजा नहीं? शिव मंदिर की सचल मूर्तियों का राग-भोग कौन योजित करता है? सोचने-विचारने की बातें हैं।

हमारे यहाँ धर्म की भावना आज ठगे जाने का उपकरण बन गई है। खेत से हलवाहा हल लेकर आता है। उसकी मजदूरी में भरसक घर का सबसे रद्दी अनाज, जो सड़ा-गला होगा, दिया जाएगा। अब तो हालत बदल रही है, नहीं तो रद्दी अनाज की मजदूरी भी ईंट के उस बाट से तौलकर दी गई जो बरतन साफ करते-करते घिस गया! इतने पर भी संपूर्ण मजदूरी नहीं, बाकी लगाकर तथा कभी-कभी कुछ घाल-मेल करके। विपरीत इसके अगर दरवाजे पर लंबा-चौड़ा बना-ठना १११ नंबर या किसी अन्य नंबर का प्रशस्त टीका छाप ललाट पर धारण किए; झोली, लोटा, डोर, डोलची लटकाए कोई बाबाजी नामधारी जीव आ गए और दरवाजे पर 'जीती रहो जजमानी, धन-दौलत, पुत्र-नाती से घर भरा रहे, बड़ी भाग्यशाली हो, तुम्हारे घर पहर-भर सोना बरसे' आदि की ललित लहरी पूरे गद्य काव्य के प्रवाह में लहरा दिए तो गृहस्वामिनी का हृदय भी उद्वेलित हो गया। जजमानी ने जो माँगा, सो सब बाबाजी ने दिया। अधिकांश पुत्र माँगती हैं। अरे, अब कितने पुत्र पैदा करोगी? पुत्र तो इतने पैदा हुए कि स्टेशन के प्लेटफार्म पर अन्न के बिना तड़प-तड़पकर मर जाते हैं। गली-गली कुत्ते-बिल्ली-से बिलबिलाते रहते हैं!

बाबाजी के लिए डाली भरकर गेहूँ भीतर से आया। ऐसे एक नहीं, दिन में कितने ही बाबाजी लोग आते हैं तथा अपने वेश, अपनी वाणी की योग्यता के अनुसार चेता लेते हैं। कोई हाथ देखता है, कोई मुरछल घुमाता है, कोई 'चम्मल' भरवाता है। कोई संकल्प कराता है। कई-कई तो पुश्तैनी होते हैं। मेरे बेटों के सामाजिक जीवन में धर्म आज जोंक की तरह लग गया है। धर्म के नाम पर किसी सच्चे साधु और गरीब की मदद करनेवाले अथवा सेवा करनेवाले कम हो गए।

बैल से बड़ा साधु कौन है? हलवाहे से बड़ा ब्राह्मण कौन है? किसान इन्हें दो कौर जैसे-तैसे फेंक देते हैं। इनके शरीर का मांस धर्म के ठेकेदारों के शरीर पर चढ़ता है। तब भी ये सूखी ठठरी लिये मेरे बेटों का पालन-पोषण करते हैं। लोहे का

ट्रैक्टर तो और भी कठकरेजी बना रहा है! कहाँ आ रही है धनी होकर मेरे बेटों में उदारता, सहानुभूति, शांति? वे तो और स्वार्थी, अनुदार और अधर्मी होते जा रहे हैं।

धर्मभीरुता की भाँति स्वागत-सत्कार ग्रामीण मनुष्यों की एक विशेषता है। एक लोटा शीतल जल और मुट्ठी-भर चना लिये वह युग-युग से अतिथि के लिए हाजिर रहता आया है। उसे यह किसीने सिखाया नहीं। सेवा की यह भावना उसके रक्त में बहती है। उसकी दुनिया में यह बात बेहद बेढंगी और अशिष्ट समझी जाती है कि कोई द्वार पर आया तो सर्वप्रथम उसका परिचय और आने का उद्देश्य पूछा जाने लगा। उसका आदर्श है, प्रथम उसे शीतल जल तथा साग-सत्तू से संतुष्ट करना। इसके पश्चात् कुशल समाचार के सिलसिले में परिचय तथा अंत में उद्देश्य। सभी अतिथि समान हैं। वे भगवान् के रूप हैं। भाग्य से उनका चरण गृहस्थ के द्वार पर पड़ता है और पवित्र करता है। इसलिए एक पैर पर खड़ा रहकर अतिथि का स्वागत-सत्कार करता आया है मेरा बेटा।

इधर गरीबी और महँगाई की मार इतनी कड़ी पड़ी कि यह स्वागत-सत्कार भी दम तोड़ रहा है। हार्दिक भावोल्लास नहीं रह गया है। पूछ-भर दिया जाता है पानी के लिए। महँगी में ईश्वर न करे कि किसीके घर मेहमान आए। वह एक समय था कि चार दिन के कठिन उपवास के पश्चात् मिला मुट्ठी-भर सत्तू याचक की आवाज पर एक महादानी ने उसकी ओर बढ़ा दिया और उसमें बहुत बड़े यज्ञ की कल्पना की गई। वैसे महादान, वैसे आत्मबल, वैसी दिव्य भावना और उच्च कोटि की दानशीलता अब कहाँ है? लेकिन थोड़ी-बहुत जो शेष है, उसे देखकर उस महानता की सत्यता को मानने से इनकार नहीं कर सकते। सच तो यह कि आज वह परिवेश नहीं है। अब तो सदाचार-सौजन्य और संस्कृति के रूप में ही परंपरागत अतिथि-सत्कार चल रहा है।

यह बात नहीं है कि आज मेरे बेटे एकदम बर्बर तथा जंगली हो गए हैं और स्वागत-सत्कार करते ही नहीं। हाँ, शैली और भावना में बहुत अंतर आ गया है। आज का ग्रामीण सबसे अधिक—दामाद से भी अधिक—स्वागत-सत्कार करता है थानेदार साहब लोगों का! उतनी सेवा शायद ईश्वर उतर आएँ तो वह न करे। एक पैर पर खड़ा रहता है। सिर पर पैर उठा लेता है। एक-एक फरमाइश को बड़ी लगन और फुरती से पूरा करता है। 'दसों नह जोरकर' सेवा में हाजिर रहता है। यद्यपि वह अन्य प्रकार के अतिथियों और नातेदार लोगों का स्वागत करता है, तथापि इसमें तथा उसमें अंतर होता है। जिससे जितना ही घोर स्वार्थ है अथवा भय है, उसका आज वह उतना ही अधिक स्वागत करता है। स्वागत में व्यक्तिगत नाते का प्राधान्य

हो गया है। थानेदार के बाद यदि चकबंदी चल रही है तो ए.सी.ओ., सी.ओ. की तथा कोई अनुदान लेना है तो विकास अधिकारियों की खूब जमकर खातिरदारी होती है।

यह स्वागत भी कहीं-कहीं बड़ा विचित्र होता है। कम भाग्यवान् ग्रामीण हैं जो मनोनुकूल खातिरदारी कर पाते हैं। किसीके घर से गिलास, किसीके घर से अचार, किसीके घर से कुछ और किसीके घर से कुछ। बड़ा भार-सा होता है यह। पर गरीब करें क्या? सबसे विचित्र दृश्य होता है तब जब किसी गरीब गृहस्थ का लड़का सयाना हो गया और द्वार पर आनेवाले प्रत्येक अतिथि को वह तिलकहरू समझने लगता है। बिछौना, तकिया, खड़ाऊँ, गिलास, पीढ़ा, थाली, पंखा, हुक्का और बरतन आदि घर-घर से माँगकर आया। पूरा भानुमती का पिटारा हो गया। धनी गृहस्थों की बात कुछ और है। गरीब विपन्नता की बेबसी के लिए धनी हैं। उनका उल्लास, उनकी हार्दिकता, उनका प्रेम, उनकी सरसता अब भी द्वार पर आए अतिथि के लिए फूट पड़ती है। वे सर्वस्व वंचित हैं, यह सत्य है। किंतु यह भी सत्य है कि मेरे बेटे दिल खोलकर स्वागत करने में अपनी पुश्तैनी विरासत एकदम नहीं खो बैठे हैं।···बस आज इतना ही। इसे जाकर लिख डालना।

बीस

क्या रहने लायक गाँव नहीं?

डीह बाबा की परती में नीम के नीचे आज पूरी सावधानी से मैं बैठा था कि आते ही एक महत्त्वपूर्ण निर्णायक प्रश्न पूछूँगा। मेरी सावधानी काम कर गई और मैंने उस बूढ़े के मुँह खोलने के पूर्व ही एक प्रश्न उछाल दिया—

'तो, यह बताइए कि क्या रहने लायक अब गाँव नहीं रहे?'

'क्यों नहीं रहे? यदि रहने लायक नहीं होते तो लोग रहते क्यों?'

'कहाँ रहते हैं? भगदड़ मची है। हर आदमी भागकर शहर में जाना चाहता है।'

'और जाता भी है। लेकिन जाकर क्या लौटता नहीं है? यह तो एक चक्र है। आना है, जाना है। यह जरूर है कि समय का चक्र जरा आज उलटा चल रहा है। शहर के दोष गाँवों में आ गए और गाँव के गुण जो थे सो अवगुणों में परिवर्तित हो गए। कोरा आर्थिक विकास इस अवनति में मददगार सिद्ध हुआ है। संपन्न होकर गाँव मर गया तो भव्य शोकसभा की भाँति विकास की योजना-आयोजना ध्वनि

विस्तारकों में बजने लगी।'''आपके कान उसे सुन रहे हैं? शायद सुनकर भी नहीं सुन रहे हैं। कानों को ऐसा एक रोग भी होता है। मेरे शब्द शायद कुछ दवा बन जाएँ, यथार्थ सुनाई पड़ने लगे। अच्छा, सुनिए—'

मैं लुटा-पिटा गाँव जब अपनी कथा आपको सुनाने ही लगा तो अब सुनिए मेरे बेटों की प्रकृति की बात। उनका हँसना, बोलना कैसा है? परिवेश की जीवंतता का क्या हाल है?

हँसी हृदय का विकास है। जब भीतर आनंद की लहरें उठती हैं तब मुख पर उनकी रेखाएँ उभर आती हैं। इसके लिए धनी और निर्धन की कोई शर्त नहीं। एक निर्धन अपनी जीर्ण-शीर्ण कुटी में परम संतोष का जीवन व्यतीत करते हुए अपने निर्मल हास से वातावरण को मनोमुग्धकारी बनाए रखता है और एक धनकुबेर अपनी मनहूस सूरत से, जो सतत अर्थचिंतन से 'अर्थपिशाच'-सी हो जाती है, वातावरण में दम घोंटनेवाला सन्नाटा भर देता है। हँसी पर बाह्य प्रकृति का भी प्रभाव पड़ता है। खेत की मेंड़ पर जो अकृत्रिम तथा निर्दोष हास्य का फव्वारा फूटेगा वह किसी आफिस की कुरसी पर से सर्वथा भिन्न होगा। प्रकृति के खुले क्षेत्र में रहने का यह सौभाग्य किसानों की ही कुंडली में पड़ा है। जहाँ पर पक्षी दिन-रात हँसते रहते हैं। सूरज हँसता है। चंद्रमा हँसता है। तरु-पल्लव हँसते हैं। नदियाँ, तालाब, वन, बगीचे सब हँसते रहते हैं। पशुओं का मूक हास्य उनकी अंतर्ध्वनि में सतत मुखरित रहता है। मेरे बेटों के खेत हँसते हैं। पुर और रहट के 'घर-घर-घर' शब्द में, 'बों-बों-चों' शब्द में उसके कुएँ हँसते रहते हैं। स्त्रियों के कलहास से पनघट विहँसता रहता है। ऐसे हास-विहास के नैसर्गिक क्षेत्र में रहता है किसान। अत: उसकी हार्दिक प्रफुल्लता प्रकृतिप्रदत्त ही ठहरी। गरमी के दिनों में बरगद, पाकड़ या पीपल अथवा नीम की सघन छाया के नीचे लेटकर हुक्का गुड़गुड़ाते अथवा बैठकर रस्सी बटते, गप्प हाँकते, पोथी बाँचते हुए हँसी का जो निर्मल स्रोत प्रवाहित रहता है वह अन्यत्र कहाँ? किसान की यह विशेषता है। वह सुख-दुःख भूलकर थोड़ा आनंद कर लेता है। गरीबी को भुलाकर हँस लेता है। आखिर प्रकृति उसे दिन-रात हँसना सिखाती है तो दुनिया के काँटे उसे कितना रुला पाएँगे!

अवश्य ही किसान हँसता है। तब भी हँसता है जबकि उसका हृदय रोता रहता है। समस्याओं ने उसकी हँसी की चटकीली चटक चाट डाली। उसकी हँसी में फीकापन आ गया। दशा यहाँ तक गिरी कि होली-दीपावली पर भी मेरा बेटा खुलकर हँस नहीं पाया। भग्न घर, बरसाती घास की तरह बढ़ता हुआ ऋण एवं ब्याज। ऋण की जगह 'लोन' शब्द ज्यादा चलने लगा। ट्रैक्टर का लोन, खाद-बीज

का लोन, कोऑपरेटिव सोसाइटी का लोन, बैंक का लोन, सरकार का लोन! पैदावार की बढ़ती के अनुपात में बढ़ता हुआ परिवार। बढ़ता खर्च, महँगाई की कठिन मार। मशीन के पुरजे, कपड़े-तेल-साबुन और बरतन वगैरह के दाम को देखते अन्न तो सस्ते में जैसे लुट रहा है, तिसपर भी लड़कियों की शादी वगैरह की व्यवस्था के बवंडर में उसका मन ऐसा उड़ा रहता है कि हँसने की फुरसत ही नहीं मिलती। दिन-भर परिश्रम करना और शाम को मुँह लटकाए घर आना, गाय-बैल, बाछा को खिलाना-पिलाना, दो चिलम तमाखू पीना और सो रहना।

बातें एकदम काम की और यदि फुरसत है तो गाँव की, इधर-उधर की, ऊलजुलूल और बेकार की, प्रत्येक बात, प्रत्येक घटना में कुछ अपना मतलब, कुछ अपना प्रश्न, अपना स्वार्थ और प्रतिक्रिया आदि-आदि सम्मिलित रहती हैं। हँसी-ठट्ठा वैर-विरोध का कारण भी हो जाता है। कभी-कभी उसमें विष के बाण छिपे रहते हैं। उनसे वार किया जाता है। जब तबीयत में ही फूल निवास नहीं करते फिर हँसी का सुवास फूटेगा कहाँ से? यहाँ तो काँटों का राज्य है। फिर वह मुँह से शूल बनकर निकला तो क्या आश्चर्य? क्रोध और द्रोहदाह बारूद की तरह सदा जमा रहता है। व्यक्ति-व्यक्ति ज्वालामुखी बना रहता है। वह हँसता नहीं, विस्फोट करता है। मेरा बेटा अपने इसी विस्फोट में जलते-जलते इतना जल गया कि पहचान में नहीं आता।

गरीबी की मार से रौनक हवा हो गई। जितना छूछा मेरे बेटे का घर है उतना ही सूखा उसका हृदय भी है। फटी धोती पहने, आधा पेट खाकर तथा तंगी के कोड़े का प्रहार सहकर वह जीवन काट देता है। सावन-भादों नहीं, किसान की आँखें बरसती हैं। बिजली नहीं, किसान के अरमान चमकते हैं। बादल नहीं, निराशाएँ गुरु गर्जन करती हैं। नदी-नद नहीं, उसकी कठिनाइयाँ और विपत्तियाँ बढ़ती हैं। शिशिर-हेमंत में ओस से धरती तर नहीं हो जाती, मेरे पुत्रों के रुदन-कणों से संसार गीला हो जाता है। कड़ाके की ठंडक में किसान जलता रहता है। उसकी यह जलन भूख की होती है। हाय री भूख! तेरे प्रभाव से गरमी में किसान ठंडा पड़ जाता है। चारों दिशाओं से उसकी आशाओं पर धूल के झोंके पड़ने लगते हैं। सुकोमल तथा सुचिक्कन भावनाएँ किरकिरा जाती हैं। उसके मन की तरह उसकी दुनिया, उसका घर और उसका समाज धूमिल, उदास और मनहूस हो जाता है। पग-पग पर बाधाएँ और रुकावटें हैं। वह चल नहीं पाता। क्षण-क्षण में भूख की ज्वालाएँ उठती हैं, इसलिए वह बैठ नहीं सकता। विचित्र गति है!

किसान तपस्या करता है। वह भी साधारण नहीं; परंतु उसे कुछ नहीं

मिलता। अनंत तपस्या! अनंत आत्मत्याग!! दधीचि की भाँति अपनी अस्थियों तक का प्रदान!!! टूटे-फूटे घर में रहना, फटे-पुराने साधारण वस्त्रों का भी अभाव, उपवास-पर-उपवास : फिर तपस्या अब कौन-सी शेष रही? एक तरफ अन्न की इतनी अधिकता कि खानेवाले नहीं हैं और दूसरी तरफ उसके उत्पन्नकर्ता इतने बेबस कि अन्न बिना प्राण तक त्याग करते हैं। यह एक विचित्र स्थिति है। बीसवीं शताब्दी के मानवों को, जिनका ज्ञान-विज्ञान आकाश का चुंबन करने चला है, इस दुर्गति में देखकर सोचते हैं कि आखिर यह सब किसके लिए?

पहले रहने लायक मेरी बस्ती ही समझी जाती थी। अब ऊँट ने ऐसी करवट ली कि रहने योग्य शहर ही हो गए। गाँव परिवर्तित हो गए। शहर की गंदगी मेरे भीतर में चली आई। भोजन की समस्या पर विचार कर चुके हैं। आज गाँववाले भाव का उपवास करते हैं और शहरवाले भोग का भोजन। यह कटु सत्य है। कृषि क्रांति से, नई खेती से, विकास योजनाओं से मेरे भीतर गाँव में एक नया गाँव उग गया है, बहुत उजला, बहुत धनी—धप्-धप्; मगर उसके नीचे अँधेरा-ही-अँधेरा है। उसे ही संपूर्ण गाँव मान आज भारी विकासी-भ्रम छाया हुआ है।

मेरे बेटों के गाँव आमतौर पर स्वास्थ्यवर्द्धक समझे जाते हैं। यहाँ के निवासियों को विशुद्ध और ताजा हवा मिलती है। धीरे-धीरे इस विशेषता पर भी प्रश्नवाचक चिह्न लगने लगे हैं। गाँव के भीतर घुसने पर पता चलता है कि नरक-कुंड में घुसे जा रहे हैं। कूड़ा-कचरा यत्र-तत्र बिखरा है। मध्य गाँव में सार्वजनिक शौचालय के दर्शन होते हैं। नारी-मोरी का गँदला पानी स्वतंत्रता से मुख्य रास्तों पर अपने प्रवाह से दुर्गंधपूर्ण काली रेखाएँ खींचता रहता है। अब हालत यह है कि गाँव में यदि सड़क है तो लोग उसीके किनारे को शौचालय बनाए हुए हैं। छवरों और गाँव के निकट के रास्तों का भी यही हाल है। सर्वत्र कुत्ते और आदमियों के मल-मूत्र दृष्टिगोचर होंगे। गंदी तथा अपवित्र हँडिया और ऐसे रंग-बिरंगे पात्र दृष्टिगोचर होंगे। मिट्टी के ढेले, घूर-कतवार, धूल और काँटों का राज्य है। पता नहीं गाँव के इन रास्तों पर आदमी चलते हैं या शैतान। घर के पीछे छोटे-छोटे बच्चे पाखाना करते हैं। उन्हें बड़े लोग ही रास्ता दिखाते हैं। ऐसा ज्ञात होता है कि शर्म की ही बात मुख्य है, गंदगी की नहीं। गंदगी की सीमा यहीं तक नहीं, वह वर्णन से परे है। मच्छर और कीड़े भनभनाते रहते हैं। बीच रास्ते में ही सड़ा पानी जमा है। गाँव की हवा बेहद खराब हो रही है, इसपर किसीका ध्यान नहीं जाता। गाँव के चतुर्दिक् सटे हुए गंदगी के केंद्र मिलेंगे। घर-घर में जो हैंडपाइप लग गए और जल-निगम की वाटर सप्लाई कुछ गाँवों में मिल गई उसने और अंधेर किया। सारी गलियाँ मोटे-

मोटे परनाले में परिवर्तित हो गई हैं।

यही दशा जल की है। जहाँ कुएँ हैं वहाँ उनकी दुरवस्था अवर्णनीय है। गंदगी से भरे बरतन उसमें बिना हिचकिचाहट के डुबाए जाते हैं। उनके पास पानी जमा होकर सड़ा करता है। उसके पास ही रौरव नरक को मात करनेवाली बड़ी-बड़ी गड़हियाँ होती हैं। दो-चार वर्ष पर भी उसकी सफाई नहीं हो पाती। ऐसी दशा में उसका पानी हानिकर क्यों न हो? शहरवाले बनाया हुआ नल का पानी पीते हैं। गाँववाले सड़ी-गली पत्तियोंवाले पुरातन कुएँ का पानी पीते हैं। कहीं-कहीं तो कुएँ के अभाव में नदियों का पानी पीते हैं। हैंडपाइप सबको सुलभ कहाँ है? आगे शायद हो जाए।

दूध-घी का प्रतिदिन मेरे बेटों की दुनिया में अभाव होता चला जा रहा है। हालाँकि श्वेत क्रांति के चलते चक्र के बीच पशुधन विकास की लहर देश में जबरदस्त रूप में आई है। इतने पर भी अभाव सत्य बना है। जो मिलता है, उसकी शुद्धता में संदेह रहता है। मिलावट की हवा शहरों से यहाँ भी आ गई है। शहरों में महँगा ही सही, खोजने पर शुद्ध सामान मिल भी जाता है। यहाँ यह बात नहीं। बहुत से गाँव हैं जहाँ दस ग्राम मिर्च खोजने पर नहीं मिलेगी। मिर्च यहाँ पैदा होनेवाली वस्तु नहीं है। यदि यहाँ उत्पन्न होनेवाली सामग्रियाँ भी खोजने लगें तो उपलब्ध नहीं होतीं। रुपया लेकर दूध-घी के लिए मेरे बेटे चक्कर काटते फिरते दिखाई पड़ते हैं।

शहरों में सवेरा होते ही झाड़ू लग जाती है। सार्वजनिक स्थान स्वच्छ कर दिए जाते हैं। सप्ताह में कई बार मोरियाँ ठीक कर दी जाती हैं। गंदगी शहर से बाहर जाकर खाद बन जाती है। मल सोना हो जाता है। दवा-दारू की बात क्या, यहाँ साधारण दवा के अभाव में प्राणी तड़प-तड़पकर मर जाते हैं। कुछ प्रभावशाली लोगों के सड़क स्थित बड़े गाँवों में चिकित्सालय खुले, प्राथमिक स्वास्थ्य केंद्र खुले, कई योजनाएँ आईं; मगर इससे तमाम लोगों की समस्याएँ तो हल हुईं नहीं! रुपया रहते हुए भी ओषधि का कोई प्रबंध नहीं हो पाता। भोजन, हवा और पानी की शुद्धता के कारण पहले मेरे बेटे बीमार कम पड़ते थे। आज तो साठ प्रतिशत यहाँ रोगी हैं। कितने ही भीषण रोगों से आक्रांत रहते हैं। आवागमन के साधन नहीं हैं। जान भी निकल जाए तो कहीं शीघ्र जाने की कोई व्यवस्था नहीं। इस वैज्ञानिक युग में जब तेनसिंह एवरेस्ट पर चढ़कर तिरंगा फहराता है, आर्मस्ट्रांग चाँद पर जाकर घूम आता है, हमारे ग्रामीण किसान हिंद महासागर की तलहटी में औंधे मुँह पड़े हैं। इनके दुर्भाग्य पर आसमान रोता है। धरती तड़पती है। इनके परिश्रम की संपत्ति से

नगरों की जगमगाहट आबाद है। सड़कों पर सर-सर मोटरें दौड़ रही हैं। इधर पगडंडियों पर धूल उड़ रही है। रास्तों पर की बात ही क्या! घरों के भीतर भी दीपक का प्रबंध नहीं। सरेशाम श्मशान जैसा अँधेरा, भूत जैसी गलियों में मानव और प्रेतवार्त्ता जैसी अँधेरे घरों में बातचीत चलती है। सरकार कहती है, बिजली जा रही है।

गाँव आज अरक्षित हैं। रक्षा की दृष्टि से भाग्यहीन हैं। दिनदहाड़े डाके पड़ जाते हैं। रक्षा की बात क्या! थाना पुलिस एक तो दूर हैं, दूसरे आए भी तो भोले-भाले ग्रामीण परेशान ही अधिक होते हैं। गरीब रक्षा करने में कई कारणों से असमर्थ होता है। आज वह पूर्णतया भगवान् के भरोसे जी रहा है। खेलकूद के सार्वजनिक स्थान खेत बन रहे हैं। चकबंदी हुई और खेल के मैदान निर्धारित हुए सो आज खलिहान बन गए। दबंगों ने उसे तंग करना शुरू किया। पार्क और टाउनहाल जैसी चीजें यहाँ कहाँ? सभा-सोसाइटी स्वप्न हैं। सर्वत्र स्वार्थ का सन्नाटा। अब तो लोग एक-दूसरे की सहायता करने में भी जी चुराते हैं। उच्च कोटि की शिक्षा, शिक्षक, शिक्षण का वातावरण, साधन और समाज यहाँ कत्तई नहीं। यहाँ पुरातन सभ्यता के खंडहर हैं; जिसमें चमगादड़ और छिपकली की तरह चिपके मानव हैं। शहरवालों की धूर्तता, पाखंडाचार और मिथ्यावादिता यहाँ आ गई। गाँववालों के हाथ कट गए। आँख की रोशनी जाती रही। रह गई जड़ता। अब क्या दूरदर्शन इस जड़ता को काटेगा? वह राजधानी की सभ्यता का प्रचारक क्या गाँव की छाती पर हसरत का कोदो नहीं दलने लगेगा? कितना जालिम है यह मनोरंजन!

एक पुरानी कहावत है कि एक शहरी चूहा देहाती चूहे के पास भूला-भटका पहुँच गया। देहाती चूहे ने उसकी बड़ी आव-भगत की। उसे कई दिन रखा। दूध-मलाई खिलाया। कमी ही क्या थी? कहीं गेहूँ की राशि पड़ी है। कहीं चावल का भंडार है। कहीं पका-पकाया भोजन है। कहीं मीठे पदार्थ हैं। घर क्या है, स्वर्ग है। खा-पीकर शहरी चूहा मोटा-मुस्टंडा हो गया। जब वह जाने लगा तो देहाती चूहे को आमंत्रित कर गया। मित्र, मेरे यहाँ आओ तो तुम्हें रंग-बिरंगे बरतन, चीजें दिखाऊँ। तरह-तरह के स्वादवाली वस्तुएँ खिलाऊँ। ईंट-पत्थर कोड़कर हम लोग रहते हैं। संयोगवश देहाती चूहा एक दिन अपने शहरी मित्र के पास पहुँच गया। दिन-भर तो घात नहीं लगा और दुबका बैठा रहा। रात में अपने मित्र के साथ मटरगश्ती करने निकला। रसोईघर में पहुँचा। कहीं रकाबी में दालमोठ का एक टुकड़ा पड़ा है। कहीं प्लेट में मिठाई के एकाध कण छूट गए हैं। शहरी चूहा तारीफ के पुल बाँध देता है। आगे तरह-तरह के विचित्र बरतन दिखाई पड़े। मारे भूख के

बुरा हाल था। झपटकर एक बरतन में मुँह मारा तो मारे तिताई के सिर भनभना उठा। मिर्च-मसाले का चूर्ण ही था शायद! दूसरे में मुँह लगाया तो बे-गंध-स्वाद की न जाने कौन-सी चीज! अंत में पूछा कि अरे मित्र! इस घर में भोजन योग्य कुछ मिलेगा या नहीं?

आज यदि शहरी चूहा देहात में आवे तो उसे उपवास ही करना पड़े। आज ऐसी स्थिति नहीं कि चूहे-बिल्लियों के लिए पका-पकाया भोजन खुला पड़ा रहे। हो सकता है कि सिर्फ 'सलाम' ही हाथ लगे। वहाँ तो दालमोठ, मिर्च-मसाला, सेब, चटनी और पकौड़ी के कुछ कण मिल भी गए!

यह है जमाने का फेर। कभी शहर का सलाम प्रसिद्ध था। अब उलटा हो गया। शहर में पैसा रहे तो महँगा-सस्ता भोजन मिल जाएगा। परिचित और अपरिचित का प्रश्न ही नहीं। आज गाँवों की दशा कई कारणों से ऐसी बिगड़ी की अपरिचित की गुजर कठिन हो गई। ऐसे भी लोग हैं जो दरवाजे पर बैठने नहीं देंगे। खरीदकर खाना तो कल्पना में भी नहीं ला सकते। सड़क पर स्थित गाँव अपवाद हैं। वास्तव में विकास के और गाँवों के नगरीकरण के आयाम वहीं उजागर हुए हैं। लेकिन सड़क सर्वत्र कहाँ! वह गाँवों की जमीन पर कम, कागजों पर अधिक हैं।

···बस, आज इतना ही।

इक्कीस

अजगर करे न चाकरी

कल बहुत तमाशा हुआ। वह बूढ़ा आया तो मैंने देखा कि उसके दोनों पैर घुटने-भर कीचड़ में सने हैं। मैंने कहा, 'पैरों को ऐसा दंड क्यों दे रखे हैं?'

'दंड नहीं, यह पुरस्कार है। और मेरे बेटों की नई विकासी दुनिया का खास पुरस्कार है। मुखिया साहब का निजी नलकूप क्या लगा, सारी छवर, जिसपर से होकर बैलगाड़ी जाती है, नहर बनी हुई है। उनके लड़के पैंट-बुशर्ट पहने खेत में पानी ले जा रहे हैं। लगता है, पानी दूसरे के खेत में जा रहा है। क्योंकि वे बारंबार कलाई में बँधी अपनी आटोमैटिक घड़ी की ओर दृष्टि डालते जाते हैं कि कितने घंटे तक गया। किराया लेना है न!'

'यह पुरस्कार शुभ है, गाँव देवता! सरकार ने नाली नहीं बनाई तो गाँव के जवानों ने रास्ते को ही नाली बना लिया।···बेशक, नई खेती से जड़ता टूटी है, आलस भगा है, लोगों में स्फूर्ति और प्रतिस्पर्धा आई है।'

'गलत! लोगों में नहीं, कुछ खास लोगों में; मुखिया जैसे बड़े लोगों के बेटों में। अति सामान्य लोग तो अभी भी मलूकदास के चेले बने हैं।...जानते हैं, उन चेलों का मंत्र क्या है?...नहीं तो मैं बता रहा हूँ।...अब सावधान होकर सुनिए—'

आलसियों का मलूकदासकृत मंत्र है—

अजगर करे न चाकरी, पंछी करे न काम।
दास मलूका कह गए, सबके दाता राम॥

इस मंत्र को मेरी बस्तीवाले खूब जपते हैं। जीवन में बहुत अधिक श्रम करने और हाथ-पैर पटकने से कुछ नहीं होता। जो होता है, सब भगवान् करता है। वही कभी धूप करता है, कभी छाया। मुँह उसीने चीर दिया, पेट उसीने बनाया, तब आहार देनेवाला भी वही है। देखो, चिड़ियाँ कौन-सा रोजगार करती हैं? अजगर भी कोई नौकरी नहीं करता! मानव ही क्यों अपने सृजनकर्ता पर अविश्वास करे, अपनी शक्ति का गर्व करे और दाताराम को भुला दे? 'अजगर के भख राम देवइया' वैसे ही 'संतन के धन गिरधारी'!

ये सब बातें हैं जो आमतौर से गाँवों में कही जाती हैं। दिन-भर खेती-गृहस्थी का काम कर, शाम को आसनी लगाकर 'नाम' लेनेवाले पुराने गृहस्थ जब गद्‌गद होकर उक्त दोहे का उच्चारण करते हैं तो कितने ही आलसियों की तबीयत फुरफुराने लगती है। दुनिया में देखते हैं कि कोई दिन-रात जाँगर घिसकर भी दो मुट्‌ठी अन्न और गज-भर वस्त्र के लिए सिहकता रह जाता है और कोई बैठे-बैठे भगवान् की दया से पीतांबर पहनता है और छप्पन प्रकार का भोग लगाता है। बनाना होता है तो भगवान् एक दिन में किसीको बना देता है, बिगाड़ना होता है तो एक पल में बिगाड़ देता है।

सामाजिक विषमता को मेरी दुनिया में ईश्वरीय करिश्मे का उदाहरण बताया जाता है। बुराई के पेट से बुराई ही तो पैदा होगी! काम से जी चुरानेवालों को एक तरफ समाज से प्रोत्साहन मिल जाता है, दूसरी तरफ संतों की वाणियों का आश्रय मिल जाता है। सहज ही आदमी अपने को अजगर तथा पक्षियों की कोटि में सम्मिलित कर लेता है। सबके दाता राम हैं तो अवश्य, पर जो स्वयं हाथ-पैर हिलाने का कष्ट नहीं करता, उसे राम क्यों देने लगे? कौन कह सकता है कि पक्षी काम नहीं करते? नौकरी जैसी चीज अजगर चाहे भले न करे, परंतु अपनी जीवन-रक्षा के लिए सतर्क तो वह रहता ही है। संसार के जीवों में मनुष्य ही एक ऐसा जीव है जो निठल्लेपन की स्थिति में भी भोजन-प्राप्ति की आशा रखता है। वह अपनी

अकर्मण्यता को भगवान् के मत्थे मढ़ देता है। एक ऐसे ही भक्त ने एक बार कहा कि भगवान् की लंबी भुजा हैं, वह सबकी खबर लेता है। इसपर पास ही बैठे एक गृहस्थ ने कहा कि भगवान् की भुजा लंबी है तो अवश्य; परंतु वह इसलिए नहीं कि आकर आपकी रोटी पका दे। आपका पैर दबा दे। आपकी भुजा कौन छोटी है! यह तो प्रत्यक्ष है। आप इसपर दही जमाए बैठे हैं। ऐसी दशा में भगवान् की अलक्षित भुजा आपको क्या सहारा देगी?

जीवनोत्थान में आलस सबसे बड़ा बाधक है। मेरी बस्ती की तो इसने रीढ़ ही तोड़ डाली। अदृश्य शक्ति का भरोसा घुन की तरह लगा है। 'हम कुछ न करें, अपने से जो होना चाहिए हो जाए'—इस भावना की जोंक ने सारे शरीर का रक्त चूस लिया। अपने से क्या हो जाएगा? विनाश, मरण और पतन! इसी ओर मेरे बेटे चले जा रहे हैं। छोटी-छोटी बातों में भी आलस का प्रभाव देखते हैं। थोड़ा-सा श्रम रहने योग्य मकान बना देता। थोड़ी-सी सावधानी बीमार नहीं होने देती। थोड़ी-सी कर्मठता खेत से सोना बरसाती। इसी प्रकार स्वच्छता, सहयोग और जीव-रक्षा आदि में भी थोड़ा-सा शरीर श्रम आनंदप्रद वातावरण का निर्माता बन जाता। पर ऐसा होता कहाँ है?

भाग्यवाद के फलस्वरूप परिश्रम होता है भी तो गलत। दिन-भर भीख माँगनेवाले भी परिश्रम करते हैं। सेंध लगानेवाले और रात्रि के घने अंधकार में अपना रोजगार चलानेवाले भी कम परिश्रम नहीं करते। इधर-उधर बातें कर झगड़ा लगाने-बुझानेवाले भी एड़ी का पसीना चोटी करते हैं। बैल जैसी बेडौल वस्तु को रुपए-पैसे की तरह उड़ा ले जानेवालों की मिहनत की तुलना किससे करें? ये श्रम समाज के लिए अभिशाप होते हैं। आज ऐसे श्रमिकों की कमी नहीं मेरे बेटों की अभिशप्त बस्ती में।

धूल, जो आलस का प्रतीक है, कभी-कभी ठीक घर के सामने ही कूड़े के रूप में लगा दी जाती है। उसे ले जाने में परिश्रम है। तमाम कूड़ा और ईंधन की राख उठाकर सामने फेंक दी गई। नित्य चढ़ते-बढ़ते वहाँ कूड़े का विशाल टीला या स्तूप हो गया। कहते हैं कि संध्या समय संझवत जलते ही जब घर में लक्ष्मी का प्रवेश होता है तो सर्वप्रथम दृष्टि उसपर पड़ने के कारण वे मुँह फेरकर लौट जाती हैं। ऐसा घर, जिसके प्रवेश-द्वार पर धूल जमी होती है, जल्दी दरिद्र हो जाता है। ये घर हमारी स्वच्छतावाले आदर्श पर बड़ी बेशर्मी से धूल उड़ाते हैं। गली से जाते समय हवा का यदि तेज झोंका आया तो सूरत देखने ही लायक हो जाती है। तमाम धूल छा जाती है। यह धूल घर के भोजनालय तक में जाती है। रसोईघर की पवित्रता नष्ट

हो जाती है। यह घूर न केवल कूड़े का होता है बल्कि इसमें कुत्ते-बिल्लियों से लेकर आदमी तथा आदमी के बच्चे का प्रच्छन्न शौचालय भी होता है। कुत्तों की आदत होती है कि जहाँ गंदा देखते हैं वहीं पाखाना करते हैं और एक दिन जहाँ उक्त क्रिया किए, वहाँ नित्य निबटते हैं। बिल्लियाँ तो राख और घूर खोजती फिरती हैं। इतनी सभ्यता बिल्लियों में अवश्य होती है, जिसकी प्रशंसा किए बिना नहीं रह सकते कि गांधीजी के कार्यक्रम के अनुसार वे अपना पाखाना ढक देती हैं। घूर पर औरतें बच्चों का पाखाना खुला फेंक देती हैं, जो गंदगी उत्पन्न करता है। इधर ग्राम-सुधार और उसके आंदोलनों के कारण अगणित घूर उठवाए गए। सफाई की गई, ग्रामीणों पर जुरमाने भी लगे। इतने पर भी लगे घूर ज्यों-के-त्यों बने हैं। वास्तविक बात यह है कि जब तक गाँववालों के मन के भीतर का घूर नहीं उठ जाता है, बाहर की सफाई व्यर्थ है। यह वैसा ही है जैसे खुजली हो जाने पर साबुन से धोना।

मेरे बेटे नहीं समझ पाते कि यह घूर नहीं, सुवर्ण राशि है; जो उनके आलस्य और अज्ञान पर व्यंग्य किया करती है। खेत भूखे हैं, वे खाद माँग रहे हैं। बेटा उनकी पुकार नहीं सुनता। खाद उसके द्वार की शोभा बढ़ा रही है। गंदगी का परिवार बढ़ा रही है। वह यह जानता है कि खाद से उसके खेत लहलहा उठेंगे। तमाम-तमाम रेडियो, दूरदर्शन, अखबार और विकास अधिकारी इसी खाद की उपयोगिता का प्रचार करते हैं। इसके अभाव में पैदावार का स्तर गिरता जाता है। वह यह भी जानता है कि यह गंदगी है, इसे दरवाजे पर नहीं रहने देना चाहिए। इसकी यदि कोई जगह है, तो खेत ही हैं। पर आचरण ठीक इसके विपरीत करता है। उसमें एक जड़ता और सर्वग्रासी मूर्च्छा आ गई है। धन्य हैं उस परिवार की स्त्रियाँ जो मुँहअँधेरे में सिर पर घर के कूड़े की टोकरी लिये खेतों की ओर जाती दिखाई पड़ती हैं।

मेरे बेटे प्राय: लकड़ी नहीं जलाते। उनके घर गोबर से उपले बनाए जाते हैं। संसार-भर के खाद विशेषज्ञ बताते हैं कि गोबर और गोमूत्र सर्वोत्तम खाद है। हमारे बेटे हैं कि गोबर को जला डालते हैं तथा गोमूत्र को रास्ते पर तथा घूर पर डाल देते हैं। धरती की खुराक आग में स्वाहा हो जाती है या हवा में उड़ जाती है। गोबर से उपले बनाना इतना आसान समझा जाता है कि कार्य की सुगमता और छोटाई के लिए 'गोबर पाथना' की उपमा एवं उपाधि दी जाती है। यह गोबर पाथने का काम औरतें करती हैं। कहीं-कहीं पुरुष भी करते हैं। गृहस्थ परिवार में रसोई की भाँति ही यह महत्त्वपूर्ण काम समझा जाता है। शायद ही कोई किसान परिवार की स्त्री हो, जिसे गोबर पाथना न आता हो। सवेरा होते ही वह गोशाला से गोबर उठाकर एक नियत स्थान पर ढेर कर देंगे। औरतें उसका संस्कार कर पंक्तिबद्ध गोबर के वीर जैसे फौजी

शासन में परेड करते हुए सैनिक खड़े कर देंगी। जितना आसान औरतों के लिए गोबर पाथना समझा जाता है उतना ही सरल पुरुषों के लिए गोबर फेंकना कहा जाता है। जो बेटा एकदम निकम्मा हो जाता है, उसके लिए कहा जाता है कि इन्हें गोबर फेंकने का भी ढंग नहीं। जब लड़के पढ़ने-लिखने में आगा-पीछा करते हैं तो घरवाले धमकाते हैं कि पढ़ोगे-लिखोगे नहीं तो गोबर फेंकोगे। एक तरफ गोबर का यह अनादर और दूसरी तरफ गोबर के गनेस न बनें तो पूजा ही प्रारंभ न हो। यह 'गोबर गनेस' भी शुद्ध मूर्खता का द्योतक शब्द माना जाता है। गोबर से लीपा-पोता स्थान पवित्र माना जाता है; परंतु यदि बुद्धि में या दिमाग में गोबर का अस्तित्व सिद्ध हो जाए तो उसे पागलखाने की हवा खिलाने की तजबीज की जाती है। यह सब गोबर की महत्ता है। गोबर के महत्त्व को मूर्ख बेटे क्या जानें! सोने का भस्म सोने से उपयोगी होता है। गोबर के भस्म के बारे में ऐसा तो नहीं कह सकते। परंतु उस राख को उठाकर खेत में डाल दें तो पैदावार में अवश्य ही चार चाँद लग जाएँगे।

सरकारी प्रयत्न से ग्रामीण गोबर और खाद की महत्ता समझने लगे हैं; परंतु वैसे ही जैसे शरीर के संक्रामक रोगों के लिए टीके की। रासायनिक खादों के दोषों को समझते हुए कंपोस्ट की खाद की ओर भी झुकाव हुआ है। विकास के बढ़ते चरण अब हमारे बेटों के बड़े-बड़े गाँवों में गोबर को गैस रूप में परिणत कर उससे चूल्हा जला खाना बनाते और रोशनी करते हैं। शिक्षा की कमी उन्हें पूरा खोल नहीं पाती। खोले भी कैसे? स्वराज्य के बाद इस क्षेत्र में खूब गिरावट आई। हमारे बेटों के बेटे पढ़ने जाते-भर हैं। पढ़ाई कहाँ होती है इस दुनिया में! अपने को वे इन सब सुधारों और प्रगतियों से दूर समझते हैं। उनके सामने सिर्फ जल्दी धनी होने का आदर्श है। नए युग का शिक्षित किसान नेतागिरी करके और अनुदान-ऋणखोर होकर निकम्मा सिद्ध हो रहा है। इसे बातें बनाना बहुत आता है और इस प्रणाली द्वारा वह अपनी अयोग्यता पर परदा डालने का प्रयत्न करता है।

एक ओर आशाओं पर तुषारपात करनेवाली मूर्खताएँ हैं और दूसरी ओर दैवी कोप है। किसान अब भी आकाशवृत्ति पर जीता है। पानी न पड़ा तो सर्वनाश और पानी अधिक पड़ा तब भी सत्यानास। सरकारी नलकूप कहाँ दूर पड़ता है? साल में नौ महीना बिगड़ा ही रहता है। नहर सर्वत्र कहाँ है? कलिकाल के मेघ लोगों से मनचाही मुराद पूरी नहीं होती। किसी वर्ष पानी अनुकूल मिल गया और फसल उमड़कर आ गई। पर यह क्या? आसमान से सिर्फ पानी ही तो बरसता नहीं! पत्थर, पाला, राख और कीड़े भी तो बरसते हैं, जो किसान के अरमान चाट डालते हैं। हवा जीवदानी है। परंतु कभी-कभी खेतों के लिए महाविनाशक हो जाती है।

बड़े-बूढ़े बताते हैं कि साधारण अनुभव में भी यह बात आती है कि निरंतर खेती का ह्रास होता चला आ रहा है। नया युग कहता है, पुराने तरीके से खेती करने का, बीज-खाद आदि के वैज्ञानिक तरीकों को न अपनाने का, यंत्रों का पूर्णरूप से प्रचार न होने का यह परिणाम रहा कि खेती साथ नहीं दे रही थी। परंतु कृषि क्रांति में क्या हुआ? जिस खेत में दस किलो रासायनिक खाद देकर एक साल फसल ली गई, उसमें उतनी फसल लेने के लिए सवा गुना-डेढ़ गुना खाद चाहिए। यह क्या है? और कब तक चलेगा? कुछ पुराने लोगों की राय है कि कलियुग आ गया है। पाप के बढ़ते हुए बोझ से धरती दुखित होकर पूरा फल नहीं देती। यदि देती भी है तो ईति-भीति के चक्र में सब चौपट हो जाता है। सूखा, अकाल, भुखमरी, अतिवृष्टि, अनावृष्टि, सब उसीका परिणाम है। सच तो यह है कि शताब्दियों से खेती पर ध्यान न देने से इस कला का ह्रास हो गया था। विदेशी ज्ञान को देश अपनाने की स्थिति में था नहीं। किसानों की दुनिया में यह ज्ञान पहुँच नहीं पाता था। बड़ी-बड़ी बातें होती थीं। स्वराज्य के बाद नई खेती के माध्यम से स्थिति बदली है। वैज्ञानिक उपलब्धियों का कुछ प्रसाद मिलने लगा है। मगर उपेक्षा अभी भी है। लंबे-चौड़े तड़क-भड़कवाले विज्ञापन प्रकाशित होते हैं, खेती के तरीकों तथा उसके सुधार पर विशद् प्रकाश डाला जाता है; पर होता है सब अंग्रेजी भाषा में। जैसे सरकार यह आशा करती है कि भारत का प्रत्येक किसान अंग्रेजी जानता है और ये समाचार-पत्र घर-घर पहुँच जाते हैं। खेती इस प्रकार पनपती नहीं। उसकी आंतरिक दुर्बलता उसका विकास नहीं होने देती। दैवो दुर्बल घातकः। दुर्बल व्यक्ति पर जैसे हवा-बतास का असर अधिक होता है उसी प्रकार दुर्बल खेती को अगणित प्रकार की ईति एवं भीतियाँ चौपट कर डालती हैं। फसलों में जान नहीं, धरती में जैसे प्रान नहीं। पत्थर, पाला, कीड़े-मकोड़े, चूहे-बंदर, वृष्टि, हवा, राखी और तुषार पहले जमाने में भी थे। कुछ आज ही इनका प्रकोप नहीं है। किंतु जैसाकि कह चुके हैं, धरती माता की आंतरिक पुष्टता के कारण इनका प्रभाव उनके पौधे पुत्रों पर नहीं पड़ता था। अब धरती की अपनी शक्ति नहीं तो रासायनिक खाद की शक्ति कितना काम कर सकेगी!

खेत वही है, परंतु वहाँ बढ़े हुए मुँह उसे उदरसात् करने के लिए सदा खुले रहते हैं। कुछ उचित मुँह होते हैं तो कुछ अनुचित भी। कुछ अधिकारी तो कुछ अनधिकारी भी। जिन लोगों ने श्रमपूर्वक उसे उपार्जित किया है, उनका तो उसपर हक है; पर वे लोग, जिन्होंने उसे पैदा करने के लिए तन से श्रम नहीं तो मन से इच्छा भी नहीं की, वे भी उसे नाहक पाने के लिए लालायित रहते हैं। सीधे-सादे

किसानों की करुणा उभारकर ये अपना उल्लू सीधा करते हैं। पुरुषों के पास दाल नहीं गलती तो स्त्रियों के पास जाते हैं। नाना प्रकार का स्वाँग बनाते हैं। तरह-तरह की मक्कारी का मायाजाल फैलाते हैं। झाड़-फूँक, टोना-टोटका, खाक-भभूत से लेकर ठेठ धमकी और श्राप तक का वे आश्रय लेते हैं। सीधी भाषा में ये भिखमंगे हैं; परंतु ग्रामीण इन्हें पंडितजी, पंडाजी, बाबाजी, साँईंजी, महाराजजी, जोगीजी और नागाजी आदि-आदि नामों से पुकारते हैं। आबादी की बाढ़ के साथ इनकी भी बाढ़ आ गई।

भिखमंगे 'अजगर करे न चाकरी, पंछी करे न काम' के जीते-जागते उदाहरण हैं। कहते हैं कि थोड़ी-सी लाज-शर्म को घोंटकर पी जाओ, बस पौ बारह है। मेरी बस्ती में उनकी संख्या गिनती में नहीं आ सकती। हिसाब लगाया जाए तो दिन के प्रति घंटे में प्रत्येक गाँव के प्रत्येक दरवाजे पर एक भिखमंगा खड़ा मिलेगा। इनके अपने-अपने क्षेत्र होते हैं। इसे वे अपनी भाषा में 'जागीर' कहते हैं। वे बहुत से पुश्तैनी होते हैं। यही एक ऐसा पेशा है जिसमें एक छोटा बच्चा भी उतना ही कमाता है जितना नौजवान। पैदा होते ही इन्हें इसीकी शिक्षा दी जाती है। आठ वर्ष के एक बालक को गेरुआ वस्त्र पहना दिया। गुदड़ी दे दी। एक ताँतवाली छोटी-सी सारंगी दे दी। साफा बाँधकर तिलक लगा दिया। राजा भरथरी के गीत की कतिपय पंक्तियाँ रटा दीं। अब ये पूर्ण योगी बाबा हैं। औरतें देखती हैं तो फिर देखती ही रह जाती हैं। 'अहा! हा! बारी उमर में ही योग ले लिया।' सुरीली आवाज में जोगीजी ने भरथरी का, गोपीचंद का गीत छेड़ दिया। अब क्या पूछना! झोली भर गई। शाम को किसी बरगद के नीचे, बगीचे में या देवालय के सामने एकांत खोजकर चारों दिशाओं से जोगी लोग एकत्र हो गए और अपनी-अपनी कमाई का ब्योरा प्रस्तुत करने लगे। देनेवालों को मूर्ख और न देनेवालों को 'चमरचिट्ट' समझते हैं! कभी-कभी कोई जोगी मूल्यवान् चिड़ियाँ फँसा लेता है। वह एकत्र होने पर उसका बड़ा सांगोपांग वर्णन करता है। ये भीख नहीं माँगते, एक 'व्यवसाय' करते हैं। इनको अपने इस व्यवसाय में दो-तीन सौ रुपया प्रति सप्ताह तक मिल जाता है। झुंड-के-झुंड चलते हैं। प्रत्येक को ज्ञात रहता है कि अमुक किस गाँव में गया है। ठहरने का स्थान भी निश्चित होता है। कभी-कभी तो इनमें से एक.ध गाँवों में बड़ा रंग जमाते हैं। पहले फेरी देते हैं। बाद में वसूली करते हैं। लड़के कुतूहलवश इन्हें घेर लेते हैं। जोगी लोगों की तब बन आती है और बच्चों की प्रसन्नता के माध्यम से उनकी आमदनी बढ़ जाती है। कहीं-कहीं बच्चों के बहकाने की भी शिकायतें की जाती हैं।...बस, आज इतना ही। इसे जाकर लिख डालिएगा।

बाईस

ये उपरफट्टू जोंक!

'आपकी बातों में पुरानापन झलकता है।' आज मुलाकात होने पर मैंने कहा।

'तो क्या मैं आधुनिक नेताओं और विकास अधिकारियों की भाषा बोलूँ?' गाँव ने उत्तर दिया।

'नहीं, फिर भी नया युग अपनी आहट के साथ आपके शब्दों में उतरना चाहिए।'

'और यह उसी प्रकार उतरना चाहिए जिस प्रकार पुराने गाँव पर आधुनिक वैज्ञानिक युग का विकास उतर गया है; क्यों, क्या ऐसा ही चाहते हो?'

'लगभग यही समझें।'

'तो, ऐसा समझो कि तुम्हें लगभग उत्तर मिल गया।'

'कैसे?'

'इसलिए कि मैं शुरू से ही यह मानता ही नहीं हूँ कि पुराने गाँव मात्र पर आधुनिक वैज्ञानिक विकास युग उतर आया है। वह उतरा है पूँजीवादी, साम्राज्यवादी, सामंतवादी शैली में बहुत तामझाम के साथ अर्द्धशहरी समृद्ध गाँवों पर…!'

'बस, बस! यह तो हम लोगों की बहस उसी पुरानी लाइन पर चली गई।'

'तो लाइन से वह खिसके क्यों? क्या गाँव पुराने परिचित उपरफट्टुओं या जोंकों से खाली हो गया है? तुम्हारे नेता, उनके चमचे, विधायक, सांसद, मंत्री वगैरह के साथ गुंडे, अराजकों की नई खेप में क्या पुराने ढंग के जोंक ज्यों-के-त्यों नहीं जमे हैं?…सुनाए तो हैं मैंने उनके किस्से तुम्हें, कुछ आज भी सुन लो।'

फिर चल पड़ी गाँव की चक्की।

एक 'साँईं बाबा' हैं। ये मुसलमान जाति में से हैं। लंबा-सा कुरता है। एक हाथ में चम्मल है, दूसरे में मोरछल है; दाढ़ी, माला सब दुरुस्त हैं। ये जोड़े चलते हैं। कल्याण कामना से गाँव की फेरी लगाते हैं। इनके गीत की टेक होती है—

'बाबा चम्मला भर दे,
तेरा जीएगा लाल!'

अपने गीतों में ये संसार की असारता बताते हैं और यह दिखाने का प्रयत्न करते हैं कि दौलत, माल और खजाना यह सब मरने पर साथ नहीं जाता। जाता है वही जो तुम दान करते हो। इसलिए जी खोलकर दान करो और फिर 'चम्मल भर दो' वाली टेक आ जाती है। एक साँईं बाबा 'बतला दो मेरा पिउ कहाँ' की दर्दनाक

आवाज सदा लिये फिरते हैं। फेरी लगाने के साथ ही ये लोग ताबीजबाजी भी करते हैं। मुरछल घुमाकर बड़े-बड़े रोग-सोग को ये आनन-फानन में दूर कर देने की घोषणा करते हैं। इनका भी रोजगार खूब चलता है।

बालक, हट्टे-कट्टे नौजवान और तंदुरुस्त लोगों को जब द्वार-द्वार हाथ फैलाते देखते हैं तो भारत की वर्तमान दुरवस्था पर रोना आ जाता है। इनसे जब कुछ पूछा जाता है तो ठीक उत्तर भी नहीं देते। आदमी के बिना कितने किसानों की खेती ठीक नहीं उतरती। एक ये आदमी हैं जो दर-दर घूमने को ही पर्याप्त सुखकर मान बैठे हैं। इन भिखमंगों को यदि भीख न दी जाए तब भी देखा यह जाता है कि ये नाराज नहीं होते। इन्हें आदत पड़ गई है। यदि यह कहा जाए कि इतना लंबा-चौड़ा शरीर लेकर क्यों गली-गली घूम रहे हो? कहीं काम क्यों नहीं करते? क्यों नहीं निश्चित, शिष्ट, जनानुमोदित और उचित जीवन व्यतीत करते हो? इसपर कई बहुत बिगड़ेंगे। कुछ निरीह की तरह दाँत निपोर देंगे।

गरमी का दिन है। आसमान से आग बरस रही है। पृथ्वी पर पैर नहीं दिया जाता है। दोपहर के समय लोग घर-द्वार बंद कर आड़ पकड़कर सोए हैं। कहीं पशु-पक्षी भी इधर-उधर आते-जाते, उड़ते-फुदकते नहीं दृष्टिगोचर होते हैं। धूप की चमक में मेरे बेटों के घर निश्चल खड़े दिखलाई पड़ते हैं। ऐसी भीषण धूपवाली बीहड़ दोपहरियों में एक बाबाजी रिक्त पात्र हाथ में धारण किए, नंगे पैर, पीठ पर अन्न की चार-पाँच छोटी-छोटी गठरियाँ लादे, चुनी हुई धोती का एक सिरा बाँधे, सिर पर फहराए, सोंटा लिये दरवाजे-दरवाजे घूम रहे हैं। अच्छे डील-डौलवाले तीस-पैंतीस वर्ष के हैं। प्रत्येक द्वार पर खड़े होते हैं। सधी हुई वाक्यावली मुख-कोटर से कड़कड़ाकर निकल पड़ती है—'शिवजी कल्याण करें। बड़े भाग्य से मानुष जन्म मिला। कुछ दान-पुण्य करो, लक्ष्मी'। यदि घर के भीतर से आवाज नहीं आती तो आगे बढ़ जाते हैं। कितने लोग आराम करने की शिक्षा देते हैं। अपनी नींद में खलल डालने के लिए झिड़कते हैं। कितने दोपहरी में उनके पर्यटन पर आश्चर्य प्रकट करते हैं। अधिकांश द्वार नि:शब्द और अवरुद्ध मिलते हैं। इस प्रकार प्रत्येक द्वार पर शब्द लगाते, प्रतीक्षा करते और आगे बढ़ते चले जा रहे हैं। इन्हें देखकर बिहारी का एक दोहा याद आ जाता है—

"घर-घर डोलत दीन ह्वै, जन-जन जाँचत जाइ,
दिए लोभ चसमा चखनु, लघु पुनि बड़ो लखाइ।"

अब तुम बताओ, इस विकसित वैज्ञानिक बीसवीं शताब्दी के किस

अर्थशास्त्र, समाजशास्त्र अथवा राजनीतिशास्त्र आदि की दृष्टि से उनकी सार्थकता को अन्वेषित करें?

सुनने में यह बात विचित्र-सी लगेगी कि इस जवाहर योजना (१९८९) के युग में आज भी कितने ऐसे गाँव हैं जिनका पुश्तैनी पेशा भीख माँगना है। कितनी ऐसी सभ्य-सी लगनेवाली जातियाँ हैं जो केवल भिक्षाटन पर ही जीवित हैं। लोग कहते हैं कि महँगी में वे चैन की वंशी बजाते हैं। उनकी बड़ाई-छोटाई का मापदंड भीख माँगनेवाले लोगों की कमी-बेशी पर निर्भर है। साधारण शब्दावली में यह कि अमुक के घर इतने लोटे चलते हैं। लोटे चलने का तात्पर्य भीख माँगना। पूछने पर ये जो भी वर्ण हों, बताएँगे ब्राह्मण ही। भिक्षाटन एक, दो, दस की बात नहीं, अपने यहाँ यह करोड़ों की समस्या है। अभिशाप भी अभ्यासवश उन्हें वरदान जैसा लगने लगा है।

'अजगर करे न चाकरी' वाला महामंत्र जपनेवाले लोगों में से ऐसे भी बहुत हैं जो यह कहते नहीं थकते कि 'भगवान् देता है तो छप्पर फाड़कर देता है'। अथवा 'चार भुजावाला छप्पर फाड़कर' ऐसे सज्जनों को कैसे देता है, इसका एक उदाहरण देखिए।

गाँव का एक 'बच्चा' 'बबुआ' हुआ। 'बबुआ' बढ़कर बाबू हो गया। बाबू के बाद नव-विकास में नेता बना। फिर काम नहीं बना तो 'दादा' भी हो लिया। शरीर उभर आया। शक्ति फट पड़ी। अगल-बगल दस तिलंगे झूमने लगे। अब क्या हो? गाँव में रहकर खेती छोड़ और क्या हो? पर यह तो बड़ा ही मनहूस पेशा है। साल-भर नाक रगड़ने पर भी दरिद्रता साथ नहीं छोड़ती। रात-दिन परेशानी, नागहानी, आसमानी और सुलतानी आपदाएँ मुँहबाए खड़ी रहती हैं। यह कोई साहसिकतापूर्ण, उबलती जवानी के जोश योग्य कोई सनसनीदार काम दिखलाई नहीं पड़ता। मगर यहाँ गाँव में क्या हो सकता है?

हाँ, एक ही कला है जिसमें हीन संस्कारवाले ऐसे नौजवान रमते हैं। अपनी कथित साहसिकता का परिचय देते हैं। यह कला है बैल चोरवाने या चुराने या 'खोलने' की। इससे तीन लाभ होते हैं। प्रथम तो धाक जम जाती है। दूसरे, व्यवसाय भी चल निकलता है। 'हर्रे लगे न फिटकिरी, रंग चोखा' आता है। तीसरे वादी-मुखालिफ भी ठंडे रहते हैं। दस चालू सरदारों को लगा दिया। माल इधर-उधर हो गया। अब घर बैठे रंग गाँठ रहे हैं। बिना बादल के पानी बरसा रहे हैं। 'बनिया दे नहीं पूरे तौल' वाली मसल चरितार्थ कर रहे हैं। सैकड़ों किलोमीटर के क्षेत्र में इनका एक संगठन है। सतर्क दल है। चार पैरवाले, बड़े-बड़े सींगवाले,

पगहा (रस्सी) तोड़कर भागनेवाले तथा कूद-फाँद के साथ सींगों पर उठाकर दे मारनेवाले इन बेडौल जानवरों को ये पानी की तरह पचा डालते हैं। बस 'खूँटा' मजबूत होना चाहिए।

इन बैल खोलनेवालों के कारनामे बड़े हैरत एवं साहसिकता से भरे हुए होते हैं। जिन बैलों को हल के लिए ले जाते समय मेरे बेटों को कितनी सतर्कता बरतनी पड़ती है, कितना हाँकना और घेरना पड़ता है, उन्हीं बैलों को ये तस्कर भगवान् रातोरात चालीस-चालीस मील तक एक साँस में लिये चले जाते हैं। किसीकी पाकिट से पर्स मार लेना, घड़ी झटक लेना, सेंध लगाकर घर मूस लेना, साइकल अथवा मोटर उड़ा लेना एवं चलती ट्रेन से बक्स लेकर चंपत हो जाना उतना कठिन नहीं है जितना एक सोए हुए किसान की गोशाला से बैल खोलकर ले जाना। यह कोई ऐसी वस्तु भी नहीं कि घर के भीतर छिपाकर रखी जाए। इसे टाँगकर ले जाया जा सकता नहीं। पर वाह रे मनुष्य! और मनुष्यों में भी ग्रामीण मनुष्य!! तेरी बुद्धि भी कमाल की है। और विचित्रताओं की भाँति गाँव की यह चौर्यकला भी कम आश्चर्यजनक नहीं। कहते हैं कि चारों ओर से घेरकर आदमी सोए हैं और बीच से मवेशी गायब हो जाते हैं। मालूम होता है, उनके पर जम जाते हैं और उड़ जाते हैं। न केवल एक-दो बल्कि कभी-कभी चार-चार, पाँच-पाँच का गिरोह खूँटा खाली कर देता है।

कदाचित् ही ऐसा कोई गाँव हो जहाँ इस प्रकार की घटनाएँ प्रतिवर्ष न होती हों। न केवल वैर-विरोध के कारण बल्कि शुद्ध व्यावसायिक मनोवृत्ति से वृषभ-हरण की बातें आज देखने और सुनने में आती हैं। एक हजार के माल पर पाँच सौ का मोल-तोल होता है। इस घूस को 'पनहा' कहते हैं। 'पनहा खोर' चोर इस प्रकार अपनी जीविका चलाते हैं। कहते हैं कि यह धन रसता नहीं है। जीवन-भर चोरी-चपारी कर तहलका मचानेवाले बिना कफन के गंगा में फेंके जाते देखे गए हैं। ईमानदारी और मेहनत के जीवन में जो रस है वह और कहाँ? जुआ, चोरी, अपहरण, दलाली और 'पनहा' से जो छप्पर फाड़कर अचानक धन प्राप्त होता है वह ठहरता कहाँ है! वह जैसे आता है, वैसे ही चला जाता है। किसान का मतलब है पवित्र परिश्रम की कमाई खानेवाला। जब आज के मेरे तिकड़मी बेटे उक्त कथित परिश्रम प्रारंभ कर देते हैं तो पथभ्रष्ट हो जाने पर सुख स्वप्न हो जाता है।

ग्रामीण समाज की जड़ के दीमक न केवल ये भिखमंगे एवं चोर हैं, बल्कि एक और जमात है जिसको हमारे देश में पुराने जमाने से बड़ा आदर प्राप्त है। किसान श्रद्धातिरेक में उनके सामने माथा टेक देता है। इन्हें 'साधू' कहा

जाता है। काम कुछ न करना पड़े और भोजन प्रथम श्रेणी का मिले। ऐसी अभिलाषा रखनेवाले बहुत जल्दी साधू (साधु नहीं) हो जाते हैं। एक कहावत कही जाती है कि 'नारि मुई घर संपति नासी, मूँड़ मुड़ाय भये संन्यासी'। जिसकी स्त्री मर गई और घर में संपत्ति नहीं रही, वह सिर सफाचट कराकर संन्यासी (साधु) कहलाने लगा। जब तक कामिनी एवं कंचन का भोग संभव था, जब तक इंद्रियों ने साथ दिया तब तक खूब मौज उड़ाए। जब उन्होंने साथ छोड़ दिया, साधू हो गए। साधु तो त्याग से होते हैं। कामिनी-कंचन एवं इंद्रियसुख का वे स्वयं त्याग कर देते हैं। जब भोगों ने साथ छोड़ दिया तो साधूपना ग्रहण एक ढोंग जैसा लगता है। यह निराशा के शीशे का कालिख है, न कि सफलता की ज्योति का प्रकाश। ऐसे ही साधू हरिद्वार आदि कुंभ के मेले में या अन्यत्र गठरी-मोटरी हड़पकर भागते और पकड़े जाने पर पुलिस का हंटर खाते देखे जाते हैं। मेरे बेटे इस भेद को क्या जानें! वे तो वेश की पूजा करते हैं। कभी-कभी गृहस्थों के घर ये साधू महीने-दो महीने तर माल काटते हैं और चलते समय आशीर्वादस्वरूप उनकी बहू-बेटियों को लेकर नौ दो ग्यारह हो जाते हैं। साधू सेवा के फलस्वरूप एक तरफ जीवन-भर के लिए कलंक का टीका एवं अपने साधु-समाज के प्रति तीव्र घृणा की भावना दे जाते हैं। ऐसे ही साधू रात-भर दरवाजे पर टिके रहे तो सवेरे जिस कंबल को उन्होंने सोकर पवित्र किया, वह बाहर पड़े लोटे आदि के साथ गुम मिला। अब साधूजी को खोजते रहें! ऐसे ही ये माताओं, बहनों को ग्रह-ग्रहण, पुत्र-कलत्र एवं पूजा-पाठ के सम्मोहन चक्र में फँसाकर एवं गहरी रकम ऐंठकर गधे के सींग हो जाते हैं।...बस, इसे लिख डालोगे तुम।

तेईस

अंधे अंधा ठेलिया

आज एक नई बात हुई। वह पूरे वक्त तक अलक्षित बोलता रहा। बात यह हुई कि मैं ठीक समय पर सम्मोहित-सा डीह बाबावाले स्थान पर पहुँच गया। उस थके-झुके, आहत शरीरवाले जर्जर बूढ़े की प्रतीक्षा करता रहा। रास्ते पर आँखें लगी रहीं, अब अपने नंगे पाँव घसीटते आ रहा है...मगर काफी देर हुई तो मैं उठ गया। एक नजर इधर-उधर दौड़ाई और फिर 'आज वह नहीं आएगा' कहते हुए चलने को तैयार हुआ।

इसी बीच आवाज आई, 'मैं यहीं हूँ। मुझसे बात करो।' मैंने चारों ओर

देखा, वह कहीं नहीं दिखाई पड़ा तो बोला, 'आप प्रकट क्यों नहीं हो रहे हैं?'

'इसलिए कि आप आज एक बहुत खतरनाक प्रसंग उठाने जा रहे हैं। मैं उसका जवाब छिपे-छिपे दूँगा।' उसने कहा।

'आपको कैसे मालूम कि मैं क्या पूछने जा रहा हूँ?' मैंने कहा।

'मालूम है।...तुम पूछोगे कि कल मैंने साधुओं की निंदा क्यों की? आप कहेंगे, वे राममंदिर के लिए अयोध्या में गोली का निशाना बनने के लिए आगे बढ़ रहे हैं। क्या ढोंगी साधु ऐसा कर सकते हैं?'

'बेशक, मेरे मन के सवाल आप जान गए। अब आपको क्या कहना है?'

'मेरा कहना है कि मेरी बात में गाँव के साधुओं, सामान्य साधुओं की चर्चा उठी थी। ये सिर कटानेवाले जैसे लोग असामान्य शहरी साधु हैं। धर्म के साथ वे राजनीति भी जानते हैं। क्यों, क्या गलत कह रहा हूँ?...नहीं, मैं सही कह रहा हूँ। मैं अपनी बात मात्र पेट के लिए साधू बने जनों तक सीमित रखता हूँ। ये वे हैं जिनके लिए कबीर ने लिखा—'अंधे अंधा ठेलिया'। ये अंधे साधू गाँववालों को ठेलकर मार्ग पर क्या लगाएँगे! खुद कुएँ में गिरेंगे और शिष्य को भी गिराएँगे!'

अब पूरी बात सुनो—

आश्चर्य तो यह है कि इनकी संख्या दिन दूनी और रात चौगुनी बढ़ती पर है। हमारे बेटों की अंधश्रद्धा का ऐसा दुरुपयोग कदाचित् ही किसीने किया हो। यह सत्य है कि साधु-समाज हमारे देश की एक ऐतिहासिक विशेषता एवं बड़ाई है। इस समाज ने हमारे देश की जनता का युग-युग से बड़ा उपकार किया है। जगत् के, जीव के, ईश्वर के तत्त्वों का उद्घाटन इसी समाज ने किया। जीवन-दर्शन का गहनतम अध्ययन एवं आदर्श जीवन-प्रणाली की सुंदरतम व्यवस्था इसी वर्ग ने दी। यह समुदाय मूर्धन्य, पूजनीय एवं संरक्षणीय है। जो काम मेरा बेटा जीवन-भर परिश्रम करके नहीं कर पाता, वह एक पूर्णकाम संन्यासी एक पल में कर देता है। जगत् को अपनी प्रकाश किरण देकर, लोक-कल्याण के लिए अपनी आत्मशक्ति को प्रसारित कर एवं शिवत्व की प्रतिष्ठा के लिए तपस्या की रश्मियों को विकीर्ण कर साधु युग-युग से भारत में अलौकिक महिमावाला रहा है। अपनी गृहस्थी के मायाजाल में फँसे गृहस्थों के लिए त्याग का संदेश देनेवाली साक्षात् सच्चिदानंद की मूर्तिस्वरूप ये साधु हैं! अपनी श्रद्धारूपी अलौकिक संपदा को लुटाने के लिए और दो घड़ी इस संसार से ऊपर उठकर भगवत् चिंतन में रमण करने के लिए इस साधु-समाज से बढ़कर दूसरा कोई साधन नहीं। अपना विज्ञान पढ़ाने के लिए विदेशी बड़े-बड़े भवन बनवाते हैं। और अरबों रुपया व्यय करके महान् प्रबंध

कराते हैं। हमारे देश का अध्यात्म-विज्ञान एक लँगोटी मात्र पर संतुष्ट इन साधुओं की कृपा से घर-घर सुलभ है। पढ़नेवाले, सीखनेवाले और जीवन में प्रयोग करनेवाले नहीं मिलते हैं। ये सब बातें हैं और अनेक बातें हैं जो साधु-समाज को प्रणम्य, श्रद्धेय एवं पूजनीय बनाती हैं। उनके न केवल हम, बल्कि हमारी मानव मात्र की पीढ़ियाँ कृतज्ञ हैं और रहेंगी।

बुरा किया मंदिर और मठों में भेड़ियाधसान करनेवाले पोप-पाखंडियों ने। आलसियों के लिए एक सीधा-सा रास्ता है 'साधू' हो जाना। रुपए-पैसे की कमी नहीं रहती। स्वागत-सत्कार होता ही है। दुनिया पूजती है! अब चाहिए ही क्या? तनिक प्रगतिशील हुए तो चेला और चेलियों की भीड़ लगी रहती है। मठ और मंदिर के मालिक बिगड़ गए। महंथों में तो निन्यानवे प्रतिशत पथभ्रष्ट व्यक्ति हैं। मुफ्त की धन और धरती, ऊपर से मिलनेवाला प्रकट तथा गुप्त दान। निर्धारित पूजा-पाठ। मेरे बेटों को सिवा पूजा-भेंट चढ़ाने के ये और दूसरी शिक्षा भी नहीं देते। गाँजा, भाँग और विलासिता की लीला देखनी हो तो मठों में आइए। पूजा, पाठ और तप के नाम पर आरती होती है। कभी-कभी हरिकीर्तन होता है। यह कीर्तन भी अजीब है। ढोल-मजीरा फूट जाए, सप्ताह-भर गला बैठा रहे, कुछ को बुखार चढ़ जाए तथा चिल्लाने से कुछ का गला फट जाए तब हरिकीर्तन सफल समझा जाता है। साल में रामजन्म अथवा कृष्णजन्म मनाया जाता है। यह उत्सव शुद्ध रुपया और सीधा-दधि ऐंठने का एक हथकंडा हो गया है। अधिकांश ग्रामीण नाच-रंग के प्रलोभन से भाग लेते हैं। रंडी-भाँड़ से लेकर देशी नाच तक की सप्ताहों चहल-पहल रहती है। देखने में आता है कि ऐसे मौकों पर न केवल गृहस्थों की, बल्कि साधु बाबा लोगों की भी सफेद दाढ़ियाँ हिलने लगती हैं। मंदिर और मठ जिस पवित्र उद्देश्य को लेकर स्थापित किए गए, आज उनकी सवा सोलह आने हत्या हो रही है। कभी ये भगवदाराधन के केंद्र थे। दिन-भर के श्रम से थके-माँदे गृहस्थ शाम को वहाँ जाकर शांति पाते थे। उन्हें संसार-सागर पार करने की शिक्षाएँ मिला करती थीं। घर, समाज और लोक-कल्याण के लिए कामनाओं की कलियाँ इन्हीं दिव्य उपवनों में खिलती थीं! उनके सौरभ से जन-रंजन होता था। आज उन गुरुओं की जगह समाज-द्रोही, धर्म के गुंडे और पूजा चाहनेवाले लफंगे दिव्य परिधान में आसन जमाए सुशोभित हैं। ये छप्पन प्रकार का भोग करते हैं। छप्पन छुरी और बहत्तर पेंच जानते हैं। वे राजनीतिबाज, स्मगलर, अपराधी और नशे के व्यवसायी भी हो सकते हैं। विश्व का कोई समुदाय इतना मोटा-मुस्टंडा और शोषक नहीं है। ये शोषण चक्र हाथ में धारण किए पूँजीपतियों के दाहिने चलते हैं। इनका वरद्हस्त

सदा उनके ऊपर रहता है।

ये 'साधू बाबा' लोग ग्रामीणों को शिक्षा देते हैं—

'होइहै सोई जो राम रचि राखा,
को करि तरक बढ़ावहिं साखा।'

सबकुछ उस 'राम' की किताब में प्रत्येक व्यक्ति के लिए लिख-लिखाकर निश्चित कर दिया गया रहता है। वही होता है। अपना उद्योग, तर्क, युक्ति, यत्न और हाथ-पैर हिलाना बेकार है। 'करम गति टारे नाहिं टरी' अथवा 'करम की रेख लिलारे', इस प्रकार की बातें बचपन से ही सुनने को मिलती हैं। माताएँ बालकों को यही बताती हैं। उनके दूध के साथ ही प्रगति-विरोधी भावनाएँ पचने लगती हैं। फलतः अपनी हीनावस्था को विधि का विधान मानकर मेरे बेटों की दुनियावाले उसे सुधारने के लिए प्रयत्नशील होने की बात नहीं सोचते। वे उसे अडोल एवं अमिट मानते हैं। वे 'ब्रह्मरेख' नामक लोकोक्ति का प्रयोग ऐसी बात के लिए करते हैं, जो पूर्णतया निश्चित रूप से होने वाली होती है। वे इस बात की प्रतीक्षा करते हैं कि अघटित घटना चमत्कार द्वारा अचानक उनका दैन्य उसी प्रकार जाता रहेगा जिस प्रकार बरसात का गरजने-बरसनेवाला, भूखों रखनेवाला मौसम।

छोटी और बड़ी दोनों जातियों में यह भाग्यवाद समान रूप से चलता है। एक हरिजन का परिवार भूखों मर रहा है। साल में मिला मजदूरी का अन्न एक लड़के की शादी में व्यय हो गया। ऊपर से एक बाबू का एक हजार रुपए का ऋण था। सावन-भादों में अन्न के लाले पड़ गए। पूछो और कहो कि कहीं जवाहर योजना में काम हो रहा है तो जाकर भिड़ो, कहीं सड़क पर मिट्टी जाकर फेंको, या रोजगार के लिए सरकारी ऋण का प्रयत्न करो या कहीं शहर में जाकर कुछ काम-धाम करो या यहीं किसी किसान का कोई काम-धाम लेते तो यह अकाल कट जाता। तब क्या पता कि उसे तुलसी का एक दोहा याद हो, कह दे—

'करम कमंडल कर लिये तुलसी जहँ-तहँ जाइ।
सागर सरिता कूप जल बूँद न अधिक समाइ॥'

तब तुम्हें लग सकता है कि यही दोहा उसकी बरबादी का कारण है। यही उसे भूखों मार रहा है। उसकी स्त्री, दो अबोध बच्चे और किशोर बालिका अन्न के बिना मुरझा गए थे। कैसे समझाया जाए कि 'करम' माने 'तकदीर' नहीं। जो अर्थ और भाव उसके मस्तिष्क में जमा हुआ था, उसे निकालना टेढ़ी खीर है। कैसे

समझाया जाए कि तुम्हारे जैसे अधेड़ का 'करम कमंडल' कुदाल या खाँची उठाते ही भर जाएगा। कैसे समझाया जाए कि किसी बाजार में बोझा ढोने पर अथवा स्टेशन पर 'कुली-कुली' चिल्लाने मात्र से भी उसके कमंडल में अधिक बूँदें आने लगेंगी।

नियतिवाद की प्रबलता के कारण मेरे बेटों की दुनिया में महत्त्वाकांक्षा नामक वस्तु नहीं मिलती। मिलती भी है तो अत्यंत ठेठ, भोंड़ी और विनाशक अथवा बहुत आधुनिक और तेज; जो अपराध, अराजकता, गुंडई-नंगई जैसे कार्यों में झोंक देती है अथवा पुराने संस्कारों से उपजी कुरीतियों की ओर मोड़ लेती है। किसी महत्त्वाकांक्षी ने अपने बेटे की शादी में भोज-भात, रंडी-भाँड़, वी.डी.ओ. आदि में हजारों रुपया फूँक दिया। किसीने दारोगाजी के उत्सव में अपने प्रतिद्वंद्वी से बढ़ाकर न्यौते पर दे दिया। उन्होंने एक सौ एक दिया तो इन्होंने एक हजार एक सौ इक्यावन दिए। किसीने ऐसी आतिशबाजी जुटाई कि गाँव के लोगों की गरदनें उनके सामने झुक गईं। कोई अपनी बारात में पेटियों में भरकर शराब की बोतलें ले गया तो किसीने ड्रम में भरकर वहाँ प्रदर्शित कर उसे मात दी। किसीका गल्ला फुँकवाकर, किसीका बैल खोलवाकर, किसीकी हवेली में सेंध लगाकर, किसीको अँधेरे में दस गुंडे लगा पिटवाकर और किसीको बेकार के मामले में फँसा कचहरी की सैर कराकर या हवालात की हवा खिलवाकर भी महत्त्वाकांक्षाएँ प्रदर्शित की जाती हैं। अपने व्यवसाय में उन्नति हो, सौ मन की जगह एक सौ एक मन पैदावार हो जाए। परंपरागत खेती की जगह सघन व्यापारिक खेती की जाए। बच्चे चरित्रवान्, स्वस्थ एवं शिष्ट बनें। इस प्रकार की महत्त्वाकांक्षाएँ रखनेवाले गाँवों में कम मिलते हैं। घर के भीतर की व्यवस्था सुचारु हो जाए, भोजन-पान और रहन-सहन का दरजा ऊँचा हो जाए और घर भरा-पूरा तथा सुखप्रद हो जाए; ये प्रवृत्तियाँ भी सिर ऊँचा कर नहीं उमड़तीं। मेरी बस्ती के लोगों का जीवन निरापद हो जाए, रोग और कष्ट से वे त्राण पाएँ, गरीबी धर्म का नाश न बन जाए, अनाथ और असहाय भाग्य की ठोकर से चूर न हो जाएँ, पुराने लोगों का सम्मान रहे, गाँव के निवासी फलें-फूलें और गाँव में कोई झगड़ा न रहने पाए—इस प्रकार की महत्त्वाकांक्षाएँ नहीं उदित होतीं। ये तो भाग्य की ज्वालाओं में झोंक दी जाती हैं। इन सब बातों के बारे में ग्रामीणों की राय है कि ये बनाने से नहीं बनतीं। ये तो जैसा होना होता है, हो ही जाती हैं।

इससे स्पष्ट है कि गरीबी का एक कारण यह संतई से उपजा भाग्यवाद है। किसी मेरे बेटे के खेत में अन्न कम पैदा होता है। वह समझ लेता है कि भाग्य भूमि

में यही नियत था। पैदावार की कमी के कारणों पर उसका ध्यान नहीं जाता। वह नहीं सोचता कि बीज में क्या दोष था? उन्नत किस्म का शोधित बीज था या परंपरागत? बुआई एवं जुताई में कौन-सी कोर-कसर रह गई थी? खाद की कमी पड़ी थी? अथवा सिंचाई में कितना प्रयत्न और अपेक्षित था? ये सब बातें गौण हो जाती हैं। मुख्य हो जाती है तकदीर। अपनी कमी को, अपने दोष एवं अवगुण को नहीं देखते। अत: उन्नति या सुधार की ओर कोई प्रगति नहीं होती। तदवीर पीछे छोड़कर तकदीर की छाया लोग पकड़ना चाहते हैं। भाग्य का सार्वजनिक स्तर गिरता जा रहा है। वह कभी उठता ही नहीं। खेत में चूहे लग गए हैं, चिड़ियाँ सफाया कर रही हैं, हरहे (लावारिश) जानवर हानि पहुँचा रहे हैं एवं चोर-चाँई खेत में नुकसान कर रहे हैं। पर मेरा बेटा बेफिक्र है। उसकी किस्मत को कौन उखाड़ सकता है! उसकी तकदीर का मीटर कौन घटा-बढ़ा सकता है!

मेरे बेटे किसान काम तो करते हैं, परंतु उनमें नई-नई प्रेरणाएँ, नई स्फूर्ति एवं हार्दिक उल्लास का अभाव अब भी पाया जाता है। उन्हें अपने कर्म पर पूरा-पूरा विश्वास ही नहीं होता। अपनी वृत्ति या जीविका को वे इस सुविधाओंवाले विकास युग में भी आकाशी कहते हैं। है भी 'आकाशी'। लेकिन इस युग में जबकि मानव ने विद्युत् वारि को मुट्ठी में कर लिया है, कोरी पुरानी रूढ़ियों के सपने देखते रहना हास्यास्पद है। सूखा पड़ा तो किसान तड़प उठे। गाँवों में मनहूसी की धूल उड़ने लगी! खेतों में हरियाली की जगह काले-काले मिट्टी के ढेले दिखाई पड़ने लगे। फसल उगी ही नहीं। जो थोड़ी मेहनत किए और सींचकर बो दिए, उनके खेत कुछ हँसने लगे। कुछ गाँवों ने संगठित रूप से प्रयत्न किया और सरकारी सहायता प्राप्त कर खेतों को परती रह जाने से बचा लिया। अधिकांश यही सोचते रहे कि जो किस्मत में होगा, कहाँ जाएगा? मालिक की जब यही मरजी है तो हम उनके खिलाफ क्या करें! यदि खेत में देना होता, पानी बरसाना उनके लिए क्या कठिन है?

वस्तु नहीं, मेरे बेटे संतोष चाहते हैं; यद्यपि यह उच्च भावना है। यह आदर्श जीवन सूत्र कही गई है। इस संतोषवृत्ति को शास्त्रों का अनुमोदन एवं महापुरुषों की शुभ सम्मति प्राप्त है। तो भी इसकी एक सीमा होनी चाहिए। संतोष की वह भूमिका जिसमें मनुष्य सर्वथा कर्मरहित हो जाए, भयावह है। 'कर्मरहित होना' और गीतोक्त 'अकर्म दशा' में बहुत अंतर है। एक में अभाव की प्रतिक्रिया है, दूसरे में त्याग है। अंगूर प्राप्त नहीं हुए तो खट्टे हो गए! निष्क्रिय संतोष की झंकार हमारे लोकगीतों में भी मिलती हैं—

धै देत्यो राम हमारे मन धीरजा हो!
सबकी महलिया राम दियना बरत हो,
हर लेत्यौ हमरो अन्हार, हमारे मन···।
सबकी महलिया रामा विजना बनत हो,
हर लेत्यौ भूखिया पियास, हमारे मन··· ॥

विपत्ति की मारी एक भारतीय नारी भगवान् से प्रार्थना करती है कि हमारे मन में धैर्य की प्रतिष्ठा कर दो। इससे मेरे सारे कष्ट दूर हो जाएँगे। सबके घर दीपक जल रहा है। मेरे घर में अँधेरा है। मुझे दीपक नहीं चाहिए। तुम मेरा अँधेरा हरण कर लो। मेरे पड़ोसी तरह-तरह के व्यंजन बनाकर रसास्वादन कर रहे हैं। इधर मेरे घर अनशन चल रहा है। यदि तुम मेरी भूख-प्यास हरण कर लेते तो मुझे भोजन की आवश्यकता नहीं रह जाती।

तो, लेखक महाराज, यह संतोषवाद, धीरजवाद, भाग्यवाद हमारे गँवई वैरागियों ने गाँव-गाँव में बो दिया और हम सभी उसे काट रहे हैं।···बस, आज इतना ही। इसे लिखना नहीं भूलोगे।

चौबीस

याद एक हस्तकला की

'आइए, गाँव के बारे में ध्वंस का रोना छोड़ कुछ निर्माण की, रचनात्मक पहलुओं की बातें करें।' आज मुलाकात हुई तो मैंने कहा।

'करो, मगर एक बात याद रखो। आज हालत ऐसी है कि हर निर्माण की बात थोड़ी दूर चलकर अनायास अनजाने ध्वंस का रोना बन जाती है।' उस बूढ़े गाँव ने कहा।

'ऐसा क्यों होता है?'

'इस 'क्यों' की जड़ बहुत गहरी है।'

'कितनी गहरी? क्या इतनी गहरी कि अज्ञात है?'

'नहीं, इतनी गहरी नहीं। वह ज्ञात की सीमा में है।···अच्छा, बहुत दूर मत जाओ। याद है, जब हमारा देश स्वतंत्र हुआ?'

'हाँ, अच्छी तरह याद है।'

'तब याद होगा कि हमारी शिक्षा-दीक्षा की क्या स्थिति थी?'

'बहुत बुरी थी और सभी उसे कोस रहे थे।'

'और आज क्या उससे भी बुरी नहीं हो गई है और क्या उससे भी अधिक नहीं कोसी जा रही है?'

'हाँ, ऐसा ही है।···तब शायद आप यह कह रहे हैं कि लोग लोकतंत्र के लिए जैसे शिक्षित होने चाहिए वैसे न थे और न बाद में हो पाए। लोकतंत्र और स्वाधीनता को लोग—विशेषकर हमारे बेटों की दुनिया के लोग—एकदम नहीं समझ पाए। उन्होंने इसे अपने परंपरागत जड़ अर्थों में ढालकर तोड़-मरोड़ डाला!'

'तुम इन जड़ों को पहचान तो रहे हो। अब इसी लाइन पर आओ कुछ और बातें समझें। कैसी समझदारी की जमीन पर स्वराज-प्राप्ति के समय हम खड़े थे!'

ध्यान से सुनो—मेरे बेटे प्रधान मंत्री पद का वास्तविक अर्थ नहीं जानते थे। पंडित जवाहरलाल नेहरू को वे 'प्रधान' या राजा मानते थे। अपने अभाव, अपनी पीड़ा और अपने सुख-दुःख को उन्हें संबोधित करके लोकगीतों में व्यक्त करते थे। संध्या समय झाँझ-मजीरे पर इस प्रकार की स्वर-लहरी ग्रामीण अंचल से उठती रहती थीं। अपने गाँव का एक गीत याद होगा—

'भारत का हर लीन्हा काल,
जवाहरलाल तेरी जय हो!'

अथवा कभी देश की घोर दुरवस्था, संकटजनक स्थिति एवं गरीबी आदि की ओर संकेत कर मर्मभेदी स्वर छेड़ते थे—

'देश में लगी है अब तो आग
ओ जवाहर भैया।'

कभी देश की विभिन्न समस्याओं की जटिलता और उन्हें हल करने के लिए जवाहरलाल के अथक परिश्रम को लक्ष्य कर थोड़ी सहानुभूति के स्वर में गाते थे—

'कवनी सइतिया लीहल सासन भार,
भैया जवाहर हो!'

इससे मेरे बेटों को संतोष मिलता था। यह उनका राजनीतिक संतोष था। देश के कर्णधार के सामने विषमता निवेदन कर, उसकी स्तुति कर या उसकी कठिनाइयों के प्रति सहानुभूति व्यक्त कर वे निश्चिंत हो गए। आदत की बात है। सूखा पड़ा तो

खेत में नहीं, शंकर भगवान् की मूर्ति को सींचते हैं। महामारी फैली तो ओषधि के लिए नहीं, देवी की मनौती के लिए व्याकुल देखते हैं।

भारतीय किसान की वह संतोष प्रधान जीवन-प्रणाली परंपरा से चली आती है। यह पुरानी व्यवस्था है। नई जीवन-व्यवस्था और इसमें मौलिक अंतर है। तब मेरा बेटा मानसिक स्वावलंबन की चट्टान पर खड़ा रहता था। आज वह उसे खोकर शारीरिक और मानसिक दोनों दृष्टियों से घनघोर परावलंबन की खाई में पड़ा है। उसका जीवन-प्रवाह अवरुद्ध होकर गँदला हो गया है। उसकी सरलता, सिधाई और हार्दिक निर्मलता तिरोहित हो गई है। उसके कलाकार को लकवा मार गया है। एक सामान्य वस्तु की चर्चा उठाकर इस बात को मैं तुम्हें समझाऊँगा।

गाँवों में मूँज बहुत पैदा होती है। यह मूँज बहुत ही पवित्र मानी जाती है। इससे डलियाँ, बड़ी-बड़ी दौरियाँ, झाँपियाँ, बक्स, मोन्ही और भाँति-भाँति के खिलौने एवं गृहस्थी के व्यवहार में आनेवाली सामग्रियाँ निर्मित की जाती हैं। स्त्रियों का यह सरस व्यापार था। माताएँ अपनी कन्याओं को बड़े प्रेम से सिखाती थीं, मूँज से गभउँजा खींचना, उसे चीरना, रँगना, बाँधना सब एक निश्चित तरीके से होता। बुनने में भी नई-नई कलाओं का प्रयोग है। हस्तकला के साथ इसमें हृदय की भावनाओं के प्रस्फुटन के लिए एक सरल साधन और अवसर होता रहा। मनोविकास के लिए कला, विशेषकर हस्तकला अमृत तुल्य है। चित्त की शांति के लिए यह स्वर्गीय सोपान है। हृदय की कोमलता, स्वच्छता आदि गुणों के लिए कल्पवृक्ष तुल्य है। कला के मोहक साहचर्य से सद्‌गुण आकर्षित हो आते हैं।

आज माताओं-बहनों ने इस पुरानी हस्तकला को, जो पवित्र होने के साथ परम उपयोगी भी है, विस्मृत करना प्रारंभ कर दिया है। आज कन्या पितृगृह से बिदा होती है तो उसकी बिदाई में कंपनी के बने चमकीले सूटकेस, वी.आई.पी., फैन, टी.वी., फ्रिज, टू-इन-वन, स्कूटर, रेडीमेड वस्तुएँ और इसी भाँति तड़कीले-भड़कीले सामान दिए जाते हैं। इन सामानों में वह ममता कहाँ जो कन्या के हाथ से, उसकी कला-कुशलता के प्रमाणस्वरूप, कुमारावस्था में निर्मित किए गए सामानों के प्रदान में होती थी।

पुरानी कला को विसर्जित कर हमारी बस्ती की कन्याओं में स्वार्थपूर्ण हीन भावनाएँ घर करने लगीं। रसोई बनाने और झगड़ा करने की निपुणता ही शायद शेष रही। रुचियों को आधुनिक फैशनपरस्ती खा गई।

देखो साहित्यकार, तुम्हारे ही इस गाँव में क्या होता है? कितना-कितना परिवर्तन हो गया?

अतिथि-सत्कार में आज किसान भी चीनी अथवा काँच की तश्तरियों में मिष्टान्न प्रस्तुत करते देखे जाते हैं। स्टेनलेस स्टील की तश्तरियाँ घरों में आ गई हैं। ये स्वागत के मोरचे पर भिड़ाई जाती हैं। हमारे बेटों के पुराने गाँवों में न तो आज की तरह की सत्कार-सामग्री थी और न उन्हें प्रस्तुत करने के आज की भाँति तड़क-भड़कपूर्ण साधन। इतने पर भी नए में वह सांस्कृतिक स्पर्श कहाँ है? इनमें कन्याओं एवं कुलवधुओं के हाथ की बनी, रंग-बिरंगी, हलकी-फुलकी, सुंदर और आकर्षक डलियों में लाए गए सत्कार के सामान की मधुरता कहाँ मिलती है? उन डलियों में रखी सामग्री ग्रहण करने के विधान में भी पवित्रता का ध्यान रखा गया। न केवल अतिथि-सत्कार अपितु अन्यान्य गृहस्थी के काम इन हाथ की बनी डलियों से करते हैं। इतनी बड़ी-बड़ी डलियाँ बनतीं कि सौ अथवा पचास व्यक्तियों के भोजन-भर आटा अँट जाता। विशेष अवसरों पर इससे तौलने की झंझट समाप्त हो जाती। अन्न की राशि तौलने के लिए विभिन्न माप की थापियाँ बनतीं। साधारण माप की डलियाँ, जो नित्य व्यवहार में आतीं, बनाई जातीं। कीमती बक्सों की जगह घर के सामान, कपड़ा, गहना आदि रखने के लिए गोल-गोल झाँपियाँ, चौकोर बक्स सब इस मूँज की हस्तकला से निर्मित हो जाते। रुपया-पैसा रखने के लिए पर्स जैसी छोटी-छोटी डिब्बियाँ या उनकी भाषा में 'हथौटियाँ' तैयार हो जातीं। अब इस कला का प्रचलन लगभग बंद हो गया है। नाना प्रकार के तड़क-भड़कवाले सामानों के कारण जीवन खर्चीला होता जा रहा है। एक गृहस्थ को दो बक्स खरीदने पड़ गए। इसका अर्थ यह हुआ कि उसे एक बोरा अन्न बेच देना पड़ा। फिर साल में कुल कितने बोरे वह उपार्जित करता है? खर्चे की बात जाने दें तब भी देखते हैं कि अपनी हस्त एवं गृहकला का आश्रय छोड़कर हम बनावटी जीवन की ओर जा रहे हैं।

भारतीय स्वराज्य के लिए महात्मा गांधी ने कम खर्च की शर्त रखी। यह ग्रामीण कौशल का एक अंग है। न केवल आर्थिक दृष्टि से, बल्कि मानसिक एवं चारित्रिक सुधार तथा प्रशिक्षण की दृष्टि से इसकी विपुल महत्ता है। जिस प्रकार मूँज की कला कन्याओं में सारल्य, स्वावलंबन तथा नारी-सुलभ मार्दव की प्राण-प्रतिष्ठा करती रही, उसी प्रकार चरखा उनमें तथा पुरुषों में एकता, पवित्रता, दृढ़ता और स्वतंत्रता का सूत्रपात करता रहा। पहले गाँवों में इसका खूब प्रचार था।

किसान-कन्या की प्रारंभिक शिक्षा पहले इस मूँज के बने गभउँजे से प्रारंभ होती थी। यह शिक्षा स्कूल या कॉलिज में नहीं होती। फुरसत के समय 'सूजा' (बुनने का यंत्र) और 'बरुआ' (बुनने की मूँज द्वारा निर्मित सामग्री) आदि लेकर

बड़ी-बूढ़ी माताओं के पास कन्याएँ मँडराती रहती थीं। यह कला वे उन्हींसे प्राप्त करतीं। इनमें दक्षता प्राप्त कर अन्य हुनर; जैसे रसोई करना, कपड़ा सीना, बिस्तर बनाना, कसीदा निकालना, पंखे आदि बनाना सीखतीं। जीवन में धीरे-धीरे हस्तकला का प्रभाव लक्षित होने लगता। उसका प्रकाश बाहर निकलने लगता था। हाथ में पारस आ जाता था। वह जिस लोहे को छू देता, सोना हो जाता। जिस बेडौल और ऊबड़-खाबड़ वस्तु को छू देता, कट-छँटकर साफ-सुथरी, समतौल और चिकनी हो जाती। घर-बाहर स्वर्ग-सा चमकता रहता। ये कन्याएँ जब तक पितृगृह में रहतीं, यहाँ की शोभा बढ़ती रहती। पतिगृह में आकर उनकी सीखी हुई समस्त कलाओं का व्यापक प्रकाश होता था। उनकी उपस्थिति सौरभ बनकर घर का कोना-कोना महमहा देती थी। उनका मृदुल व्यवहार समस्त परिजन का संबल हो उठता था। बूढ़े सास-ससुर के लिए वे हाथ आँखों की रोशनी हो जाते थे। घर में मानो लक्ष्मी आ गई। कहा भी जाता है उन्हें गृहलक्ष्मी। ऐसा गृहस्थ परिवार धन्य हो जाता। बाहर पुरुषों की मूँछें फहराती रहतीं। सिर ऊँचा रहता है और छाती फूली रहती। वास-वसन-वासन चमकते रहते। जहाँ कहीं हाथ लगा नहीं कि मैल साफ। तन की, मन की, घर की, बाहर की, पड़ोस की और गाँव-भर की अखिल मैल के लिए यह कलाकौशल संपन्न गृहलक्ष्मी दिव्य साबुन की बट्टी-सी सुशोभित रहती थी।

काल गति से शनैः-शनैः ग्रामीण अंचल से गृहलक्ष्मी का यह सुघर स्वरूप धूमिल होकर तिरोहित होता गया। आज तो जैसे सबकुछ विपरीत हो गया। गँवई स्कूलों की 'पढ़ाइयों' ने उनकी हस्तकला को मार डाला। हस्तकला के नाम पर जैसे वे ड्राइंग रूम सजाने के चक्कर में दीखती हैं। ग्रामीण परिवारों में अर्द्धशिक्षित सर्वगुणहीना, भारस्वरूपा, अधकचरी शहरी फैशन-पुतलियाँ, साक्षात् दरिद्रा देवियाँ और कलह भवानियाँ किंचित् युग-संभव स्वच्छंदता लिये, गृहदाह के लिए सास-श्वसुर की काल-रात्रि बनकर 'धरते झाँपी बवंडर'-सी पतिगृह में शनि-कन्याओं के रूप में आज प्रवेश करती हैं तो आश्चर्य नहीं होता है।

स्त्रियों की भाँति पुरुष भी हस्तकला खोकर मानसिक स्वावलंबन की पृष्ठभूमि से स्खलित हो गए। बड़े व्यापक और उच्च गृह-धंधों की तो चर्चा ही व्यर्थ है। मेरा बेटा आज रस्सी भी अपने हाथ से नहीं बट लेता। यह पहले ही बताया जा चुका है कि चारपाई बुनने, बैल बाँधने अथवा इस प्रकार के अन्य कर्मों के लिए रस्सी की आवश्यकता होने पर वह सीधे बाजार की ओर दौड़ता जाता है। एक सरल साधन मिल गया—बाजार। हाथ-पैर न हिलाना पड़े। जिस चीज की जरूरत हो, बाजार से खरीद लाओ। एक पैदावार का पैसा कितना काम करे? पेट भरे या बाजार

कराए? वह भी कम हो गई। खेत बढ़ नहीं गए। हाँ, खेतवाले बढ़ गए। अब खाने को मिले तो कैसे? बढ़े हुए लोगों में भी अधिकांश भारस्वरूप ही हो गए। स्वावलंबी केवल मेरा बेटा किसान था; पर जिस दिन से उसने बाजार का रास्ता देख लिया और सामान्य वस्तुओं के लिए पैसा खर्च करने लगा, उस दिन से उसके घर में अलक्षित चोर जैसे घुस गए। एक मोटा-मोटा हिसाब रह गया खेती का। उसकी पैदावार बेचकर फैशन-व्यसन सारा भार उसी पर लाद दिया जाए तो उसकी कमर टूट जाएगी। कपड़ा स्वयं तैयार कर लें, चमार से जूता लें, अपने घर की औरतें कपड़े सी दें, तब पक्के किसान। यह समझकर कि भाग्य में जो बदा होगा, मिलेगा ही; किसी प्रकार जोत-बोकर खेत ढक देना ही किसानी नहीं है। नागहानी, आसमानी, सुलतानी से बचा हुआ बेचकर शहर की ओर दौड़ना ही बुद्धिमानी नहीं। क्या हुआ जो गाँव की बनी वस्तुएँ कम सुंदर होती हैं? उपयोगी तो होंगी। मेरा बेटा वह जो दिखावा नहीं चाहता, काम चाहता है, धरती से जुड़ा काम!

काम करनेवालों से आज तो उन बेकारों की तायदाद बेशी है, जिनके घट में प्राण-भर है और यही इनका जीवन है। गाँव के जनसागर में दिन-भर सोते रहनेवाले जीव मिलेंगे। वहीं सारा दिन कठिन काम के व्यतीत करनेवाले भी हैं। दोनों शोषित हैं। दोनों स्वयं के लिए शोषक हैं। धूल की तरह जीवनवाले, कीचड़ की तरह भावनाओं, जानवरों की भाँति आहार, निद्रा, भय और मैथुन के पुतले ये कलाविहीन मानव कृषक-जीवन के कलंक नहीं तो और क्या हैं?

पचीस

देश चोरी परदेश भीख

आज शाम को पहुँचा तो देखता हूँ कि डीह बाबावाली उस परती में आरक्षण समर्थकों की सभा हो रही है। सोचा, आज बूढ़े गाँव से मुलाकात नहीं होगी और एक ओर मैं भी बैठ गया। अचानक मेरा ध्यान मंच के कोने की ओर आकर्षित हुआ। देखा, अरे, यह तो वही बूढ़ा है। सिर झुकाए एक सिरे पर बैठा है।

सभा में भाषण चलता रहा। बहुत उत्तेजित भाषा में वक्तागण बोल रहे थे। कह रहे थे, आरक्षण वर्ग का हो, जाति का नहीं; अथवा छोटी जाति का हो तो बड़ी जातियों के गरीबों का भी हो।

सभा के अंत में सभापति ने पूछा कि किसी और को कुछ कहना है, तो मैंने देखा, वह बूढ़ा खड़ा हो गया और बोला—

'आरक्षण छोटी-बड़ी जाति या पिछड़े-समृद्ध वर्ग आदि के बीच नहीं, यह गाँव और शहर के बीच हो!...गाँव को आरक्षण का लाभ मिले!'

तभी कुछ लोगों ने उठकर उस बूढ़े को धक्का देकर सभा के बाहर कर दिया और फिर उनमें एक गरज उठा—

'यह बूढ़ा कांग्रेसी हम लोगों की सभा में कहाँ से आ गया? लड़ाई कहाँ है और कहाँ फेंककर हमें बहका रहा है!'

इसके बाद फिर शांति हो गई और सभा की शेष कार्यवाही अपनी लाइन पर आ गई।

मैं उठकर उस बूढ़े को खोजने लगा। जिधर धकेला गया था, उधर नहीं मिला। सभा खत्म हुई, लोग चले गए तब भी नहीं मिला। अँधेरा होने लगा था और मैं बैठा प्रतीक्षा कर रहा था। तभी वह अचानक प्रकट हो गया।

'देखा न, साँच कहौं तो मारा जाऊँ! तुम्हीं बोलो, क्या मैंने गलत कहा?'

'नहीं। आपसे मैं सहमत हूँ। लेकिन शहर और गाँव के बीच की विभाजक रेखा तो आज जैसे मिटती जा रही है। तब इसका समाधान कैसे हो?'

'नहीं, यह भ्रम है!...फैशन, गरीबी, अंधविश्वास, बेकारी, मूर्खता, आतंक और दिखावट-बनावट आदि के कुछ मुद्दे हैं कि देखो ज्यों-के-त्यों बने हैं।'

मेरी बातें ध्यान से सुनो—

सरकार ने प्रयत्न किया है कि गाँव की वर्तमान दुरवस्था का अंत हो और वह जल्दी शहर जैसा विकसित हो जाए। भाँति-भाँति के मोटे-पतले कागजों पर रंगीन, चमकदार, छोटी-बड़ी और आकर्षक प्रचार-पुस्तकें छपती हैं। भवनों से हीन-विहीन स्कूल गाँव-गाँव में हो गए। पहले झोंक में पुस्तकालय और वाचनालय भी खुले। फिर प्रौढ़ पाठशालाओं का प्रयोग हुआ। इसके बाद औपचारिक-अनौपचारिक और नई बनाम राष्ट्रीय नाना प्रकार की शिक्षा नीतियाँ और रंग-बिरंगे प्रयोग चले। सब ऊपरी सुधार के ढाँचे आकाश बवंडर की तरह खड़े किए गए। इन प्रयासों का रूप ऐसा है कि इनसे कृषक पीढ़ी के सुधार में सैकड़ों वर्ष लग जाएँगे। और तब भी कोई सुधार नहीं होगा। मूल तथ्य यहाँ यह है कि आज का पढ़ा-लिखा किसान-पुत्र अपने पूर्वजों को मूर्ख समझता है। यद्यपि उन्हींके बीच का वह पैदा होकर उनसे भी गया-गुजरा होता है, तथापि शिक्षा का एक अहंकार उसे उचकाए रहता है। गाँव की शिक्षा और समझदारी शहर में जाकर कुरसी पर आसन जमाने में है या खेत में हल-बैल के साथ? सवाल उठता है और उठकर गिर जाता है।

मेरे बेटों के लिए कूपमंडूक की उपमा दी जाती है। वह गाँव के क्षेत्र के

बाहर की दुनिया से प्राय: अनभिज्ञ रहता है। नेतागिरी और मुकदमों के सिलसिले में जो कचहरियों में आता-जाता है, वह चलते-पुरजे लोगों में गिना जाता है। शहर में जाकर कुछ लोगों का काम बनाने का 'धंधा' भी कुछ लोग करते हैं। ऐसे लोगों की बहुत धाक रहती है। इतने पर भी कुछ लोगों के केवल शहर में जाने मात्र से ही सामूहिक कूपमंडूकता समाप्त नहीं होती। अपनी विशेषताओं को खोकर शहरवालों की नकल से ही प्रगतिशीलता या आधुनिकता नहीं आती।

पुराने गाँव में अंग्रेजी जूते को 'बूट' कहा जाता था। वह बूट पहननेवाला बाबू और बड़ा आदमी समझा जाता था। उसकी कीमत ऊँची होती थी। साधारण लोगों के लिए चमरौधा जूता था। शादी-ब्याह के मौके पर एक विशेष किस्म की थोड़ी ऊँची कीमत का लाल जूता लोग उपयोग करते थे। जमाना आगे बढ़ा कि सब लोग अंग्रेजी जूता ही पहनने लगे। अब यह सब भेद मिट गया। अब तो जैसे जूता क्रांति हो गई। महँगे-सस्ते और चमड़े तथा प्लास्टिक के रंग-बिरंगे जूतों से गाँव-शहर पट गए। कुछ दिन यही गति रही तो चमरौधा जूता अजायबघर की वस्तु हो जाएगा। जिसे पाठ्य-पुस्तक खरीदने का ठिकाना नहीं, वह आरुणी भी एंबेसडर नामक जूते बिना विराम नहीं लेता। उनकी जैसे इसके बिना पढ़ाई ही नहीं होती। पता नहीं, वे पढ़ते हैं या दरजे में बैठे जूता निहारते रहते हैं! निन्यानवे प्रतिशत ऐसे छात्र देखे गए जिनके पास साल-भर किताब-कापियाँ नहीं रहीं। डाटपेन का भी क्लास में ठिकाना नहीं रहा; परंतु पैरों में एक जोड़ी जूता अंग्रेजी अवश्य रहा। जिसे पहनकर बड़ी शान से घर और स्कूल के बीच के रास्ते को वे सुशोभित करते रहे। धन्यवाद है नेतागिरी को कि वह स्कूलों में घुसी तो छात्र-नेताओं की देखादेखी औरों ने भी चप्पल को सम्मान दिया! अधकचरे ग्रामीण शिक्षित शौकीनों की मनोदशा का क्या पूछना! जो किसी प्रकार खरीद नहीं पाते, वे महँगे जूते या चप्पल 'कीन' लेते हैं। मगर कहाँ? दूकान पर से? नहीं, बारात में, जलसे में अथवा किसी ऐसे ही जन-समारोह में। इसका तरीका कहीं-कहीं बड़ा बेढब होता है। यह चोरी से कुछ ऊँचे दरजे की चीज होती है। कभी-कभी जूते के नीचे कुछ पैसे रखकर 'कीन' लेते हैं। भारतवर्ष है न! धर्मानुसार खरीदारी के काम होते हैं। हाय रे दादा विद्यार्थी! तेरा उदर चप्पल-जूते ही भरने में समर्थ है। सिरों पर तो सभय के हाथों पड़ते ही हैं!

नए ढाँचे के ग्रामीण युवक धीरे-धीरे अपने को ऐसा बनाने लगे हैं कि कोई देखकर समझे कि यह भी कोई है। पढ़े-लिखे नए बेकार देहाती मनई जब पैंट-बुशर्ट पहन चलते हैं तो वे शुद्ध दादा बन जाते हैं। उनके विशेष प्रकार के बढ़े बाल देखते ही बनते हैं।

किसान पहले सिधाई के मारे बाल नहीं बढ़ाते-कटाते थे। बाल कटवानेवाले बूढ़े शौकीन पहले हँसी के पात्र बन जाया करते थे। किस्सा है कि पचहत्तर वर्ष के एक वृद्ध बाबा को शादी का शौक चर्राया। उन्होंने कोट बनवाया। कमीज डटने लगे। सबके ऊपर ओढ़ने के लिए रेशमी चादरा, कटे हुए बालों में तेल लगाकर सँवारने भी लगे। गाँव में इस प्रकार के जीव जब पैदा हो जाते हैं तो ग्रामीणों के लिए बेटिकट का तमाशा लग जाता है। किसीने पूछ दिया कि बाबा, बुढ़ौती में क्या शौक-सिंगार कर रहे हैं? उन्होंने बताया कि यह तो हमारे पूर्वजों की देन है। उन्होंने हमें पथ दिखाया है। बाल के सिलसिले में उन्होंने बताया कि अभी तो हम लोग कुछ नहीं रखते हैं। हमारे पूज्य पुरुष बड़े शौकीन थे। वे मूँछें साफ करवाते थे और काकुल रखते थे। काकुल शब्द 'काक' शब्द से बना है। इसका नक्शा यह है कि दोनों ओर कान के ऊपर कौए की पाँख की भाँति उठा हुआ हो। बीच में माँग काढ़कर उसे कुसुम की सद्यःप्रफुल्ल कलियों से सजाते हैं। जिस प्रकार औरतें अपनी माँग मोतियों से भरती हैं, उसी प्रकार पुरुष लोग अपनी काकुल पुष्प-गुच्छ से प्रपूरित करते थे। प्रमाणस्वरूप उन्होंने तुलसी की एक चौपाई सामने रखी—

'काक पच्छ सिर सोहत नीके।
गुच्छा बिच बिच कुसुम कली के॥'

इसके बाद इसकी विशद् व्याख्या के साथ-ही-साथ बहत्तर प्रकार के रोगों की दवा इस काकुल को उन्होंने बताया। सो, यह तमाशेवाला 'काक पच्छ' मय अपने घोंसले के युवकों के सिर पर चढ़ अब बोलने लगा।

बाल रखना बुरा नहीं है। यह स्वास्थ्य-साधना का एक प्रसाधन, एक अंग है। आरोग्यशास्त्र में इसकी भूरि-भूरि प्रशंसा की गई है। फिर भी देश, काल और पात्र का विचार आवश्यक होता है। तीनों समय नहाना, चार-छः घंटे पूजा-पाठ करना, दो घंटे तक व्यायाम करना तथा सुस्वादु-पुष्टकर भोजन पाना भी तो आवश्यक है। पर सबको साध्य कहाँ? बाल रखने पर तेल लगाना पड़ेगा, या आधुनिक हिप्पीकाट है तो भी उसे सँवारना पड़ेगा। ऐसा सँवरा-सुधरा व्यक्ति सिर पर गोबर की खाँची उठा कैसे चलेगा? वह गृहस्थी का मोटा काम करते शरमाएगा। पुनश्च उस सँवरे-सुधरे बाल के मेल में अन्य वस्तुएँ भी तो अपेक्षित होंगी। साफ धुला, लोहा किया कपड़ा, चिकनी धोती, लेकिन ठहरो, अभ्यासवश धोती शब्द निकल गया। अब कौन पहनता है इसे मेरी बस्ती में! मेरे जवान बेटे को पैंट चाहिए, स्वच्छ शरीर, तेज भोजन, मौज-मस्ती और सैर-सपाटेवाले यार-दोस्त। इसीलिए मेरे पुराने

बेटे बाल देखकर भड़कते थे। उनका खयाल था और यह खयाल बहुत कुछ दुरुस्त था कि यह फैशन कामनाओं का अंबार लेकर उनकी सीधी-सरल दुनिया में घुसेगा तो वे लुट जाएँगे। फैशनेबुल लोग किसानी के मोटे काम में नहीं डटेंगे। जिनके शरीर, कपड़े और बाल तनिक-तनिक में गंदे हो जाएँगे वे खेतों में, खलिहानों में काम क्या करेंगे? वे सरकारी बसों पर पत्थर फेंकने का काम, झंडे लेकर जिंदाबाद-मुर्दाबाद करने का काम, ठेकेदारी आदि जैसे धंधे के लिए कालेजों में यूनियनबाजी बनाम नेतागिरी कर ट्रेनिंग पाने का काम करेंगे।

यह दादागिरी, यह फैशन और आधुनिक बनाव-शृंगार तथा विलासितावाला अपव्यय शहर या देहाती अमीरों की देखादेखी फैला। ऐसे सफेदपोश अपटूडेट गँवार भुखमरों को देखकर एक कहानी याद आ जाती है। एक दिन एक मेढ़क के बच्चे ने कहा—'पिताजी, हमने एक बहुत बड़ा जानवर देखा है। वह इतना बड़ा था कि मालूम हुआ, हमें कुचल देगा।' मेढ़क ने कहा—'अरे, क्या बक-बक करता है! हमसे बड़ी और कौन वस्तु है! देखो वह, वह इतना ही बड़ा था न?' और मेढ़क ने साँस रोककर अपने को फुला दिया। उसके बच्चे ने कहा—'नहीं पिताजी, वह इससे बड़ा था।' मेढ़क ने पुनः अपने को फुलाया। इस प्रकार क्रमशः बच्चे द्वारा उसकी बड़ाई सुन-सुनकर वह अपने को फुलाता गया। अंत में मेढ़क ने सारी शक्ति लगा दी, उसकी औकात ही कितनी! कहा—'देख अब की'; परंतु क्या था देखे? मेढ़क का सारा अंग फटकर बिखर गया।

यही दशा उगती गाँव की नई पीढ़ी की है; जो नशे, अपराध, राजनीति और काले धंधे की शहरी हवा अपने भीतर भर-भरकर नष्ट हो रही है। हे लेखकजी, परिश्रम से खाने को मिलता है। खोखले फैशन और दिखावे से दरिद्रता बढ़ती है। काम प्यारा है, चाम नहीं। यानी ऊपरी ढाँचे को बड़ों की देखादेखी बनाने लगते हैं तो उजड़ जाते हैं। उन्हें इसका पता भी नहीं चलता। जहाँ पर लोग दो-एक रुपए के लिए आधे मील तक मनों वजन ढोते हैं, जहाँ दो रुपए की बचत के लिए मीलों दूर बाजार से जाकर सौदा लाते हैं, एक रुपया बिना पानी उतर जाता है और जहाँ चार-छः रुपया एक आदमी की मजदूरी है, उस मेरे बेटों की दुनिया में दो रुपए की सिगरेट राख कर देना या एक रुपए का पान खाकर थूक देना अक्षम्य है।

अभी कुछ दिन पहले तक सत्तर प्रतिशत लोग ऐसे थे जिनपर भूत-प्रेत शासन करते थे। जहाँ कहीं ऊँचा टीला या चबूतरा देखते, सिर झुका देते। निठल्लों के बयान में देख चुके हैं कि ऐसे लोगों को, जिनके रोम-रोम में भूत-प्रेत, जिन या दैत्य गुँथे हुए होते थे, प्रत्येक क्रिया में वे प्रेत-प्रेरणा पाते। समय का एक बहुत बड़ा

भाग प्रेतलीला में ही व्यतीत हो जाता। इससे अधिक कूपमंडूकता और क्या हो सकती है कि एक ही प्लेटफार्म पर एक ओर ज्ञान-विज्ञान की बिजली जल रही है, दूसरी ओर दिन का पता ही नहीं। चौबीस घंटा अँधेरा। श्री पी.के. देशमुख ने एक बार बताया कि "मध्य प्रदेश राज्य में हजारों ऐसे व्यक्ति हैं जो झोंपड़ी तक बनाना नहीं जानते। वे चिड़ियों और बंदरों की तरह पेड़ों पर रहते हैं। जनगणना (१९५१) के समय वे जिन पेड़ों पर रहते हैं, चिह्नित कर दिए गए और उसे उनके मकान के खाते में दर्ज कर दिया गया।"

यह तो पिछड़ेपन की चरम सीमा है। भारत में समस्या तो उनकी है जो किसान के बेटे होकर भी गोबर फेंकना नहीं जानते। हल चलाना नहीं जानते। बैल नहीं खिला सकते। कुएँ से पानी नहीं निकाल सकते। जो यह नहीं जानते कि हँसुए की धार किधर है! क्या हुआ जो वे क्रिकेट के ग्रामीण स्तर के अधकचरे खिलाड़ी हैं और सिनेमा के कुछ हीरो-हीरोइनों को भी पहचानते हैं? इससे उनका गुजर-बसर होने वाला है? वे जानकर भी अपने दोषों से अनजान बने हैं। जो प्राचीनता के नाम पर भड़क रहे हैं और नवीनता पल्ले पड़ नहीं रही है, वे विदेशी कृषि के आँकड़े सुनकर दाँतों तले उँगली दबा लेते हैं। उनके लिए एक बीघे में सैकड़ों मन पैदा कर लेना हिमालय लाँघना है। जो विकसित गाँव उसे लाँघ रहे हैं, उन्हें देख उनके भीतर ईर्ष्या होती है। प्रतिस्पर्धा के भाव जगते तब भी खैरियत होती। ऐसे भी लोग अभी हैं यहाँ जो अमेरिकी व्यवस्था को निशाचरी कहकर संतुष्ट हो जाते हैं। वे अपनी वर्तमान स्थिति से अधिक उन्नति के लिए कभी छटपटाते नहीं!

खाद, बीज, सिंचाई, कीड़ों से रक्षा, पशुओं की नस्ल का सुधार, उत्तम चारा, खेत की चकबंदी, सहकारी खेती और कोऑपरेटिव व्यवस्था आदि के बारे में यदि उनसे बातचीत की जाए तो वे इससे अधिक और कुछ नहीं कह पाते कि हमारे यहाँ जो होता आया है, वही अभीष्ट और पर्याप्त है। जब उन्नति-अवनति की बातें करें तो वे चट इसे प्रभु की लीला बता देंगे। कठिनाई यह रही कि पुराने हमारे बेटों में यह विश्वास ही नहीं जमता था कि वास्तव में ऐसा भी होता है। खेती के सिलसिले में विदेशों में जो उन्नति हुई, उसे वे जानते नहीं थे अथवा जानकर भी स्वीकार नहीं करते थे। उनकी समस्या अब कुछ सुलझी है। पुराने और नए तरीके का संघर्ष धीरे-धीरे समाप्त हो रहा है। कृषि क्रांति पलक खोल रही है। जैसे-जैसे नई खेती का प्रकाश फैलता जाएगा, किसान सजग और सचेत होते जाएँगे। लेकिन अभी देर है।

पुराने ग्रामीणों के परिश्रम का आदर्श रहा है 'हर छोर हेंगा विश्राम'। हल

चलाते-चलाते थक गए तो दम मारने के लिए भी बैठना ठीक नहीं। आराम के लिए 'हेंगा' द्वारा काम शुरू करो। यह किसानों का श्रम विधान है। हेंगा में हलवाह और बैल दोनों को आराम मिलता है। जुते हुए खेतों के ऊपर यह सर-सर निकलता चला जाता है। किसान को चलना नहीं पड़ता है। दबाना या किसी प्रकार का जोर नहीं लगाना पड़ता। हल से खेत जोत दिया जाता है और हेंगा (पटेला) से बराबर कर दिया जाता है। तात्पर्य यह कि विश्राम में भी कुछ काम हो। जिस प्रकार स्कूल के समय विभाजक चक्र में घंटे इस प्रकार रखे जाते हैं कि काम बंद भी न हो और बालकों को मानसिक आराम भी मिलता चले। गणित के पश्चात् कताई-बुनाई और भाषा-साहित्य के पश्चात् कला के घंटे। इसी प्रकार किसान के कड़े शारीरिक श्रम के पश्चात् हलके श्रमवाला काम। काम बंद नहीं, विराम भी नहीं, अविराम श्रम, अविरल उद्योग और सतत क्रियाशीलता!

यह 'हेंगा' भी विचित्र है। एक तरफ यह श्रम स्वेद सुखाने का बतास है तो दूसरी तरफ किसान के आलस और उसकी असावधानी का प्रतीक 'गाँगू' का 'हेंगा' है। गाँगू नाम के किसान से उसके भाई ने खेत में काम करते हुए खेत पटाने के लिए कार्तिक में हेंगा मँगाया। वह लाने गया; परंतु ऐसा आलसी निकला कि चैत में लेकर लौटा। भला चैत में हेंगा का क्या होगा? उस समय तो खेत में फसल की कटिया होती रहती है। जब उसकी आवश्यकता थी, तब नहीं मिला। जब काम समाप्त हो गया, तब आया। यही 'गाँगू का हेंगा' कहलाता है।

खेद की बात है कि हमारे बेटे 'हर छोर हेंगा विश्राम' वाला आदर्श भुलाकर 'गाँगू का हेंगा' होते जा रहे हैं। समय पर काम नहीं करते। करते भी हैं तो उसमें सावधानी नहीं बरतते। हालाँकि आधुनिक नई खेती में सावधानीपूर्वक श्रम करने से ही अभीष्ट फल मिलना निश्चित है। खेती का हर अंग अब वैज्ञानिक हो गया है। भगवान् भरोसे आलस में पड़े रहने से कुछ नहीं होने का है। पुराने किसानों को अविराम श्रम करते देखकर नए लोग हँसते हैं। इन नए लोगों की आलसी तबीयत पर, इनका अंधकारमय भविष्य देखकर पुराने किसान चिंतित रहते हैं। वास्तव में नई वैज्ञानिक खेती की माँग पूरी तरह नहीं समझ पानेवाले नए-पुराने दोनों तरह के हमारे बेटे आज विफल हो रहे हैं।

नौकरी पर थोड़ा और विचार करें। नई पीढ़ी इसीके पीछे पागल है। उद्योग और व्यवसाय के लिए पैसा मिल रहा है, प्रोत्साहन और सरकारी सहयोग मिल रहा है; तब भी नौकरी-चाहकों का मन नहीं बदल रहा है। व्यापार को वे लोग बनिए का काम कहते हैं। बाहर व्यापार करने के लिए रुपया चाहिए और घर पर बनिया कौन

बने? 'देश चोरी और परदेश भीख' के सूत्र के मुताबिक परदेश में जाकर भीख माँगना भी जायज है; पर देश में सिर ऊँचा रखना जरूरी है। भले ही पेट खाली हो। नौकरी की ओर ललक का कारण कुछ और है। मेरे बेटों के देश में नौकरी चार तरह की हैं। एक हलवाहे के रूप में। यह नौकरी जब तक खेतों का काम है तब तक के लिए है। इसमें स्वतंत्रता अधिक रहती है। नियत उपस्थिति नहीं होती। नौकर अपने घर पर रहता है। इसकी आय निश्चित और ठोस होती है। इस कार्य के लिए छोटी जाति उसी प्रकार उत्तम समझी जाती है जिस प्रकार सेना के लिए गोरखा जाति। दूसरे प्रकार की नौकरी गृहस्थ के यहाँ बैल खिलाने आदि की होती है। यह नौकरी बहुत प्रचलित है। नौकर गृहस्थ के घर रहकर घर के आदमी की भाँति रहता-खाता है। इसे मासिक वेतन नहीं, खेत मिलता है। यह उसकी उम्र और श्रम की योग्यता पर निर्भर होता है। आधे बीघे से लेकर एक-डेढ़ या दो बीघे तक इसका परिमाण होता है। कभी-कभी तो ये नौकर घर के मालिक के समान ही रहते हैं। यह नौकरी भी छोटी जातिवाले ही अधिक करते हैं। तीसरे प्रकार के नौकर कलकत्ता आदि बाहर के नगरों में जाकर कल-कारखाने में मोटा-झोटा काम करते हैं। इसमें बिना पढ़े-लिखे लोग अधिकतर जाते हैं। इनकी चाल-ढाल में थोड़ा अंतर आ जाता है। चौथी नौकरी वह, जिसे लोग पढ़-लिखकर करते हैं।

छोटी जातिवालों का ध्यान अब आजकल तीसरे प्रकार की नौकरी की ओर अधिक है। चौथी प्रकार की नौकरी के लिए उन्हें विशेष प्रकार की सरकारी सुविधाएँ और आरक्षण भी प्राप्त हैं; परंतु इस क्षेत्र में प्रगति और परिणाम अपेक्षाकृत धीमे और निराशाजनक हैं।

एक सामान्य किसान का पुत्र आज भी नौकरी के लिए ही पढ़ता है। उसकी शिक्षा पहले अधिकांश मिडिल तक होती थी। अब गाँवों में हाईस्कूल खुल गए हैं और वह हाईस्कूल तक पढ़ने लगा है। कालेज जाने लगा है। यूनिवर्सिटियों में भीड़ बनने लगा है। इन दरजों को पास करने के बाद वह प्राय: बेकार हो जाता है। पहले वह मुहर्रिरी-क्लर्की से लेकर अध्यापकी तक पर चोंच मारता था। सफलता नहीं मिलती तो देह बनाकर पुलिस में भरती हो जाता था। कुछ अच्छी नौकरियों पर भी किसान-परिवार के बालक पहुँच जाते थे। थानेदार से लेकर जज तक और प्रोफेसर से लेकर इंजीनियर तक की नौकरियों पर पहुँच जाते थे। परंतु अब ऐसा तब समझा जाता है जब साक्षात् विष्णु भगवान् भाग्य का फाटक खोल देते हैं। लेकिन अब विष्णु भगवान् के द्वारा फाटक का खोला जाना अनेक कारणों से बंद हो गया है। एक स्थान के लिए जहाँ दो हजार उम्मीदवार खड़े हो जाते हैं, वहाँ फिर और क्या

हो सकता है? गाँवों में बेकार गली-गली घूम रहे हैं। तिसपर भी ऐसी धारणा जोर पकड़ती जा रही है कि बिना नौकरी-चाकरी के किसान-परिवार पनपता नहीं है। यह भावना कुछ ऐसी ही है जैसे नौकरी में बिना ऊपरी आमदनी के प्राण नहीं होता। घर की कमाई के साथ जिस किसान-परिवार में नौकरी का रुपया नहीं आता, वह उन्नतिशील नहीं समझा जाता।

दूसरी ओर बेकारों की संख्या रक्तबीज की भाँति बढ़ती चली जा रही है। जो गाँव पहले चार घर का होता था, वह बीस घर का पुरवा हो गया। जो दो सौ व्यक्ति का पुरवा था, वह दो हजार की जनसंख्यावाला गाँव हो गया। गाँव भी बढ़ते जा रहे हैं। नदी, खोह, गड़हे और गड़ही पाटकर घर बनते जा रहे हैं। माताओं के आशीर्वादस्वरूप लोग 'एक से इक्कीस' होते जा रहे हैं।

छब्बीस

जहाँ सुमति तहँ संपति नाना

रोज की तरह आज शाम को डीह बाबावाले स्थान पर गाँव से मुलाकात हुई। कई महीनों से यह सिलसिला चल रहा है। अपने को गाँव कहनेवाला यह नंगा व्यक्ति बनाम गाँव, आहत-जर्जर, झुका-झुका, उदास-मुखवाला बूढ़ा अब मेरा परम आत्मीय हो गया है। इससे मैं कुछ सीख रहा हूँ और जो कुछ दिखाई पड़ रहा है, उससे परे नए ग्राम-सत्य को आत्मसात् करने का प्रयत्न कर रहा हूँ। यह जो कुछ भी कहता है, मुझे लगता है कि नए ग्राम-विकास से बहुत दूर किसी पुराने गाँव के बारे में कहता है; परंतु क्षण-भर बाद उसके विचारों की सचाई मुझे झकझोरने लगती है। पुरानी कहावत याद आती है; देखी हुई चीज गलत है, सुनी हुई चीज गलत है, इस मन से सोची हुई चीज गलत है तथा सत्य कहीं और है। तो क्या है आज का ग्राम-सत्य?

आज यही पूछने का मन था; परंतु देखता हूँ कि बूढ़ा और दिनों से अधिक उदास है।

'आज आप बहुत उदास हैं। क्या कारण हो सकता है?' मैं पूछता हूँ।

'उदासी का कारण एक रोग, महारोग है!' वह कहता है।

'क्या इसी महारोग में मेरे सवाल का जवाब हो सकता है?'

'हाँ, कुमति का एक ग्राम-सत्य भी तुम्हारे सवाल का जवाब हो सकता है।...सुनोगे यह कुमति कहानी? धैर्य है? अच्छा सुनो-- !'

और वह शुरू हो गया।

मेरे बेटे कहते हैं, उनका भगवान् मालिक है। भगवान् के मालिक होने का तात्पर्य यह है कि यहाँ उसीका नियम काम करता है। यहाँ सिधाई और सुमति है। सचाई और साधुता है। श्रम तथा सहिष्णुता है। ये सब ईश्वरीय विभूतियाँ हैं जो गाँवों में सहज सुलभ हैं। शेष सांसारिक विभूतियाँ उनके चरणों पर लोटती हैं। सच पूछें, उन्हें इनकी आवश्यकता नहीं। उनकी वास्तविक संपत्ति सुमति है। यही उन्हें स्वस्थ, शिक्षित, सच्चरित्र और श्रमिक बनाती है। तुलसी ने लिखा भी—

'जहाँ सुमति तहँ संपति नाना।
जहाँ कुमति तहँ बिपति निदाना॥'

घर, बाहर, व्यक्ति में, परिवार में, विश्व में—जहाँ देखें, इसी सुमति और कुमति के भीतर सुख और दुःख केंद्रीभूत हैं। सुमति के लिए यह कोई आवश्यक नहीं कि वह बहुत पढ़े-लिखे के पास हो, या यह सुमति धनकुबेर के पास हो; यह भी निश्चित नहीं कि किसी महान् पदाधिकारी के पास यह विभूति हो। यह एक साधारण गृहस्थ के यहाँ मिल सकती है। यह एक बनिहार के पास, जो दो सूखी रोटियाँ खाकर झोंपड़ी में रहता है, मिल सकती है। वह सुमतिजन्य सच्चा सुख, जो वर्तमान का सुख समझकर अनवरत जीवन संघर्ष में शांतिपूर्वक जुटे रहने में प्राप्त होता है, गाँव के किसान को सहज में ही प्राप्त हो जाता है। ग्राम सुमति के केंद्र हैं। यहाँ की सिधाई और सरलता में जीवन का सच्चा आनंद निहित है। यहाँ कर्म की, सत्यता की और ईश्वरीय विधान की सच्ची सुंदरता देखने में आती है।

लेकिन इस सुमति का यहाँ अब अभाव हो गया है। तरह-तरह की बुराइयाँ विपत्ति बनकर यहाँ घहरा रही हैं। छल-कपट के लिए कुटिल राजनीति, काले धंधे, फैशन, तिकड़म और मिलावट आदि के लिए शहर ही विख्यात थे। आज ऐसे कुकर्मों के लिए गाँव बदनाम हो गए। आपको घी खरीदना है, नाक रगड़कर मर जाइए, शुद्ध नहीं मिलेगा। दूध चाहिए, सिर पीट लें, पर पानी ही मिलेगा। तेल में तरह-तरह के कलाम, आटे में, अन्न में, चीनी में, मसाले में, जीवन की प्रत्येक क्रय-विक्रय संभव वस्तु में मिलावट, दिखावट और धूर्तता के साथ तिकड़म है। बात-बात में छल-छद्म और लूटपाट। सस्ती नेतागिरी, अराजकता, गुंडई आदि जैसी बुराइयाँ, जो पहले छिप-छिपकर होती थीं, आज खुलेआम होती हैं, सड़क पर होती हैं। अखबार में छाप-छापकर होती हैं। इसे किसी सरकार ने अथवा दैव ने उतना नहीं बनाया जितना स्वयं मेरे बेटों ने। कारण कि वे अब सीधे न रहे। उनके

अंतस्तल में डस लेने के लिए राजनीतिक जैसा, स्मगलर जैसा, तिकड़मी जैसा विषधर फुफकारता मिलेगा। वातावरण विषाक्त हो गया है और परिस्थिति जीवन को लाचार बनाकर सड़ा देनेवाली। कोई किसीका विश्वास नहीं करता। प्रत्येक के जलते घर पर प्रत्येक हाथ सेंकने के लिए कटिबद्ध मिलता है। नाना प्रकार की बीमारियों से प्रत्येक घर एक ऐसा अस्पताल हो गया है जहाँ ओषधि का कोई प्रबंध नहीं। गली-कूचे तक ही नहीं, सार्वजनिक स्थान भी कुत्ते और मनुष्यों द्वारा की गई भीषण गंदगी से नागरिकता का उपहास करते हैं। ऊबड़-खाबड़ धूल-कतवार, खंडहर, टीले, कीचड़, गंदगी और चिथड़े में जैसे विरूपाक्ष मानवता सर्वत्र अट्टहास कर रही है। कहाँ पहुँची जवाहर योजना भी! दूध-घी देवता पर चढ़ाने के लिए कठिनाई से प्राप्त किए जाते हैं। टूटी झोंपड़ियों में आलस्याधिराज महाराज समय का अधिकांश भाग हुक्का गुड़गुड़ाने में, सोने में या बतकही में व्यतीत करते हैं। हमारी बस्ती में पक्के पकान और सुविधाओंवाला शहरी जैसा आधुनिक जीवन उनका नहीं है, जो काम के नाम पर कुछ हाथ-पर-हाथ रखे दिन-भर मक्खी मारते रहते हैं। नई खेती, उद्योग-अनुदान और विकास से अछूते रहकर पुरानी मनहूस पैदावार पर रोते हैं अथवा भगवान् पर दोषारोपण करते हैं। अधिक-से-अधिक शासन, स्वराज्य या सरकार को दो-चार खरी-खोटी सुनाकर संतोष की साँस लेते हैं। ऐसी नर-वानर की शक्लें, ऐसे भेड़-बकरियों के हेंडेवाले गाँव कभी-कभी नशे में अँगरेजी राज की महत्ता का वर्णन करते भी नहीं थकते। उनकी जानकारी में स्वराज्य एक वाहियात चीज है। वोट और चुनाव के साथ बरबादी आई!

शताब्दियों की विदेशी हुकूमत ने हमारी नैतिक और चारित्रिक शक्तियों को तोड़ दिया था। रही-सही शक्ति द्वितीय महायुद्ध में भस्म हो गई। फिर अब क्या? ईमान और नैतिकता बेचकर शीघ्र धनी हो जाने की होड़-सी लग गई। घर में, रास्ते में, रेल में, दूकान पर, मंदिर में, तीर्थ में, न्यायालय में, विकास कार्यालय में और स्कूलों आदि में यह चरित्रगत निर्बलता और नैतिक अध:पात के भयानक पैंतरे दृष्टिगोचर होने लगे। ग्रामीण किसान पागल हो गए। वे अपने को मनुष्य समझते हैं तो दूसरों को अपना आहार। कहते हैं कि ब्रह्मा ने संसार में डेढ़ अक्ल पैदा की। व्यक्ति उसमें से एक को अपने पास अनुभव करता है और आधी अक्ल में सारा विश्व। दूसरों की सुख-सुविधा जिस यत्न से नष्ट हो, वही इष्ट है। मानवता की विशाल परिधि कहाँ? हृदय खोलकर कोई किसीसे नहीं मिलता। जिस प्रकार राष्ट्रों का वैमनस्य बढ़ गया है, उसी प्रकार हमारे यहाँ घर-घर में, व्यक्ति-व्यक्ति में मर्मांतक कलह-कलाप अहर्निश चलता रहता है। न्यायालयों में जानेवाले अपराधों

की संख्या बढ़ रही है। नए कानूनों के दाँव-पेंच पैंतरेबाजों को अधिक प्रसन्न करने लगे हैं। कानून के माहिर अब शहरों में ही नहीं रहे; वे गाँवों में गली-गली पाए जाने लगे हैं। ये पहले मरीज बनते हैं और बाद में डॉक्टर हो जाते हैं। ये पेशेवर कानून के गुंडे बलि के बकरे खोजते फिरते हैं। ये मुकदमेबाज हैं। कचहरी इनका काबा-कर्बला है। शहर की दूकानें इनके मसजिद-मंदिर हैं तथा वकील-मुख्तार इनके राम-कृष्ण हैं। नेताओं से भी अधिक खतरनाक हैं ये!

परस्पर का सहयोग, सद्भाव और भाईचारावाला भाव समाप्त हो गया है। वह दर्द जो अपने लोगों में मिलना चाहिए, नहीं मिलता। जहाँ सतर्क होकर लोग एक-दूसरे को गढ़े में झोंकने की राह देखते रहते हैं, वहाँ कोई कैसे पनपेगा? जहाँ पर स्वार्थवश ही लोग एक-दूसरे से मिलते-जुलते हैं, प्रेम और सहानुभूति नाम की कोई वस्तु नहीं रह गई है, वहाँ क्या पौधे लहराएँगे? हवा में विष घुल गया है। कण-कण में खिंचाव और ऐंठ है। किसीकी बढ़ती देखकर एक तरफ लोग जल उठते हैं, दूसरी तरफ वह स्वयं इतना इतराकर फूल उठता है कि उसके पाँव धरती पर पड़ते ही नहीं। सत्य है कि 'विनाशकाले विपरीत बुद्धिः'। खेती प्राण की रक्षा और प्राणिमात्र की कल्याण-कामना से नहीं होती। अब व्यवसाय हो गई है। दुर्मति ऐसी छाई कि किसान अपने पद, प्रतिष्ठा और गौरव को भूल बैठे। मालिक से वे मजूर हो गए। धर्मात्मा से स्वार्थी हो गए। सारी दुनिया से उतरकर वे परिवार पर आ गए। अकाल, विपत्ति, भूख और निर्धनता से लड़ना छोड़कर वे अपने भाई से ही लड़ने लगे। जहाँ पूरा गाँव एक परिवार था, वहाँ 'मुंडे मुंडे मतिर्भिन्ना' दिखाई पड़ रही है। जहाँ अकारण दयावान साधु कृषक पृथ्वी का भार उठाए गौरववान् थे, वहाँ सकारण निर्दय अहंकार प्रतिमाओं की धक्कमधुक्की से धरती डोल जाती है। जहाँ साधना-स्थल खेत थे, वहाँ इस पवित्र स्थान को कचहरियों ने घेर लिया। जहाँ लोग हरिकथा में रस लेते थे, वहाँ कानून के दाँव-पेंच सीखते हैं। तिकड़म से घुसपैठ पूर्व कलह बैठाना चाहते हैं, कोऑपरेटिव सोसाइटी में, विकास कार्यालय में, चकबंदी आफिस में, बीज गोदाम में और फिर पता नहीं कहाँ-कहाँ?

नए और पुराने ग्रामीणों में आश्चर्यजनक अंतर हो गया है। पुराने किसान सीधे-सादे, ऊँची तबीयत के और स्वस्थ होते थे तथा आधुनिक किसान फैशनेबुल, स्वार्थी, तिकड़मी, राजनीतिक, अहंकेंद्रित, अहम्मन्य, घोर कामकाजी और रोगी होते हैं। गाँव में पहले बूढ़ी, विधवाओं, असहाय और अंधों का काम सर्वप्रथम होता था। गाँव के धनी-मानी प्रतिष्ठित रईस और मुखिया लोग उनकी खोज-खबर रखते थे। उनका क्लेश तमाम गाँव का क्लेश था। उन्हें यदि कोई दबाता था तो

उनकी रक्षा के लिए अनेकों मैदान में आ जाते थे। गरीब चैन से सोते थे। धनी अपने ऊपर गाँव का बोझ अनुभव करते थे। इसीमें उनकी प्रतिष्ठा थी। सबकी खोज-खबर लेने के कारण ऐसे लोग बेताज के बादशाह होते थे। हिम्मत नहीं कि ऐसे सरदार का कोई कहना टाल दे। रक्षा और न्याय की दृष्टि से गाँव आत्मनिर्भर थे। प्रत्येक गाँव में ऐसे धाकवाले न्यायनिष्ठ लोगों के गुण आज भी गाए जाते हैं। पर इक्कीसवीं शताब्दी के द्वार पर आकर वह सब बीते युग की कहानी हो गई!

आज मेरा बेटा भयंकर रूप में बदल गया। उसे गरीब और असहायों की कोई फिक्र नहीं। अनुशासन तो है नहीं। कोई किसीका सुझाव मानने को तैयार नहीं। कोई सत्सुझावदाता भी नहीं रहा। निंदा-कलह का राज्य है। अपनी शक्ति के मद में चूर बलवान निर्बलों को कुछ नहीं समझते। 'अपना भला भला जग माँही' यह प्रिय मंत्र है। नए युग ने उन्हें कोई नया संदेश नहीं दिया। संगठन और सेवा-भाव जाता रहा। जानवरों के चिकित्सक, सर्वविष के उतारनेवाले, जर्राह और तरह-तरह के जानकार शनैः-शनैः घटते जा रहे हैं। सबने अपने को सीमित और परिमित करना प्रारंभ कर दिया है। गाँवों की माटी से उपजनेवाले पहलवान, संगीतज्ञ, वैद्य, साधु-संत और कलाकार की पीढ़ी समाप्त हो गई। एक वर्ष तक परस्पर मित्रता निभ जाती है तो बहुत समझी जाती है। पुश्तैनी मैत्री अब कहाँ चलती है! इसके पुराने आख्यान-भर शेष हैं। मशीन दूर है, पर मशीन युग का किसान अलबत्ते मशीन हो गया है। विज्ञान आँखों से ओझल है पर किसान शुष्क,' हिंसक और मगरूर हो गया है। कहना असंगत न होगा कि नए युग में मेरे बेटों ने जो कुछ सीखा है वह उसे अंधा, लँगड़ा और आत्मविस्मृत बनाने का उपकरण सिद्ध हुआ है। कितना गाऊँ रोने को गाना बनाकर?

सत्ताईस

पढ़े फारसी बेचें तेल

'तुम्हें याद है न कि मैं गाँव नामधारी अपनी कैसी बस्तियों और वहाँ के रहनेवाले कैसे बेटों का पक्षधर बनकर तुमसे बहस करता हूँ?' आज मुलाकात हुई तो गाँव ने कहा।

'हाँ, याद है। आप अंतिम तरह के छोटे पिछड़े गाँवों और वहाँ के गरीब अदेख किसान नामधारी व्यक्तियों की वकालत करते हैं और कहते हैं कि इस हमारे बेटों की दुनिया को देखते समूचा भारतीय योजना-विकास एक इंद्रजाल है!' मैंने कहा।

'बेशक, यही बात है! तो अब यह बताओ कि हमारी बस्तियों में स्वराज्य-सुख के रूप में सबसे भयंकर विकास किस क्षेत्र में हुआ है?'

'भयंकर विकास? मैं समझ नहीं पा रहा हूँ।' मैंने कहा।

'हाँ, भयंकर विकास। उस तरह के विकास के लिए इससे बढ़िया शब्द कोश में नहीं मिलेगा।'

'तो इस दुधारी अर्थव्यवस्थावाले शब्द को गुण रूप में लें कि दोष रूप में?'

'दोनों ही रूप एक सिक्के के दो पहलू की तरह खप जाएँ और जिसमें एक असली मूल्यवाला पहलू हो और दूसरा शासन छाप!'

'तब यह विकास पहेली मेरी समझ के बाहर है। आप ही कृपा कर बताइए।'

'तो सुनो, वह क्षेत्र है मेरी बस्ती की शिक्षा का क्षेत्र! हुआ है न यहाँ शिक्षा का भयंकर विकास?'

'फिर बात वही गूढ़ार्थी हो गई!'

'तो, अब चुपचाप शिष्य की भाँति मुझसे पढ़ो, लेखक महोदय!'

मेरी बस्ती में गरीबों के लड़के इसलिए पढ़ते हैं कि नौकरी मिल जाए और अमीरों के लड़के प्राय: इसलिए पढ़ते हैं कि खूब बढ़-चढ़कर तिलक-दहेज प्राप्त हो जाए। गरीबों के लड़के अनुकूल वातावरण मिला तो सचमुच पढ़ जाते हैं और अमीरों के लड़के प्राय: कुछ दिन कागज-कलम खराब कर स्कूली जीवन के अवशिष्ट चिह्नस्वरूप फैशनेबुल खोखला व्यक्तित्व, अराजकता, अनुशासनहीनता की रुचि और भ्रष्ट नेतागिरी की स्पष्ट-अस्पष्ट छाप लेकर घर लौट आते हैं। कुछ नून-तेल-लकड़ी चेत लेते हैं और कुछ अपनी रुचियों के पीछे समाज की गंदगी बन जाते हैं। कभी-कभी स्वतंत्रतापूर्वक पृथक् सुविधाओं का जीवन बिताने की कामना से धनी लोगों के लड़के नौकरी खोजते हैं। इनमें पढ़े-लिखे तो ऊँची नौकरियों के उम्मीदवार होते हैं और उन्हें वह मिल भी जाती हैं। यहाँ से नौकरी की एक परंपरा गाँव के धनी परिवारों में स्थापित हो जाती है और 'जल में जल होता है, धन में धन होता है' वाली कहावत चरितार्थ होने लगती है। ऐसी नौकरियोंवाला ग्रामीण परिवार अन्य किसान परिवारों से भिन्न हो जाता है। इनकी चाल-ढाल, रहन-रिहायश सबमें एक परिष्कृत नागरिकता आ जाती है। शिक्षा के संस्कार प्रबल होने के कारण इस परिवार के बालक विकसित होते चले जाते हैं। ऐसा परिवार गाँव पर भी अपना प्रभाव फेंकता है।

घूम-फिरकर गाँव की शिक्षा नौकरी पर ही आ जाती है। जीवन की शिक्षा,

.नवता का विकास, सभ्यता-संस्कृति की परिष्कृति, नव-निर्माण, सेवा और देशहित जैसी चीजें तो बट्टेखाते में समझी जाती हैं। पुरानी पीढ़ी का किसान कहता था, चार दोहा रामायन कहने-भर, चिट्ठी-पत्री बाँचने-भर और घरेलू कागजात देखने-भर पढ़ गए तो काफी है। मेरे बेटे किसानों को किसी उच्च शिक्षा की आवश्यकता है नहीं। स्वतंत्रता-प्राप्ति के समयवाली बिचली पीढ़ी ने सोचा, उन्हें खेती की शिक्षा चाहिए, जो नहीं मिल पाती। स्कूलों में नौकरीवाली शिक्षा मिलती है। वह शिक्षा जो नोट लिखा-रटाकर दी जाती है, वह शिक्षा जो सनद दिला देती है तथा नौकरी लगा देती है। आधुनिकतम पीढ़ी ने उसे और विकृत रूप में ग्रहण किया। ऐसी शिक्षा देनेवाले स्कूलों में जाकर किसान के बालकों के हाथ-पैर पतले, शरीर कोमल, तबीयत रंगीन और चाल-ढाल निराली हो जाती है। स्कूल की हवा लगी नहीं कि नौकरी के मोहक और रंगीन सपने रात-दिन परेशान करने लगे। उद्योग, हस्तकला अथवा उद्योग निर्माण की शिक्षा भी होती है; पर होती है नितांत दिखावटी और ऐसी कि बालक के जीवन में उसका कोई उपयोग नहीं हो सकता। लड़के तकली चलाते हैं जरूर। मगर उसी दिन जबकि डिप्टी साहब मदरसे में आते हैं। मिट्टी के बरतन बनाए जाते हैं, मगर परीक्षा में पास होने के लिए, स्वयं बना तो बना अन्यथा किसी कुम्हार से बनवाकर रख दिया, काम चलता बना। खेतीवाले स्कूलों की दशा और बुरी है। वहाँ अधिकांश छात्र भरती होते हैं ग्राम सेवक, सुपरवाइजर और आर्गनाइजर जैसा कुछ होकर लंबा वेतन प्राप्त करने के लिए। बाद में वे जो सेवा करते हैं, वह रोशन है। वेतनभोगी क्या सेवा करता है? वह तो मशीन का एक पुरजा होता है। अपनी जगह पर चला करता है। उसे जो काम दिया गया, ठीक-ठीक दिखाने का प्रयत्न करता है; भले ही वह काम कागज पर ही क्यों न हो! कागजी काम का एक नया रोग हमारे देश में आ गया है। यह काम गाँवों में अधिक होता है। कहीं एक इंच मिट्टी फेंकी गई तो कागज में वह एक गज दर्ज हो जाएगी। गाँवों में काम करने का ढंग भी निराला होता है।

एक हैट-पतलूनधारी साहब आए और गाँव के एक घूर पर फावड़ा लेकर पिल पड़े। अथवा किसी हलवाहे से लेकर हल जोतने का आदर्श दिखाने लगे। ऐसे अजीब आदमी द्वारा यह कार्य होते देखकर ग्रामीणों को वैसा ही मनोरंजनपूर्ण कुतूहल होता है जैसे मदारी का खेल देखकर, वे स्वयं भी मनसायन के लिए कुछ उसके साथ काम कर देंगे। सरकारी या सुधार की भाषा में इसे 'हवा बनाना' या 'प्रवृत्ति पैदा करना' कहेंगे; परंतु वास्तव में इसका कोई ठोस असर ग्रामीणों पर नहीं पड़ता। इसका असर श्मशान नैराश्य की भाँति उनके चित्त की स्लेट पर से तुरत

साफ हो जाता है। ऐसे प्रयत्न सरकारी विज्ञप्ति में अधिक बढ़ा-चढ़ाकर आँकड़ों के यान पर चढ़कर सामने आते हैं। और ऐसे ही झूठ के बीच से उपजी ठेठ आज की आधुनिकतम पीढ़ी क्रिकेट, टी.वी., नशीली दवाओं, राजनीति-व्यवसाय और खोखले नारोंवाली, ठेठ गाँव में भी!

मेरी बस्ती के बालकों को उनकी परिस्थिति पढ़ने-लिखने तथा विकसित होने नहीं देती। पढ़ाई अधिकतर वातावरण और सहवास की अपेक्षा रखती है और इधर इनका वातावरण तो अजीब भोंडा है। जहाँ चार व्यक्ति एकत्र हुए, खुरपी-खाँची से अधिक नहीं बढ़ते। बात का सिलसिला बदला तो निंदा, नेतागिरी, चुगली, झगड़ा, फंदा और उपहास की बातचीत चल पड़ी। नशे का अध्याय शुरू हुआ। ग्रामीण बालकों की मुसीबत यह है कि स्कूल में छः घंटे ही तो रहते हैं। अठारह घंटे माता-पिता, पड़ोसी, संगी, मूर्ख, दुष्ट और शैतानों में घिरे रहते हैं। फिर वे क्या सीखेंगे? किसान के परिवार में शिक्षा का वातावरण कम मिलता है। रात में कितनों को घर पढ़ने के लिए तेल नहीं मिलता। बिजली भाग्यवानों के गाँवों में जलती है। हमारे बेटों की गरीब और सतही बस्ती में अभी यह सपने की तरह है। रोशनी के साथ स्थान की समस्या है। कितनों के घर चारपाई बिछाने-भर भी ऐसा निरापद स्थान नहीं जहाँ वे शांतिपूर्वक पढ़ सकें। कितने किसान रात में पढ़ने पर तेल के अपव्यय की बात सोचकर ताने कसते हैं—'एक ही दिन में पढ़कर लाट हो जाएँगे!' पुनः सिर में लगाने और सब्जी में बघारने के लिए या कान में डालने के लिए भी घर में तेल नहीं। वहाँ रात-भर अक्षर चाटने के लिए कहाँ से तेल मिले? सभा, सोसाइटी, अखबार आदि की तो बात ही बेकार है। इनका तो गाँवों में नाम भी नहीं, धूल-गर्दे में गली-गली मतलब-बेमतलब फिरना, ऊटपटाँग बकना, उलूल-जुलूल दिनचर्या, दुष्टों की संगति और माता-पिताओं की अयोग्यता के कारण बालकों की शिक्षा नाममात्र को भी नहीं हो पाती। प्रकृति उन्हें बढ़ाती है, इनसान उन्हें घटाता है। ऐसे वातावरण में पला छात्र आधुनिक युग का ऐसा तेजस्वी प्रगतिशील छात्र हो जो गाँवों की हीनावस्था सुधारने का प्रयत्न करे, यह आशा कैसे की जाए? देहाती मनुष्यों की बैठकबाजियों में पढ़ने-लिखने की खिल्ली बहुत सुनते हैं। बालकों के संगी-साथी बेपतवार की नौका की भाँति उचित-अनुचित दिशा का ध्यान नहीं रखते। वे चोरी के साथ अन्यान्य दुर्गुणों को बोते फिरते हैं। वे भी मजबूर हैं। ये भी मजबूर हैं। इनके अभिभावक भी मजबूर हैं। यहाँ सभी मजबूर हैं। गाँव के वातावरण ने सबको ऐसा दबा दिया है कि जो जहाँ है, वहीं चिपट गया है। ऊपर उठे तो कैसे? गाँव की हवा ऐसे फुटहे तवे की भाँति हो गई है कि जिसके

ऊपर से बेदाग रोटी निकल ही नहीं सकती। रोटी के शुद्ध संस्करण के लिए तवा ही बदलना पड़ेगा। मगर इस तवे को बदलने के भी पूर्व पूरी व्यवस्था ही बदलनी पड़ेगी।

आज मेरी बस्ती का छात्र जल्दी ही बीड़ी-सिगरेट पीने, चट्टी पर बैठने, दल बनाकर लड़ाई-झगड़ा करने, गाँव के बड़े लोगों की, माता-पिता की भी आलोचना करने, झगड़ा लगाने, दिन-भर बवंडर की तरह घूमने, असमय में ही कुटेवों एवं अप्राकृतिक दुर्विहारों से शक्ति-स्फूर्ति से हाथ धोकर उदासी और रोग मोल लेने, फैशन की फाँस में बुरी तरह फँसकर बाप-दादा की गाढ़ी कमाई फूँकने, स्कूल में राजनीति कर घर का आटा गीला करने, स्कूल का टाट या बेंच, डेस्क खराब करने के साथ अपना अमूल्य समय बरबाद करने, अध्यापकों को परेशान करने और गाँव की राजनीति में भाग लेने की अनायास शिक्षा प्राप्त कर लेता है।

स्कूलों की संख्या बढ़ी और पैंट-बुशर्ट में नर-वानर झुंड-के-झुंड स्कूलों की ओर जाते दिखाई पड़े। शहरी पहनावे में लड़कियाँ घरों से निकलीं। इन्हें देखकर आशा का सिर ऊँचा हो जाता है; परंतु परखने के बाद पुनः झुक जाता है। शिक्षा के नाम पर ये केवल स्कूल में जाते हैं। उन्नति और प्रगति के नाम पर उनकी ऊँचाई और आयु बढ़ जाती है। ऐसे पढ़नेवाले निकलेंगे जिन्हें घड़ी देखने, मनीआर्डर करने तथा शुद्ध सरल हिंदी में घर की चिट्ठी-पत्री भी लिखना नहीं आता। स्कूल में फेल-पास की खाई पार करने के बाद इनसे पुस्तकों का साथ छूट जाता है। सारा जीवन जगगति एवं युगगति से अपरिचित मिट्टी के ढेले की भाँति बीत गया।

हमारे देश की शिक्षा-प्रणाली को ही सदोष बनाया जाता है। प्रणालियाँ भी एक-से-एक निकलीं। हर प्रणाली स्कूल में जाकर कूड़ादान बन गई। वहाँ प्राय: उनका सड़ा-गला और परम हास्यास्पद रूप दिखाई पड़ता है। अध्यापकगण भी विचित्र हैं। एक तो बेचारे कभी-कभी ही आते हैं और दूसरे, आने पर करते क्या हैं? दिन-भर बीड़ी, सिगरेट, सुर्ती, तंबाकू, गाली और डाँट-फटकार से मुँह खाली नहीं रहता। गाँवों में एक कहावत मशहूर है कि जब शाहजहाँ बादशाह कैद हो गया तो उससे पूछा गया कि तुम क्या-क्या चाहते हो? उसने उत्तर दिया कि खाने को चना और पढ़ाने को लड़के। इसपर बिगड़कर उसके बेटे ने कहा—'बादशाहत की बू अब तक नहीं गई!' हमारी गँवई की मास्टरी क्या है, बादशाहत है। बिना दाम के सैकड़ों गुलाम। कोई नहला रहा है, कोई पैर दबा रहा है, कोई घर से विविध प्रकार की वस्तुएँ खाने-पीने के लिए ला रहा है। यह भावना आम लोगों की है। अध्यापक

इसे और बढ़ा-चढ़ाकर समझाते हैं। यदि शिक्षा की बात छोड़ दें तो अन्य ऊपरी व्यवहार में गुरुकुल से कम हमारे गाँव के विद्यालय नहीं। सेवा बुरी नहीं है; बल्कि इसकी टेव वांछनीय है। प्रश्न है कि सिर्फ सेवा ही एक तरफ से होती है या दूसरी तरफ से भी कुछ होता है? पढ़ाई-लिखाई खाक बला। छड़ी के बल पर सारी विद्वत्ता और शिक्षा-प्रणाली चलती है। अखिल गंदी आदतों के सर्टिफिकेट लेकर स्कूलों से निकलते किसान-शावक देखे गए हैं। पढ़ने की सनद कौन पूछता है? शिक्षा-प्रसार और शिक्षितों की बेकारी दूर करने के नाम पर ऐसे-ऐसे अध्यापक भरती किए गए जो अभी दस वर्ष पढ़ें तब भी शायद ही अपने पद के अनुरूप योग्यता प्राप्त कर सकें। यह महकमा ऐसा है कि कुछ सनद का, कुछ भुजा का, कुछ भाग्य का और कुछ भगवान् का बल लगाकर एक बार दाखिल हो गया तो वह कितना भी अयोग्य क्यों न हो, साठ साल तक के लिए समाज में गधों का गोल बरियार करने के लिए रजिस्टर्ड हो जाता है। सरकार की ओर से इन मदरसों का निरीक्षण करने के लिए जो निरीक्षक तैनात किए जाते हैं, वे भी अपनी और अध्यापकों की नौकरी बचाते फिरते हैं। एक निरीक्षक के बारे में लोगों का कहना था कि जितना ही प्रथम कोटि का भोजन मिले, उतना ही उच्च कोटि का मुआइना हो! यह सब गड़बड़झाला है। प्रगति विरोधी समस्याएँ हैं। जनता अंधी नहीं है। यह सब देखकर मास्टर के प्रति उसकी क्या सम्मान-भावना रह जाएगी? सब अध्यापक ऐसे नहीं हैं। कोई-कोई तो अत्यंत कर्मठ, आदर्श और पूज्य मिलते हैं। शोचनीय हैं वे, जो इस महान् पद को अपने व्यवहारों से कलंकित करते हैं। पहले इन अध्यापकों को पैसा इतना कम मिलता था कि वे दो कौड़ी के आदमी समझे जाते थे। ऐसे आदमी जो सीधा-सत्तू से लेकर 'पास कराई' (गुरु दक्षिणा) तक के लिए बालकों को परेशान करते रहते थे। उन बेचारों की दशा पर कहा जाता था—

'करें मास्टरी दुइ जने खायँ,
लड़के सब ननिअउरे जायँ।'

लेकिन अब ऐसी स्थिति नहीं है। अब वेतन अच्छा हो गया है और सेवा-सुरक्षा भी बढ़ गई है। मगर इतने पर भी हमारी बस्ती के मदरसे नरक बने हुए हैं।

फिर इस नरक के पंक से कोई ग्रामीण कुल-कमल निकल आता है तो वह अपनी विरोधी परिस्थितियों की प्रतिक्रिया में दूर तक उन्नति करता चला जाता है। शेष बालक उत्तीर्ण-अनुत्तीर्ण के फेर में सनद लिये अंकार्थी बने विद्यालय के बाहर-भीतर चक्कर काटते रहते हैं।

अंतःपुर बीमार है

हर साल की तरह इस साल भी बरसात बीतते-बीतते डीह बाबा का प्रांगण झाड़-झंखाड़ और घास-फूँस से भर गया। बरसाती घासें नीम की छाया को भी धकियाकर फफन गई हैं। हालाँकि इनका जीवन घन घमंडवाले मौसम के साथ छीजकर तथा निस्तेज होकर उतरना शुरू हो गया है; परंतु इस स्थान को अब भी ये छेंककर असुखद सुंदर बनाए हुए हैं।

ऐसे में सायंकाल वहाँ पहुँचते ही एक साँप का दिख जाना कितना रोमांचक अनुभव था।...कहीं यह गाँव ही तो नहीं रहा, जो साँप के वेश में यहाँ आ धमका! लेकिन यदि आया तो फिर वह गया कहाँ?

'गया कहाँ? वह यहीं है, उसके और भी संगी-साथी हैं। गाँव के लिए कहाँ कोई साफ-सुथरी, चिकनी और सुरक्षित भूमि अभी मिली?...मगर डरो नहीं, लेखक, हम साँप-बिच्छुओं को देख तुम पूँजीवादी सभ्यता और नए समाजवादी गढ़ नगरों की मानसिकता में जीनेवाले बुद्धिजीवी नागरिक डरते जरूर हो, मगर तुम यह भी जानते हो कि ये निर्विष और डंकहीन हैं। तमाम-तमाम उपाय तुम करते हो कि इनके विष और इनके डंक की वापसी न हो जाए। समझ रहे हो न?'

'नहीं, मेरी समझ में नहीं आ रहा है।' मैंने कहा।

'कैसे समझोगे? तुम तो इस देश में आएदिन कभी बाल वर्ष की जयकार करते हो तो कभी महिला वर्ष की जुहार में संलग्न हो जाते हो।...और ये वर्ष गाँवों में खोखली बरसात की भाँति निर्विष साँपों और डंकहीन सर्वहारा बिच्छुओं के लिए मुरझाए घास-पात और निरर्थक झाड़-झंखाड़ छोड़कर चले जाते हैं। समझे?'

'नहीं, अभी नहीं।'

'तो कभी नहीं।...तुम बीमार हो। तुम्हारे गँवई मदरसे बीमार हैं। तुम्हारा अंत:पुर बीमार है। बच्चे बीमार हैं। औरतें बीमार हैं।...तो...तो ऐसी बीमार बस्तियों की कच्ची दास्तान सुनोगे? हाँ, तुम जरूर सुनोगे। अच्छा, निर्भय हो, इस घास पर बैठ जाओ। सुनो... !'

छोटे बालकों की शिक्षा बहुत टेढ़ी है। गाँव के सभी बालक स्कूल नहीं जाते। मेरे गरीब बेटों में से कुछ हैं कि स्कूल में लड़कों को भेजने का अर्थ काम में हर्ज होना समझते हैं। एक तो इधर घर के काम को क्षति और दूसरे पैसा लगाना। आधे से अधिक बालक गाय-भैंस चराते हैं। माँ-बाप के साथ खेत में काम करते

हैं। कुछ बालक मारे लाड़-प्यार के और स्कूल की सजा से भड़ककर इस 'फाँसी पर चढ़ने' से कतरा जाते हैं। जो स्कूल में जाते हैं उनकी भी शिक्षा अधूरी है। उनके कोमल मस्तिष्क पर अक्षरों की कुछ टेढ़ी-सीधी आकृतियाँ मात्र जम जाती हैं। वे स्कूल के भारी-भारी बस्ते ढोते-ढोते दब जाते हैं। किस प्रकार घर या बाहर रहना चाहिए, यह वे नहीं जान पाते। माता-पिताओं की अयोग्यताएँ भी शिक्षा में बाधक हैं। अध्यापक ने घर से कुछ लाने को कहा और माताजी ने समझा दिया कि जाकर कह देना कि घर कोई नहीं था। गुरुजी से झूठ! और इधर माँ की आज्ञा! बालक क्या करे? अध्यापक ने गंदा रहने के लिए डाँटा। अब घर साफ कपड़े मिलें तब न! नित्य देखते-देखते यह गंदगी न अध्यापक को खटकती है और न माता-पिता को। बालक तो जैसे रखा जाएगा, रहेगा। शिक्षा घर में अंधी और स्कूल में पंगु है। स्कूल और घर के वातावरण में कोई मेल नहीं। उलटे जबरदस्त खिंचाव है। फलत: किसानों के लड़के उच्च जीवन की आदतों, नवीन संस्कारों एवं उन्नति की निसेनियों से वंचित रह जाते हैं।

गाँवों का सारा मामला ही अंधेर खाते में पड़ गया है। यहाँ की सारी समस्या उलझकर गुत्थमगुत्थ हो गई है। मालूम यह होता है कि सारी समस्या का केंद्र घर है। घर में सबसे महत्त्व का स्थान गृहस्वामिनी का है। उसीकी योग्यता अथवा अयोग्यता के ऊपर उन्नति अथवा अवनति निर्भर है। योग्य गृहिणी गरीबी में भी शांति, सरसता और आनंद का वातावरण बनाए रखती है। बालकों का जीवन तो पूर्णतया उनके हाथ में है। बालिकाओं को भी वही गुणों या दुर्गुणों से साजकर पतिगृह में भेजती हैं। गाँवों में योग्य गृहिणी आज खोजने पर किसी परिवार में मिलती है। पढ़ी-लिखी ग्रामबालाएँ नौकरी के चक्कर में हैं। पढ़ाई ने उनकी गृहिणी की मानसिकता को नष्ट कर दिया। अधिकांश तो बालकों को खिलाने-पिलाने, बोलने-बैठने, पढ़ने-लिखने, काम करने, कपड़ा पहनने और बड़ों का सम्मान करने को भी नहीं सिखा पातीं। स्यार-कुत्तों की भाँति चारों ओर से घेरकर खाने के लिए बिलबिलाते रहते हैं, मारपीट करते रहते हैं, घर के सामान नष्ट करते रहते हैं। चतुर्दिक् काँव-किच और कलह। खेत-बाग, घर-रुपया, धन-जन, माल-मवेशी सब रहते हुए भी एक योग्य गृहिणी के अभाव में घर काँटे की बाड़ की भाँति दु:खदायी हो जाता है। गाँवों को जो शांति का आदर्श कहते हैं, गृहस्वामिनी की शांतिप्रियता और शांतिक्षमता के कारण ही। विपत्ति और विपन्नता में भी जिनकी अपरिसीम सहनशक्ति की पतवार पकड़े परिवार के लोग शांतिपूर्वक जीवन-यात्रा करते हैं। उसकी अखंड शांति बाहर-भीतर प्रकाशित रहती है। ऐसी

गृहस्वामिनी की संरक्षकता में पली बालिकाएँ भी लक्ष्मी अथवा सरस्वती का रूप होती हैं। उनमें एक निराली सरलता लक्षित होती है। लेकिन मुश्किल है कि गाँव से पलायन करते अच्छे-भले लोगों के चलते गाँवों में बीच की पीढ़ी की योग्य गृहिणियाँ भी कहाँ बचीं! यहाँ तो चाहे वह नर हो या नारी, अब वही है जिसे शहर में स्थान नहीं! निपट गँवार! फिर बुराई अपना उत्तराधिकार छोड़ जाती है। बालिकाएँ अपनी माँ से जीवन के तरीके सीखती हैं। पीढ़ियाँ अपने ऊपर गुणों या दुर्गुणों का भार लादे, उन्हें और भी बढ़ाते सरकती चलती हैं। तुम एक पीढ़ी की गृहिणियों के कुछ ऐसे दुर्गुणों को सुनोगे? अच्छा सुनो—

गृहिणी घात लगाते ही घर की सुस्वादु और सरस वस्तुओं पर हाथ फेर देती हैं। दिन-भर हुक्का गुड़गुड़ाती हैं। बीड़ी ने प्रवेश किया है और पान के साथ विचारहीन स्वातंत्र्य की भावना लिये ग्रामीणा मैदान में आ गई हैं। विधवाओं ने और कमाल कर दिया है। ये हमारे देश के त्याग और तप की आदर्श मूर्तियाँ रही हैं। पति के साथ चिता में जल जाने की अपेक्षा नौजवान विधवाओं का आजीवन पति-निष्ठापूर्वक तपस्वी की भाँति जीवन व्यतीत करना कहीं दुष्कर है। इधर संयम का बाँध टूट गया है। राग-भोग की अबाध उड़ती हुई विचारधारा ने सारी पवित्रता को झकझोर दिया है। नौजवान विधवाओं की बढ़ती बाढ़ ने उसे और उत्तेजना दी है। दुर्भाग्यवश इस प्रकार की विधवाओं की संख्या गाँवों में प्रतिवर्ष बढ़ती जाती है। नौजवान मर ही जाते हैं, कुछ बीमारी से, कुछ युद्ध में, टी.बी. से और कुछ आपसी संघर्ष में। ऐसे जवानों की संतानहीन पत्नियाँ परिवार की छाती पर पत्थर की तरह बोझा बनकर पड़ जाती हैं। वे एक ऐसा फूल होती हैं जो न तोड़ा जा सकता है, न देवता पर चढ़ाया जा सकता है। वह स्वयं झड़ भी नहीं पड़तीं। भौंरों को भी मना है उधर जाना। वह डाल पर पड़ी-पड़ी सहमा हुआ सौरभ बिखेरती मुरझाने की प्रतीक्षा किया करती हैं।

बचपन में विवाह हो जाना गाँवों में साधारण बात रही है। छोटी जातियों में तो पैदा होते ही शादियाँ हो जातीं; परंतु उनके यहाँ छूट रही है। विधवाएँ शादियाँ कर लेतीं। ऊँची जातियों में यह बात नहीं। जहाँ बाल विवाह और वृद्ध विवाह होंगे, वहाँ संतानहीन नौजवान विधवाएँ भी समाज के कठोर नियंत्रणों में जकड़ी हुई होंगी ही। भले ही वह अपने पति का दर्शन भी न कर सकी हों। इस बुराई को कौन रोक सकता है? तिसपर भी गाँवों में! हाईस्कूल तक जाते-जाते पचहत्तर प्रतिशत लड़के विवाहित हो जाते हैं। कुछ तो एक-दो लड़कों के पिता हो गए होते हैं; परंतु रजिस्टर में साफ! कोरे कुमार! और जानते हो, इनकी शृंखला आधुनिक काल में

आकर आधुनिक विचारों और वस्तुओं के साथ कितनी बीभत्स हो गई है? ओह, अकथनीय है, अकल्पित है।

नए युग की हवा कितनी विचित्र है! कहीं इससे हानि हो रही है, कहीं लाभ। संतानहीन विधवा निश्चित रूप से पुनः विवाह कर देने योग्य है। शास्त्र भी इसका समर्थन करता है। यह प्रश्न जब हमारे बेटों के सामने आता है तो रूढ़ियाँ उन्हें खाने लगती हैं। वे इसे एक गाली मात्र समझते हैं। यह असंभव जैसा लगता है। उन्हें ऐसा लगता है कि इसके बिना क्या हानि होती है, जो सनातन पद्धति का अतिक्रमण किया जाए। जैसे सर्वत्र होता है, सब दिन से होता चला आया है वैसे होता रहे। विपरीत इसके आधुनिक युग की हवा लग गई तो कुछ विधवाओं ने सारे रूढ़ संयम-नियम का बाँध तोड़कर सैर-सपाटा और विलासिता का धूम-धड़ाका शुरू किया। फिर पुरुषों ने उनकी गतिविधि देखकर उन्हें पुनः मंगलसूत्र में आबद्ध कर अपना सिरदर्द दूर करने के साथ उन्हें भी अनजानी व्यथा से त्राण दे देने में ही कल्याण समझा! गाँवों में बात चल निकली। बूढ़े हाय-तौबा करते रहें, करते रहें, इससे क्या होता है; सवाल तो मानवता और मानवीय अधिकार का है। विवाह को लेकर कितनी-कितनी विडंबनाएँ हैं हमारे बेटों के गाँवों में। अच्छा कुछ और सुनो—

गाँव में बूढ़ों के विवाह के किस्से भी काफी मनोरंजक होते हैं। कभी-कभी तो ये खूब उल्लू बनते हैं। प्रायः इस प्रकार विवाह के लिए उतावली उस समय होती है जब संतान नहीं होती है। वंश की नौका बूढ़े के जीर्ण शरीर के रूप में डूब जाने वाली है। ठगनेवाले ऐसे ही आतुर शिकार खोजते रहते हैं। एक बार एक बूढ़े बाबा की हजारों रुपया व्यय करके शादी होकर आई। घर आकर लड़की लड़का हो गई और भाग गई। कितने ही कन्याओं के व्यवसायी ऐसे ही उल्लुओं को फँसाने के लिए अपनी कन्याओं को लिखा-पढ़ाकर ठीक किए रहते हैं। शादी के बाद वे ले-देकर चंपत हो जाती हैं। धर्म के ठेकेदार ऐसे बूढ़े लोग वंश-परंपरा की सुरक्षा के नाम पर जाति-कुजाति कुछ नहीं मानते। कभी-कभी धन के लोभ से लड़कीवाले स्वेच्छा से ही ऊँट के गले बकरी और गधे के गले जयमाल डलवा देते हैं। कोई-कोई मर्यादा के अनुरूप तिलक न दे सकने के कारण ऊबकर मर्यादावाले वैभवशील वृद्ध के गले कन्या मढ़कर ऋण से मुक्त हो जाते हैं। कन्या के गले घड़ा बाँधकर कुएँ में फेंक देते हैं। इस वृद्ध विवाह की जड़ से कितनी बुराइयाँ पैदा होती हैं, इसके नीचे कितने अनाचार पनपते हैं, आँखवाले देखकर भी नहीं देखते। ऐसी स्थिति में हमारे बेटों की पुत्रियाँ कैसे स्वस्थ रहें?

गाँव के सारे पाखंड एक ओर और विवाह का गुरुडम एक ओर। आज भी व्यवस्थित रूप से, समाज के सामने, पंडित-पुरोहितों की साक्षी पर तथा मंत्रों के कथित बल पर अत्याचार होते हैं। निरे मूर्ख इसे विधि-विधान की संज्ञा प्रदान करते हैं कि षोडशी का पाणिग्रहण किसी पचपन साले बूढ़े से हो गया। माताएँ कहेंगी, 'उस जमाने की कोई चूक है जो ऐसा पति मिला।' अथवा 'ब्रह्मा की लिखनी भला कौन टाल सकता है!' ऐसा नहीं कि यह सब अनजाने में होता है। जानबूझकर होता है, देखभालकर होता है और ठोक-बजाकर होता है। कन्या शैशव की देहली पार कर ज्यों ही यौवनावस्था में पहुँचती है, पिता अथवा घर के मालिक को उसके विवाह की चिंता आ घेरती है। वर की तलाश में वे 'तिलकहरू' बनकर घूमते हैं। मकर संक्रांति के पश्चात् गाँव में ये वर-खोजी दल-के-दल चलते मिलते हैं। किसी-किसी कन्या के पिता को कितने ही वर्ष लग जाते हैं। वर खोजने का विधान होता है। बोलने, बैठने, भोजन करने और ठीक-ठाक करने की प्रणाली होती है। घर और वर देखने के पृथक्-पृथक् दृष्टिकोण होते हैं। इस कला में कितने ही लोग प्रवीण होते हैं। उक्त सीजन में उन्हें घर बैठने का अवकाश नहीं रहता। समानता और योग्यता की कक्षाएँ तजबीज की जाती हैं। रुपए-पैसे, जगह-जमीन और मर्यादा का तुलनात्मक अध्ययन होता है। लड़की के सुख-दुःख की कल्पना की जाती है। निंदा करनेवाले भी होते हैं। वे वर के घर की कलई खोल देते हैं। उन्हें कटुआ कहते हैं। कितने द्वेष या वैरवश ऐसा करते हैं। साधारणतया कृषक विवाह काटना पाप समझते हैं। ब्याह ठीक करने के सिलसिले में एक भाई दूसरे के यहाँ जाता है। उसका पूर्ण परिचय प्राप्त करता है। इससे सामाजिक संबंध की वृद्धि होती है। यदि लड़के-लड़की आपस में ही तय करके शादी कर लेते तो यह अवसर कदापि न आता। इतनी जाँच-पड़ताल और विचार-विनिमय के बाद भी विवाह में कभी-कभी भारी अनर्थ हो जाता है। यह अनर्थ दहेज से जुड़ा होता है। टी.वी., स्कूटर, फ्रिज आदि एक-से-एक वस्तुएँ हैं, जिनके लेन-देन का झगड़ा बहुओं के जलाए जाने तक पहुँचता है।

पुत्र और पुत्रियों की शादी में गाँववाले खुलकर खर्च करते हैं। बड़ी धूमधाम होती है। दो-चार दिन के लिए सचमुच ही बादशाही आ जाती है। भले ही उसका धरातल ऋण से पंकिल होता है!

'ओह, गाँव बाबा, अब बंद करें अपनी दास्तान। सुनते-सुनते मेरे कान पक गए। आपके बेटों की बस्ती में सबकुछ बीमार है तो आप कैसे स्वस्थ हो सकते हैं! तो, अब मैं बीमार के मुँह से बीमारियों की दास्तान सुनकर बीमार नहीं होना चाहता

हूँ। मुझे कुछ स्वास्थ्यवर्द्धक चीजें दीजिए।' मैंने कहा।

मेरा कथन सुनकर बूढ़ा खामोश हो गया। थोड़ी ही देर के बाद अत्यंत ही निरीह जैसी मुखमुद्रा बनाकर बोला—

'अच्छा, तुम उत्साहवर्द्धक बातें सुनना चाहते हो? आशाप्रद शब्दावलियों के लिए मुझसे याचना करते हो? अच्छा तो छोड़ो इसको। यह हमारी-तुम्हारी अंतिम भेंट है। तुम ऊब गए हो, आगे कुछ कहना बेकार है।'

'अरे नहीं, ऐसा मत कीजिए। आपका सत्संग मुझे बहुत प्रिय है।'

'झूठ! हे लेखक, मैं एक भयानक झूठा सच हूँ। मेरा संग सत्संग कहाँ? मुझे कुसंग मान तुम भी तो नगरों की ओर भागते हो!'

'लेकिन घूम-फिरकर आता तो यहीं हूँ। मेरो मन अनत कहाँ सुख पावै!'

···फिर मैंने देखा, अरे वह बूढ़ा कहाँ गुम हो गया? अजीब इंद्रजाल है!

□□□